语言文字应用论集

苏培成　著

人民教育出版社

2015年·北京

图书在版编目(CIP)数据

语言文字应用论集/苏培成著. —北京：人民教育出版社，2015.5

ISBN 978-7-107-27831-0

Ⅰ.①语…　Ⅱ.①苏…　Ⅲ.①汉语—语言学—文集 ②汉字—文字学—文集　Ⅳ.①H1-53

中国版本图书馆 CIP 数据核字(2015)第 091205 号

人民教育出版社 出版发行

网址：http://www.pep.com.cn

北京天宇星印刷厂印装　全国新华书店经销

2015 年 5 月第 1 版　2015 年 5 月第 1 次印刷

开本：787 毫米×1 092 毫米　1/16　印张：21.25

字数：321 千字　印数：0 001～1 000 册

定价：42.00 元

如发现印、装质量问题，影响阅读，请与本社出版科联系调换。

（联系地址：北京市海淀区中关村南大街 17 号院 1 号楼　邮编：100081）

序

周有光

北京大学语言文字学教授苏培成先生，集合文稿52篇，编成《语言文字应用论集》一书。这是他的第四本语言文字应用论集；前三本是《关注社会语文生活》《语言文字应用探索》《语言文字应用丛稿》。

清末开始的中国语文现代化运动，经过一百年的工作，初步达成了推广普通话、通用白话文、汉字简化和规范化、制定汉语拼音方案等主要任务。2000年公布的《国家通用语言文字法》是一个历史阶段的小结。

苏先生以北京大学为根据地，经过半个世纪的步步上升，学习、研究、讲学、著作，对语言文字学作出了继往开来的重大贡献。例如，他的《二十世纪的现代汉字研究》是一本集大成的名著；他的《现代汉字学纲要》是一本权威性的大学课本。他在这样深厚的基础上编写出来的应用论著，对学校教学和个人自学最为有益。

2013-03-27

目录

前言

这是我的第四本语言文字应用论集。前三本是《关注社会语文生活》(上海辞书出版社 2003 年版)、《语言文字应用探索》(商务印书馆 2004 年版)、《语言文字应用丛稿》(语文出版社 2010 年版)。这本文集收长短文章 52 篇。这些文章大部分是最近三年写的，也有几篇是在这以前写的。这些文章从内容说上大体可以分为四组，就是语文现代化、汉语应用、汉字应用、汉语辞书。文章提出的主要论点有：

1. 进入 21 世纪，中国正在和平崛起。为了支持和平崛起，我们要制订并且实施 21 世纪国家语文发展战略。这一战略要兼顾语文改革和语文规范，大体包括以下六项内容：(1) 坚持一百多年来语文改革的成果，构建实施国家语文发展战略的基础。(2) 明确汉语文的发展方向。(3) 提高全民的语文素质，规范语文的社会应用。(4) 构建和谐的语文生活。(5) 加强汉语文的国际传播。(6) 提高汉语文信息处理的水平。

2. 语言文字研究和语言文字工作可以分为两个大类，就是语文改革和语文规范。这两大类相辅相成，互不包含，缺一不可。上个世纪 90 年代出现了一股反对语文改革风，用语文规范代替语文改革、取消语文改革。这种认识和做法带有极大的片面性，它给我们的语文研究和语文工作造成很大的危害。近来我读了教育部、国家语委制订的《国家中长期语言文字事业改革和发展规划纲要（2012—2020 年）》，这份文件把重点放在“改革和发展”上，是十分正确的。

3. 语文现代化就是现代的语文改革。我国的老一辈语言学家对语文改革做了深入的研究，提出了许多宝贵的意见。这是一笔十分厚重的文化遗产，我们必须倍加珍惜，认真研究并继承。本书内有几篇文章对黎锦熙、王力、吕叔湘、周有光四位大专家有关语文现代化的论述做了评介。

4. 网络语言主要是指生活在城市里的一部分青少年网民在网络交际中所用的语言。网络语言这个叫法并不确切，它和全民语言的不同只在一部分词汇和语体。对于那些沉迷网络语言的青少年网民要加强引导，要告诉他们必须努力学好普通话和规范汉字。

5. 有人写文章认为对外来词意译比音译好，如老年痴呆症比阿尔兹海默病表义明确。我们不同意这种看法。我们认为意译和音译各有所宜，在吸收外来词时适合意译的要意译，适合音译的要音译。

6. 字母词的存在和发展适应了社会交际的需要，丰富了汉语文的表现力。字母词不会改变汉语的语法构造和基本词汇，所以不会涉及汉语的存亡。认为字母词可以促使英语代替汉语是个伪命题，字母词不能禁，也禁不了。要规范地使用字母词。

7. 要切实改进学校的语文教学。重要的是明确语文教学的目的，就是提高学生的母语的听说读写能力和文学作品的阅读和赏析的能力。当前语文教师缺少汉语汉字知识，带有一定的普遍性。

8. 自《马氏文通》引进了西方语法学，汉语语法学有了很大的发展。改革开放以来社会出现了“淡化语法”的思潮，给语文教学带来很大的伤害。在语文教学里适当地增加语法教学的内容，对提高学生的听说读写能力有很大的帮助，这个问题不能再拖延了。

9. 汉字的前进目标是规范、易学、便用。

10. 汉字的理据指的是汉字字符的表音、表意功能，提高汉字的理据度就是提高汉字学习和使用效率。在汉字整理和简化工作中，要注意保护汉字的理据度，尽量使它不降低，最好能有提高。

11. 《通用规范汉字表（征求意见稿）》是不成熟的，需要进一步修订。强制推行不成熟的字表只会给汉字的学习和使用带来混乱，给国家的语文工作造成损失。

12.《〈通用规范汉字表〉解读》一书违背国务院关于《通用规范汉字表》的政策，提出了“表外字不再类推”的错误主张，给语文工作造成了混乱，这种做法必须制止。

13. 汉字简化合乎汉字发展的总趋势，20世纪50年代进行的汉字简化取得了成功。要理直气壮地肯定简化字，认为汉字简化是歧途的说法没有根据。有人用“亲不见，爱无心”来否定简化字，这是以偏概全。全面比较简化字与繁体字的构字理据，结论应该是简化字优于繁体字。

14. 把繁体字归入不规范字，遭到许多人的反对。我们建议汉字的正字法可以改为：要写规范字，有条件地写繁体字和异体字，不写不规范字，首先是不写错别字。“有条件地写繁体字和异体字”的条件就是《国家通用语言文字法》第十七条的规定。

15. 字理识字教学里有一派主张“实用字义”，就是“依据现代字形凭生活经验想象并推断其字义”。例如，把“春”字解释为“温暖的阳光普照大地，人们三人一伙地结伴而行，踏青赏花”，这样的识字教学有害无益。

16. 汉语里的句号是个小圆圈，它还有另一种形式是个小圆点，主要用在科技著作中。前些时候，我读到《标点符号用法》课题组拟定的《〈标点符号用法〉（送审稿）标准文本》。这份文本里取消了小圆点句号，只保留小圆圈句号，理由是小圆点句号“在汉语行文中通常并不使用”。这个理由是不能成立的。我提议保留小圆点句号。

17.《现代汉语词典》第6版的修订是成功的。有人认为《现代汉语词典》收字母词是违反《国家通用语言文字法》，这是没有道理的。要以开放的心态看待《现代汉语词典》收录字母词。

这本书里讨论到的语文问题还不止上述的17个方面，不过仅从上述的这些方面就可以勾勒出目前语文生活中存在的主要问题。做一点研究工作，写一点文章，是为了探讨问题的性质，提出解决问题的途径。要想让文章比较符合实际，提出的看法有存在的价值，重要的是要努力克服认识上的片面性。我十分警惕这个问题，但是不能说已经解决了。我在1957年考入北大中文系，学习汉语言文字学。本科毕业后做教师，一直从事语文工作，至今已经五十多年。时间不短了，但是取得的成绩十分有限，深感愧疚。本书所收的文章里面不尽如人意的地方不少，敬请各位读者不吝指正。

衷心感谢我的老师周有光先生为本书赐序，周先生对我的教育和鼓励使我深深受益，褒奖的话我愧不敢当；衷心感谢多年来关心我、指导我的各位老师和朋友。特别感谢人民教育出版社辞书编辑室的谢仁友主任、刘玲编审和各位朋友，没有他们的支持这本小书很难与读者见面。

苏培成

2013年12月1日

改革创新，实施国家语文发展战略

一、进一步宣传贯彻《国家通用语言文字法》

《中华人民共和国国家通用语言文字法》是一部好的法律，10 年来的语文实践证明了这一点。我们要坚持不懈地学习它、贯彻它，以促进我们的语言文字沿着健康的轨道发展。

语文工作包括两大基本任务，就是语文改革和语文规范。新中国建立 60 多年来，在这两个方面都做了大量工作，取得了很好的成绩。普通话、规范汉字和汉语拼音集中体现了这些成绩。普通话、规范汉字和汉语拼音是清末以来语文改革的产物，没有语文改革就没有它们。它们构成了我们语文生活的重要部分，是我们须臾不能离开的宝贝。《国家通用语言文字法》规定"国家推广普通话，推行规范汉字"，还规定"国家通用语言文字以《汉语拼音方案》作为拼写和注音工具"，这就是我们的基本语文政策。除此之外，这部法律对国家通用语言文字在不同领域的使用还做了具体的规定，便于执行。纪念《国家通用语言文字法》颁布 10 周年，我们要继续推动语文改革和语文规范工作的深入发展，推动语言文字工作的改革创新，为我国的社会主义建设创造良好的语文环境。

二、语文改革和语文规范相辅相成，缺一不可

我们把语文改革和语文规范说成是语文工作的两大基本任务，是有充分根据的。作为交际工具的语言文字具有发展演变和稳定传承两种属性，是这两种属性的对立统一。为了促进语言文字的发展演变，我们要进行语文改革；为了保持语言文字的稳定传承，我们要进行语文规范：二者相辅相成，互相联系又互相促进，缺一不可。只有语文改革而没有语文规范，语言文字就会缺少稳定性，无法成为交际工具；相反，只有语文规范而没有语文改革，语言文字就会停滞不前，无法适应不断发展的人类社会，也不能成为合用的交际工具。语文改革和语文规范这两项工作，在不同的时期，根据实际情况可以有所侧重，但是在一般情况下，语文改革是带动语文工作前进的火车头。

新中国建立以来的语文工作，兼顾语文改革和语文规范这两个方面。1955 年 10 月在北京先后举行了全国文字改革会议和现代汉语规范问题学术会议，前一个会议讨论语文改革，后一个会议讨论语文规范。1986 年 1 月举行的全国语言文字工作会议学习并贯彻了中央提出的新时期语言文字工作的方针和任务，在方针中既规定了“促进语言文字规范化、标准化”，又规定了“继续推动文字改革工作”。“文字改革”也就是“语文改革”。可是到了 20 世纪 90 年代中期，语文工作的方针悄然发生了变化。国家主管语文工作的部门有意无意地淡化语文改革，用语文规范代替语文改革。1995 年 12 月 25 日在北京举行了纪念文字改革和汉语规范化 40 周年的大会，会议宣布：“党的十一届三中全会以来，我国进入改革开放和社会主义现代化建设新的历史时期，语言文字工作也进入了规范化、标准化新阶段。”“继续推动文字改革工作”不见了，代之以“进入了规范化、标准化新阶段”。1997 年国家语委召开了全国语言文字工作会议，会议的主报告回避了语文改革，整篇报告没有一句话肯定语文改革的成就，也没有对语文改革做出部署。由于这次会议取消了语文改革，只剩下了语文规范，使语文工作失去了方向，不知道要往哪个方向走。面对改革开放中出现的大量语文改革问题，失去主动

权，给语文工作造成了不应有的损失。片面地强调语文规范的结果，也没有给语文规范带来新的发展，相反在一些人中间产生规范“洁癖”，以为语言文字越纯洁越好，语言规范越多越好。

全球化是当今世界发展的总趋势，语言文字的相互影响也日益增多。不同语文的接触，互相吸收有用的成分，促使自己不断地发展，这是语文发展的通例。汉语是我们的母语，自然要占主导地位；而英语是事实上的世界语，谁利用谁获益。汉语和英语要和谐相处，各得其所。如果把汉语变成纯而又纯的语言，结果是要把汉语封闭起来，削弱了语言的交际功能。

语文改革是促进社会发展的必要手段，源自社会的实际需要，具有强大的生命力。1998 年 7 月 21 日国务院办公厅发出通知，确定将国家语委并入教育部；通知还规定“语言文字应用管理司的职责是：拟订语言文字工作的方针、政策和中长期规划；监督检查语言文字的应用情况；指导语言文字改革；组织推行《汉语拼音方案》，指导推广普通话工作以及普通话师资培训工作”，明确提出了“指导语言文字改革”的任务。在这之后，语文改革逐渐得以恢复。2009 年 1 月，教育部语用司召开《国家中长期语言文字工作改革和发展规划纲要》拟订研讨会，会议以“语言文字工作改革和发展”为中心，“语文改革”又提上了议事日程。2010 年 3 月 9 日，国家语委召开了 2010 年度语言文字工作会议，教育部副部长、国家语委主任李卫红作了题为《围绕中心，服务大局，改革创新，促进语言文字工作科学发展》的讲话。她指出，去年一年各项工作扎实推进，特别是研究制订《国家中长期语言文字工作改革和发展规划纲要》取得进展。2010 年要结合教育和语言文字工作规划纲要的发布实施，解决好语言文字工作自身的改革创新问题。语文工作扭转了淡化语文改革、用语文规范代替语文改革的倾向，这让我们看到了语文工作的希望。

三、实施 21 世纪国家语文发展战略

进入 21 世纪以来，世界的形势发生了很大的变化，中国的改革开放也进入了新的时期。中国正在和平崛起。中共十七大指出：“我们已经朝着十

六大确立的全面建设小康社会的目标迈出了坚实的步伐，今后要继续努力奋斗，确保到2020年实现全面建成小康社会的奋斗目标。”中国的和平崛起不但要靠硬实力，而且还要靠软实力，而语言文字的应用状况是软实力的重要组成部分。实施21世纪国家语文发展战略，使国家通用语言文字在社会生活中更好地发挥作用。中国要成为语言文字的强国，汉语汉字要成为强国的语言文字。为了实现这个目标，我们认为应该做好以下工作：

（一）坚持一百多年来语文改革的成果，构建实施国家语文发展战略的基础。一百多年来的语文改革使汉语汉字得到了很大的发展，基本适应现阶段小康建设对语文提出的要求，基本适应信息网络时代的需求。我们要坚守已经取得的成果，并且不断加以完善和发展。要警惕复古思潮的侵蚀，认清汉语汉字的前进方向，不动摇不松懈。

（二）明确汉语文的发展方向，做好汉语文的自身建设。汉语要发展成为规范、丰富、发展的语言；汉字要发展成为规范、易学、便用的文字。作为最重要的交际工具的语言文字必须有统一和明确的规范，没有这种规范交际就难于进行。但是只注意语文规范还不够，还必须推动汉语汉字的改革，使汉语得到丰富和发展，使汉字变得易学和便用，只有这样的汉语和汉字才能够承担起新时期赋予它们的历史使命。

（三）提高全面的语文素质，规范语文的社会应用。语文素质是一代建设新人的核心素质。在这方面已经取得不小的成绩，但是还有差距。要改进各级学校的语文教学，切实加强学生对母语的听说读写能力，加强文学作品的鉴赏能力。要让中学生知道最基本的语言文字知识，例如：语言的产生先于文字、文字是记录语言的符号、语言的基本单位是词而不是字等。语文素质的提高会带动社会面貌的改观，会促进各项改革事业的发展。

（四）妥善处理语文发展中的矛盾，构建和谐的语文生活。要妥善处理国家推行通用语言文字和在一定情形下允许保留使用方言、繁体字的关系；要妥善处理学习使用国家通用语言文字和少数民族语言文字的关系、和外语的关系，使不同功能、类别的语言文字各安其位、各得其所。

（五）探讨汉语文的国际传播战略，加强汉语文的国际传播。中国要走向世界，汉语文也要逐步走向世界。中国需要外语，外国同样也需要汉语。

我们要从全球化的角度考虑汉语文的国际传播，为外国人学习汉语文提供方便，要鼓励汉语文朝着便于走向世界的方向前进。

（六）提高汉语文信息处理水平，扩大汉语文在虚拟空间的话语权。要加强有关信息网络方面的基础研究和应用研究，加强为中文信息处理服务的语言文字基础工程建设，逐步建立有效协调的管理机制。要使汉语文的信息处理水平、网络交际的水平处于世界的前沿。

多年来的语文工作告诉我们，语文改革和语文规范都要张弛有度，进退有据，因势利导，稳步前进。无欲速，欲速则不达。

（《语言文字应用》2010 年第 3 期。发表时略有删节，这里是原稿）

语文改革与语文规范要协调发展

——接受《雅言》记者的访谈

《雅言》记者（以下简称“记”）：新中国建立以来语言文字工作获得了许多成绩，您能简单地总结一下这些工作吗？

苏培成（以下简称“苏”）：新中国一建立，我们就开展了汉语规范化工作。为什么呢？因为旧中国留给我们的语文遗产，是十分混乱的。为了改变这种混乱状况，1951 年 6 月 6 日《人民日报》发表了社论《正确地使用祖国的语言，为语言的纯洁和健康而斗争!》，同时开始连载吕叔湘先生和朱德熙先生合著的《语法修辞讲话》。我那个时候是中学生，这部著作给我的印象非常深刻。我后来专门从事语文工作，跟学习这部著作有关系。这就是新中国的语文规范。接下去开展了一系列的语文改革，主要有简化汉字、推广普通话、制订并且推行《汉语拼音方案》。1955 年 10 月在北京，先后有两个语文方面的重要会议。第一个叫作“全国文字改革会议”，主要讨论推广普通话和简化汉字的问题。这个会开完了紧接着又开第二个会议，就是“现代汉语规范问题学术会议”，讲汉语规范。从这里可以看出，20 世纪 50 年代，国家对语文改革和语文规范二者兼顾，都十分重视。改革开放后，国家的情况有了很大的变化，语文政策有调整，但是语文改革和语文规范二者兼顾的基本框架没变。1986 年 1 月在北京召开了全国语言文字工作会议，贯彻中央提出的新时期语言文字工作的方针和任务。方针里突出了规范化和标准化，同时指出要“继续推动文字改革工作”。既加大了语文规范的力度，又不忘推动语文改革。

记：您认为语文工作的两大任务就是改革和规范，这是国家政策历来的明确主张。

苏：其实这个观点不是我首先提出来的，我们很多前辈学者都早就讲清楚了。我介绍一篇文章，《中国语文》1978 年第 2 期，有复旦的许宝华先生跟华师大的颜逸明先生合写的一篇文章《进一步促进汉语规范化》。这篇文章里边就讲语文工作主要有两个方面，一个语文改革，一个语文规范。理论上许宝华先生、颜逸明先生这篇文章讲清楚了，政府也这样做了，而且取得了不小的成绩。

一、语文改革与语文规范要统筹兼顾，协调发展

记：听说您最近对当前语文工作专门撰文做了探讨，是否能告诉我们主要的几个观点？

苏：首先语言文字作为社会的交际工具，具有发展与稳定两重属性：第一，语言文字是随着社会的发展而发展的；第二，它的发展一般是缓慢的渐进的，重视继承性和稳定性。这两重属性中，发展是绝对的，稳定是相对的。为了促进语言文字的发展，要适时推进语文改革；为了保持语言文字的稳定，要注意进行语文规范。语文改革与语文规范是语言文字工作的两个重要组成部分，相辅相成，缺一不可。只要语言文字的发展与稳定这两重属性不改变，语言改革与语文规范这两项重要任务就不能取消。

语文改革与语文规范，二者缺一不可，但不是说可以平均使用力量，而是要根据实际情况，确定工作重点，统筹兼顾，协调发展。一般地说，语文改革是工作的重点，但是在特定的时期，语文规范也可以成为工作的重点。例如，在新中国建立之初和“文革”刚结束不久，这两个时期都是在社会语文生活遭到严重破坏之后，语言文字应用中的不规范现象十分严重。在这个时候加强语文规范是必要的。可是进入 21 世纪以后，随着改革的不断深入，

社会语文生活十分活跃，语文改革的新高潮正在酝酿之中，语文改革理所应当地成为语文工作的重点。适时地调整语文改革和语文规范的关系，是构建和谐语文生活的题中应有之义。

二、科学地阐释语文改革在语文发展中的作用

记：请您谈谈语文改革对语文发展的重要作用。

苏：科学发展观的第一要义是发展。为了促进语言文字生活的发展，就要推动语文改革。我国从清末的落后语文生活，改变为今天的大体适应国家建设需要的语文生活，主要靠的是语文改革。

胡愈之先生说："在西方，冲破中世纪的黑暗时代，首先是从文字改革开始的。这就是打破教会僧院所垄断的旧文字，创造和群众口头语相结合的民族新文字。这才产生了启蒙运动，产生了资本主义的产业革命。在中国，不可能有例外。中国的资产阶级从清朝末年起，就想搞文字改革，但是真正获得成功的，是'五四'新文化运动，改文言文为白话文。"周有光先生说："五四运动的先锋是白话文运动。这个现象好像非常奇怪，后来胡愈之的解释非常好，他写过一篇文章，说：西欧的文艺复兴、启蒙运动以语文运动为先锋，中国的启蒙运动也是以语文运动为先导。"

近百年的中国语文改革有过两次高潮，就是五四时期和 20 世纪 50 年代。这两次高潮改变了中国语文生活的面貌，推动了中国语文向着现代化方向前进。2000 年 10 月 31 日全国人大常委会通过的《国家通用语言文字法》是一部好的法律，它明确地规定了普通话、规范汉字和汉语拼音的法定地位，把我国的语言文字工作提高到依法管理的层面。我们在宣传贯彻《国家通用语言文字法》的时候，应该懂得普通话、规范汉字和汉语拼音这三样东西都是语文改革的产物，没有语文改革就没有这三样东西。周有光先生说："2000 年，我国公布国家通用语言文字法，这是对过去一个世纪的语文现代化工作做一次肯定的小结，保障语文现代化的成果进一步顺利推行。"周先生的话是很有道理的。

我国是统一的多民族国家，也是多语言多文字的国家，我们的语文问题

比西方国家复杂得多。我们进行语文改革，能取得现在这样的成绩，已经是难能可贵的了。新中国的语文改革，有成功，也有失败。1949 年以来，最大的失败有两件事。一件是 1986 年放弃的“第二次汉字简化方案草案”。另一件是 1982 年放弃的新疆维吾尔族的拉丁化新文字（“新维文”）。两次失败使我们知道了如下的“阻力规律”：第一，改革的步子要适当，如果“以新换旧”有困难，应当长期“新旧并行”，就能自然地“以新换旧”；第二，改革要考虑“时代思潮”，“人心思变”的时候可以改革，“人心思定”的时候不宜改革。

三、切实推动语文规范化

记：请您谈谈语文规范的重要作用。

苏：建立并且推行统一的、明确的语文规范就是语文规范化。语文规范化是保证语文这个交际工具能够顺畅运作不可缺少的条件。如果没有语文规范，同样一种家具，张三叫桌子，李四叫椅子，张三和李四就无法交谈。这个道理很容易明白，群众很容易接受。为了维护社会语文交际的顺利进行，新中国建立以来，政府有关部门在推动语文规范化方面做了大量的工作，是应该肯定的，但是语文规范也和其他一切事物一样，也具有两面性，也有消极的一方面。首先，语文规范不是语文工作的全部，不恰当地夸大语文规范的作用，用语文规范取代语文改革，这是强语文规范所难。其次，语文规范和其他事物一样也有个“度”，超过了应有的“度”，把规范强调得过了头，就会事与愿违。哲学家告诉我们：“趋极是事物的一种属性。任何事物如听任其发展，都有极端化的趋势。走到极端之后，如果继续下去，物极必反，就走到了自己的反面。”

1995 年 12 月 15 日，国家语委召开纪念文字改革和现代汉语规范化工作 40 周年大会。在会上国家语委的负责人说：“40 年过去了，我们这次是第一次为文字改革和现代汉语规范化工作举行国家级纪念活动。这是极具现实意义的。改革开放和高新技术的发展对语言文字的规范化和标准化提出了急迫的要求，必须进一步推动新时期语言文字的规范化和标准化，以适应改革开放和经济发展的要求。”他在纪念会上只讲语文规范，不讲语文改革。我们认为，改革开放和高新技术的发展不但对语文规范提出了急迫的要求，而且对语文改革也提出了急迫的要求，必须进一步推动新时期语言文字工作的改革，以适应改革开放和经济发展的要求。

1986年以来，语文规范受到极大的重视，取得了相当的成绩，积累了不少经验。我们要坚持语文规范工作，但是今后的工作思路应该做出调整。从根本上说，提高国民的语文素质、提高语文应用的规范水平，靠的是语文教育。语文教育没有弄好，国民的语文素养差，应用能力不高，教育主管部门有责任。语文是基础教育里的基础，它的职责是培养学生具有母语的听说读写能力，具有文学鉴赏的初步能力。如果背离了这个目标，语文教育也就失去了存在的价值。

四、只讲语文规范、不讲语文改革的危害

记：只讲语文规范、不讲语文改革，有什么危害？

苏：这可以从以下几点来说明。首先，它不符合近百年来语文发展的事实。自清末到现在过去了一百多年。在这一百多年间，中国的语文生活发生了大变化。根据周有光先生的研究，这种变化可以归结为四个方面：第一，语言的共同化。在清末，虽然有了民族共同语——官话，但是没有严格的标准，而且使用的范围只限于部分商人和官吏，民众使用的是方言。现在，普通话的推行取得重大发展，全国能用普通话与人交谈的占被调查人口的53.06%。第二，文体的口语化。在清末，文言文占据汉语书面语的主导地位，言文分离，白话文只通行在下层社会。经过五四白话文运动，现代白话文已经成为汉语书面语的支配形式，实现了言文一致。第三，文字的简易化。古老的汉字字数繁多、结构复杂，而且缺少完备的表音系统，所以难学难用。新中国建立后，进行了大规模的汉字简化和整理，使汉字繁难的程度有所降低，汉字难学难用的问题得到缓解。第四，表音的字母化。在清末，为汉字注音要靠直音和反切，大多数民众很难使用。新中国建立后制订了《汉语拼音方案》，国家通用语言文字以它作为拼写和注音的工具，《汉语拼

音方案》成为中外交流的桥梁。以上四个方面都是语文改革的成果，《国家通用语言文字法》用法律的形式肯定了这些成果。

其次，它不符合当前语文工作的实际。为了支持国家现代化、信息化的建设，中文信息处理是关乎国家发展的大计。对语言文字所负载的信息，以前用手工方式或机械方式进行处理，现在改用电脑处理。这种变化就是语文改革，不是语文规范所能涵盖得了的。

再次，它无法推动汉语汉字的进一步发展。为了实现国家语文发展战略，语言文字工作必须有自己的发展目标。我们认为这个目标已经存在，那就是：汉语要成为规范、丰富、发展的语言，汉字要成为规范、易学、便用的文字。这个目标怎么才能实现呢？单靠语文规范是不够的，规范是静态的，是维持现状，而改革是动态的，是促使语文发展。

近几年，我们不止一次听到有人说："语言文字工作概而言之包括两个方面：就是语言文字规范标准的制订和语言文字规范标准的推行。"这种认识是不全面的。从理论上说，这就是只承认语文稳定的一面，不承认它有发展变化的一面。语文是社会现象，离开了社会无所谓语文。因此，语文工作就必须促进语言文字的发展，引导语言文字向着有利于社会需要的方向发展。从实践来说，这种认识导致了不良的后果。一方面它使得管理人员只集中注意于语文规范，总感觉语文规范标准还不够，要加紧研制，总感觉语文规范的网还不够严密，要加大执法检查。这种认识与科学发展观的核心"以人为本"的观念不完全吻合。持这种看法的人着重在"管"，在限制。另一方面，面对大量的现实的需要靠语文改革才能解决的问题，往往缺少预见，有时陷于被动。改革汉字输入法，发展机器翻译，适当减少汉字的数量等都是重要的工作，但是这些工作如果缺少语文改革的支撑，就会失去主动，开展起来不得不付出更多的代价。

五、要理直气壮地宣传简化字

记：最近一段时间，有些人对简化字提出了质疑，主张恢复繁体字。您觉得应当如何正确看待？

苏：推行简化字已经60年，取得了绝大多数民众的支持，可是近几年反对简化字的声音时有所闻。反对简化字的理由主要有两条，一条是简化字割断了传统文化，另一条是简化字妨碍两岸统一。这两个理由都是不能成立的。在推行简化字以前，人们学的用的都是繁体字，是不是人人都能读懂古书？当然不是。要能读懂古书，不但要认识繁体字，还要懂得文字、音韵、训诂等一大套学问。要弄懂这些学问不是只认识繁体字就够了。说繁体字比简化字好，繁体字是老祖宗留下来的汉字，这话禁不住推敲。现代的繁体字和古时候实际用的字差得很多了，并不是先秦时代用的字。司马迁写《史记》是用隶书，是这个繁体字吗？现在说的繁体字其实已经经过多次“现代化”了。

说简化字妨碍两岸统一，完全没有根据。朝鲜和韩国的文字是一样的，为什么现在还不能统一？蒋介石到台湾的时候，两岸用的汉字是一样的，怎么国家就分裂了呢？秦始皇先统一了六国，然后才统一了文字；六国不统一，书同文实现得了吗？一个民族的统一和分裂由政治、经济、军事等多方面因素决定。不是文字，文字没有那么大作用。

简化字易学便用，清晰度高，符合汉字由繁趋简的演变规律，受到民众的欢迎。我们要坚持推行简化字。我还想强调说明，中国大陆并没有废止繁体字，只不过限制了它的使用范围。用繁体字印制的古籍，保存得好好的，人们随时可以拿来阅读研究。这也是不能忽略的事实。近几年来，由大陆进入台湾的简体字书籍增加得很快，主要的读者群是知识精英。这对加强两岸的交流合作，非常有利，受到两岸民众的欢迎。

（《雅言》2009年10月15日）

黎锦熙先生对中国语文现代化的重大贡献※

黎锦熙先生（1890—1978）是中国语文现代化的先驱和导师。他致力于中国语文现代化的理论研究和实践活动，成绩卓著，给我们留下了丰厚的文化遗产。我们要认真学习和继承这笔宝贵的财富，作为我们做好语文现代化工作的借鉴。

我们今天说的语文现代化，也叫语文改革，黎先生当年叫文字改革。

一、文字改革是“为最大多数民众服务的长期而困难的革命工作”

黎锦熙先生回顾他从事文字改革的历程时说：

我四五岁时就碰上了甲午中日战争（1894—1895），我国舆论界才公开倡议“文字改革”，我幼年也受了这个运动的影响。到辛亥革命（1911）的第二年，中国开了个全国性的“读音统一会”，议决 39 个“注音字母”，这是中国历史上第一次正式创造的字母（1913）。有了字母，既可以规范字音，又可以直标口语，于是影响到两千多年传统的“古文言”。1918 年注音字母

※　本文曾在北京师范大学文学院主办的“黎锦熙先生诞辰 120 周年纪念暨学术思想研讨会”（2010.4.10—11）上宣读。

公布后，就把学校“国文”课改为“国语”课，小学废止文言文，改用接近民众口语的“白话文”（1920）。因此“中国文字改革运动”就叫作“国语运动”，其目的概括成两句口号：国语统一（今为“推广普通话”）；言文一致（今为规范化的“白话文”）。这时已到了“五四”新文化运动时期（1919），我趁此旧民主革命过渡到“新民主主义”革命的潮流已投身文化教育界，从此专干“中国文字改革”的工作，认为这是为最大多数民众服务的长期而困难的革命工作，于是与文改同志们共同奋斗。①

黎先生致力于文字改革长达七十年。在这七十年间有关文字改革的重大事件，黎先生都曾积极参与，并且做出了贡献。例如：

1916 年，发起成立国语研究会，宣传国语统一、言文一致。

1922 年，与钱玄同等向国语统一筹备会提出《简省现行汉字的笔画案》。

1922 年，在《国语月刊·汉字改革号》上发表《汉字革命军前进的一条大路》，提出“词类连书”原则。

1923 年，担任国语罗马字拼音研究委员会委员，参加拟订“国语罗马字”。

1923 年，草成《北京入声字谱》，它的序言成为废止国音中入声的宣言。

1926 年，参加全国国语运动大会，发表重要演讲，确定北京音为国音标准。

1932 年，参加编辑《国音常用字汇》，这是第一本现代汉语注音字汇；在《国音常用字汇》中收入几百个简化字。

1934 年，担任教育部国语推行委员会常务委员，出版《国语运动史纲》。

1935 年，参与选定《第一批简体字表》。

1936 年，编辑出版《国语辞典》，实行按音序排列词条。

1949 年，与吴玉章等发起创建“中国文字改革协会”，被选为常务理事。

1951 年，被聘为中国文字改革研究委员会委员。

1954 年，被任命为中国文字改革委员会委员。

1955 年，被任命为拼音方案委员会委员，参与制订《汉语拼音方案》。

1956 年，被任命为中央推广普通话工作委员会委员。

1957 年，在《人民日报》发表与罗常培合写的《六十年来中国人民创造汉语拼音字母的总结》。

1961 年，在《光明日报》发表《对于难字注音的意见》。

1962 年，被任命为修订简化汉字七人小组成员。

1963 年，在全国人民代表大会上与丁西林等代表作《继续促进文字改革工作》的联合发言。

他在去世前四天写成的《对语言学科规划的几点意见》里说："目前的文字改革工作是全国统一的，但对于群众的调整意见应随时讨论、实验和解决。对全国人民或外国朋友的关于中国文字改革的字母及拼法的最新方案，应陆续集成，定期印出，作为进一步研讨时的内部参考资料。"②

正如黎先生所说的，文字改革工作是为最大多数民众服务的长期而困难的革命工作。自清末至五四时期，是文字改革的第一个高潮。在这个时期，提出了国语统一、言文一致的奋斗目标。新中国建立以后，国家对语文现代化工作非常重视。1956 年 1 月国务院公布《汉字简化方案》，开始推行简化字；1956 年 2 月国务院发出《关于成立中央推广普通话工作委员会的通知》，发布《关于推广普通话的指示》，开始在全国范围内推广普通话；1958 年 2 月，第一届全国人大第五次会议批准《汉语拼音方案》。这一系列重大的语文改革的施行，使中国语文现代化运动取得了实质性的进展。

1986 年 1 月在北京举行的全国语言文字工作会议，贯彻中央提出的新时期语言文字工作的方针和任务。方针是："贯彻执行国家关于语言文字工作的政策和法令，促进语言文字工作规范化、标准化，继续推动文字改革工作，使语言文字在社会主义现代化建设中更好地发挥作用。"其中既规定"促进语言文字工作规范化、标准化"，同时也明确指出要"继续推动文字改革工作"。

语文现代化是深刻的语文改革，改革常常会遇到阻力。如果这个阻力来自民众，这不奇怪，也不可怕。但是如果来自国家行政主管部门，就是另外一回事，因为国家行政主管部门肩负的使命就是执行国家既定政策。新中国建立以来，国家主管语文工作的部门恪尽职守，做出了宝贵的贡献，可是也有一个时期脱离了既定政策，使工作遭受了不应有的损失。我指的是20世纪90年代后半期出现的情况。1995年12月25日在北京召开大会纪念文字改革和汉语规范化40周年，会议宣布："党的十一届三中全会以来，我国进入改革开放和社会主义现代化建设新的历史时期，语言文字工作也进入了规范化、标准化新阶段。"③这次会议对语文工作方针的改动极为轻率，极不严肃。领导人的一句话就把"继续推动文字改革工作"勾销了，只剩下了语文规范化和标准化。纪念文字改革的大会变成了取消文字改革的大会。国家语委的主要领导说："我到语委工作这一段时间，明白了语言文字工作概而言之包括两个方面：语言文字规范标准的制定和语言文字规范标准的推行。"这样的认识是很片面的，也是不妥当的。中国的改革是全面的改革，包括经济体制的改革、政治体制的改革及其他各领域的改革。中国的一切都在现代化的过程中，包括中国语文的现代化。国家的语文工作包括语文规范和语文改革两个方面，两方面相辅相成，缺一不可；一般情况下是以语文改革为主。语文规范着眼于语文的稳定，语文改革着眼于语文的发展。语文规范不能代替语文改革，不能代替语文的现代化。用语文规范代替语文改革，就会使语文工作失去活力、停滞不前，无法适应变化中的现实。进入21世纪，社会语文生活十分活跃，新现象新问题层出不穷，急需用语文改革来领导；进入21世纪，配合国家的发展，急需研究国家语文发展战略，这也离不开语文改革的支持。用语文规范代替语文改革，只会把语文工作引进死胡同，与国家发展的总目标背道而驰。

语文改革是促进社会发展的必要手段，源自社会的实际需要，具有强大的生命力，是取消不了的。1998年7月21日国务院办公厅发出通知，确定将国家语委并入教育部；通知还规定"语言文字应用管理司的职责是：拟订语言文字工作的方针、政策和中长期规划；监督检查语言文字的应用情况；指导语言文字改革；组织推行《汉语拼音方案》，指导推广普通话工作以及普通话师资培训工作"，明确提出了"指导语言文字改革"的任务。在这之后，语文改革逐渐得以恢复。2009年1月，国家语委语用司召开《国家中长期语言文字工作改革和发展规划纲要》拟订研讨会，会议以“语言文字工作改革和发展”为中心，久违了的“语文改革”又提上了议事日程。2010年3月9日，国家语委召开了2010年度语言文字工作会议，教育部副部长、国家语委主任李卫红做了题为《围绕中心，服务大局，改革创新，促进语言文字工作科学发展》的讲话。她指出，去年一年各项工作扎实推进，特别是研究制订《国家中长期语言文字工作改革和发展规划纲要》取得进展。2010年要结合教育和语言文字工作规划纲要的发布实施，解决好语言文字工作自身的改革创新问题。语文工作扭转了淡化语文改革、用语文规范代替语文改革的倾向，这让我们看到了语文工作的希望。

二、“复音词要连着写，写成一个字的样子，这叫作‘词类连书’”

1922年黎锦熙先生发表了《汉字革命军前进的一条大路》这篇重要论文。这是中国语文现代化的重要文献。黎先生的这篇论文，当时是国语罗马字研究的一部分，可是至今仍有重要的意义。这可以从以下两个方面来分析。

第一方面，黎先生在这篇论文里面，用现代语言学的“词”（words）本位取代了传统语文学的“字”本位。黎先生说：“以定形表单音的汉字，向来就不能直接地表达汉语中的语词。”“于是一个语词，往往要用两个以上的汉字来表达。”“于是中国的语言与文字渐渐地大分歧。”“因为言、文分歧，士大夫和民众太隔绝了，于是近年来才有‘言、文一致’的觉悟；因为方言万殊，无论士大夫和民众，彼此又自相隔绝了，于是近年来又有‘国语统一’的觉悟。”“拼音文字的声浪起来了！然而又拼错了，只拼着汉字的字音，而没有拼着汉语的词音——于是又失败了！”“我们得了许多的‘殷鉴’，再不要懵懵懂懂地把这支大军陷入于大泽中了，我们认定前面这一条大路，只是：洗干净脑子里许多的汉字面孔，专以现代汉语为对象，任采一种标音的符号，拼切出来的。”④黎先生认为汉语的基本单位是词而不是字。汉字文本模糊了词的分界，拼音文本必须分词连写，以显示词的分界。黎先生说明的这个道理本来早已成为语言学界的共识，为汉语汉字的研究辨明了方向；

可是近些年来出现的“字本位”理论却搞乱了一些人的头脑，对汉语的研究造成了不小的伤害。字本位理论认为：“汉语的‘词’和‘句’不等于英语的 word 和 sentence”，“汉语中没有和词（word）相当的结构单位”，“‘字’是汉语的基本结构单位”。“什么是字？一般都认为写出来供人们看的才叫字。其实，这是一种很大的误解。‘字’首先是说的，书写形体只是把说的字写下来而已。”“我们应该改变‘写出来的才叫字’的错觉。”⑤黎先生要我们“洗干净脑子里许多的汉字面孔”，字本位理论要我们强化脑子里的汉字面孔。西学东渐时期，我们学习了西方的语言学理论，这才有近百年来中国语言学的进步；可是现在字本位理论又要我们退回到《马氏文通》以前的字词观去。

对于字本位理论的是非得失，我在这里只想指出两点供大家思考。第一点是“什么是字?”字本位理论倡导者认为“‘字’首先是说的”。提出一个新学说、构建一个新体系往往要有相应的新术语，或者是对原有的术语给予新的解释，这都是很正常的。可是有一点请注意，对于本门学科里属于公理性质的东西，不允许随便改动，改动了就会动摇该学科的理论根基。什么叫“公理”？“在一个演绎系统中不需证明而作为推理出发点的初始命题或公式。如在欧几里得几何系统中，‘等量加等量其和相等’‘整体大于部分’都是公理。”⑥在语言文字学中，什么是“字”就属于这种公理。在古代，汉字的“字”是多义的，可是到了现代，科学发达了，作为语言文字学术语的“字”是单义的，是学界有共识的。《中国大百科全书·汉语文字》卷指出：“汉字是纪录汉语的符号，每一个字代表一个音节，一个字可能就是一个有完整意义的单音词，也可能是一个复音词中的一个构词的词素。词素或称为语素。”字本位理论倡导者却把具有公理性质的理解说成“这是一种很大的误解”，取代这种“误解”的是“‘字’首先是说的”。这种有关“字”的新学说，是如何证明的呢？他说：“我们如果要人家讲话讲得慢一点，只能是‘你一个字一个字慢慢说’，绝不会是‘一个词一个词慢慢说’；‘你敢说一个“不”字’，这句话里的‘字’也不能换成‘词’。”⑦这哪是学术论证！建筑在“‘字’首先是说的”上的字本位理论，是无法得到证明的理论。出现这种尴尬的局面是有原因的。字本位理论倡导者提出的“以字为汉语的基本结构单位讨论相关的语言学问题”，遇到了一个难于跨越的障碍，那就是在汉字产生以前如何来讨论与汉语相关的语言学问题。如果这一理论可以成立，那么这一理论是不是也适用于汉藏系诸语言？如果可以适用，那么对于至今还没有文字的汉藏系语言又该如何处理呢？为了解决这个难题，字本位理论倡导者只得修改传统的“字”的定义，认为“‘字’首先是说的，书写形体只是把说的字写下来而已”。因为“首先是说的”，所以上述问题全都可以迎刃而解。可是新的问题又来了，这种既是说的同时又是写的基本结构单位的“字”要到哪里去找？现实世界里只有语言和文字这两种社会现象，而且语言先于文字。我们只知道有汉语、英语、日语等语言，有汉字、英文、日文等文字，哪有什么既是说的同时又是写的基本结构单位的“字”呢？既然找不到“字”这种结构单位，“字本位”理论的根基岂不是建筑在沙滩上吗？

第二点是字本位理论倡导者在他的著作里，不止一次引用吕叔湘先生的文章，似乎吕先生在支持字本位理论。他说：“首先提出怀疑的是吕叔湘，认为印欧语里现成的单位是词，而汉语里现成的是字，‘汉语里的“词”之所以不容易归纳出一个令人满意的定义，就是因为本来没有这样一种现成的东西。’吕先生还两次提到，‘讲汉语语法也不一定非有“词”不可’，之所以还需要保留“词”这个概念，那是由于将来实现拼音化时词儿需要连写。”⑦吕先生的确说过“讲汉语语法也不一定非有‘词’不可”，可是吕先生没有说过，“汉语里现成的是字”或“把‘词’要改为‘字’”。不用“词”用什么呢？吕先生的回答是用“语素”。吕先生说：“一个汉字代表一个有意义的音节（除少数例外），这是语法分析中的最小单位。姑且称为语素。”⑧吕先生说：“要讲语文问题，就需要分别定个名称。专门指形体的时候，最好管它叫‘汉字’。专门指声音的时候，最好管它叫‘音节’。专门指音义结合体的时候，最好管它叫‘语素’。”⑨吕先生把“汉字”“音节”“语素”分得清清楚楚，我们在吕先生的著作里找不到一点字本位的影子。

第二方面，黎先生指出：“语言中的单位，乃是语词（words）；一种适用的活语言，其中大多数的语词，至少也是‘双音’构成的。汉语中的语词就是如此，而汉字却不理会它，偏要把无穷的形体，来表示有限的单音：这么一来，就使受了汉字之‘深仁厚泽’的东方各民族，至今虽下决心，改用标音的文字，还是不能自拔于单音；又使研究东方语言的西洋学者发生许多很大的误会与不合事实的评论。”解决的办法是拼音字必须实行“词类连书”，也就是分词连写。他指出：“复音词要连着写，写成一个字的样子，这叫作‘词类连书’。”“词类连书”是实现汉语拼音化的“一条大路”。

《国家通用语言文字法》规定汉语拼音用来给汉字注音，并用于拼写汉语。这是继承了近百年来语文改革的成果。汉语拼音推行 50 多年，在用来给汉字注音方面代替了直音和反切，代替了ㄅㄆㄇㄈ那一套注音符号，可是在拼写汉语方面依旧困难重重。字本位理论当然取消了分词连写。而有些人反对分词连写的“理由”是一实行分词连写，汉语拼音就成了拼音文字。这真是奇怪的逻辑。拼音文字固然需要分词连写，可是分词连写并不仅限于拼音文字。我们用汉语拼音拼写汉语，就必须分词连写，因为不分词连写阅读就会遇到许多困难。例如，人民币上把“中国人民银行”用汉语拼音拼写为 ZHONGGUO RENMIN YINHANG，就是分词连写的。汉语拼音不实行分词连写，就会极大地限制了它的应用，吃亏的是我们自己。

三、汉字简化自是“势有必至”而“理所当然”

实现文字的简易化是语文现代化的重要内容。新中国推行简化字取得了成功，但是反对简化字的声音在特定的人群里似乎仍有相当的影响。要想认清简化字与繁体字之间的种种争论，必须认清汉字发展演变的总趋势。请看黎先生的论述：

> 简体字是对于现行汉字的本身一种“简易化”的改良。本来中国文字，“从甲骨、彝器、说文以来，时时发现笔画多的字，时时有人将它的笔画减省（例如甲骨文中的‘子’字作‘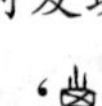’，原已省作‘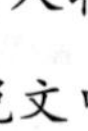’；说文中的‘禮’字省作‘礼’，‘’字省作‘烁（秋）’）。殷周之古体减为秦篆，秦篆减为汉篆，汉篆减为汉草（章草），汉草减为晋唐之草（今草）；汉隶的体式变为楷书，楷书减为行书；宋元以来，又减省楷书，参取行草，变成一种简体字，即所谓‘破体’‘俗体’‘小写’：这都是最显著的减省笔画。汉字的字体，

在数千年中是时时向着简易的方面进行，可说是没有间断”。不过科举制度和刻板书籍，把楷书的“正体”凝定而把持住了。明朝人爱讲复古，清朝更在法令上强制执行，“什么康熙字典，什么‘字学举隅’，对于文字的一点一画，一挑一剔，这样写是正体，那样写是俗体，狺狺不休（其实他们是全不认识古字的），不但宋元以来的简体全被排斥，就连汉魏碑碣上面的字体也遭非议。这种毒焰，至今尚未消灭，更流毒于学校，以致书记抄讲义，学生写笔记等等，无不蒙其大害，耗损光阴精力，真是冤哉枉也!”（引语见1922年钱玄同在国语会的提案。）数百年来的封建社会中，知识阶层对于汉字的楷书正体，确实是这样信仰遵守，成为风气的；但一方面通俗的简体字“仍大流行于广漠的民间，老百姓在那儿做主导（即如敦煌所藏唐人写的佛经，宋元所刊民间唱的曲本，都是不改楷书体势，但减省或变更其笔画，这就是现今所谓简体字，钱氏曾分析为八种构成的方法，说是明清以降，今日以前，都是用在账簿、当票、药方、小说、唱本等等上面，所谓‘不登大雅之堂’的），而士大夫于日常生活中手头所用的文字工具，却也有‘速赴急就’的必要，因此也就降格相从，偷偷地公开采用了（例如黄梨洲）。简体字是不推而自行的!”（引语见1936年《国语辞典》序。）清末兴学，教育家渐有大胆歌颂简体字的；直到五四，学术界才正式提倡，于是有出版业铸造的“手头字”铅字铜模（但没有行得通），有行政方面审定追认而公布的“简体字表”（这是1935年的事，但同时被反动派抗议取消了）。解放以来，简体字蜂起，大家拥护，不成问题了。⑩

黎先生的这一段话，至少可以说明以下三个问题：

第一，简化字不是新中国建立以后才产生的，而是早就存在的，有很悠久的历史。不是哪个人，也不是哪个政府创造的。简化字的历史远自甲骨、彝器、说文，直到五四，又有出版业铸造的“手头字”铅字铜模，有行政方面审定追认而公布的“简体字表”。电视纪录片《汉字五千年》的总策划麦天枢断言：“几千年繁体字的历史比几十年简体字的历史重要得多。”⑪他认为简体字的历史只有几十年是不符合事实的。历史长的东西一定比历史短的东西重要吗？不一定。假如简化字的历史的确只有几十年，但是它易学便用，难道就不重要了吗？电脑出现在第二次世界大战之后，到现在也不过几十年，难道电脑也不重要了吗？

第二，楷书正体字是汉字历史发展的产物，有它产生、发展到简化的历史。黎先生指出："汉隶的体式变为楷书，楷书减为行书；宋元以来，又减省楷书，参取行草，变成一种简体字，即所谓'破体''俗体''小写'。"要想让笔画繁多的繁体字永远不变是做不到的。群众自发地简化，往往会造成字形的分歧，不便应用，到了一定的时期势必要加以规范和统一。在有些人的意识里，繁体字似乎是历史十分悠久，一点也改动不得的。事实并不是这么一回事。繁体字终将被简化字所取代，这是"势有必至""理所当然"的。

第三，简化字的构成方法是群众的创造，老百姓在那儿做主导。钱玄同把群众创造简化字的方法归纳为八种。有人表示对其中的三种不认同，这三种方法是"同音替代""符号替代"和"草书楷化"。应该明白用这三种方法得到的简化字是客观存在，个人是否认同不起什么作用。黎先生说："群众写惯了的'同音代替'的白字（别字）。例如'丰'代'豐'，是一直没有问题的；'干'代'乾'（gān，干燥义）兼"幹"，前几年我们也觉得有些不方便，不够妥当，但现在大家用惯了，实际上也没有发生什么问题。"⑫用这三种方法构成的简化字，如果其中有一个或几个可能造成表达的混淆，那就要修改，但是这三种简化方法本身是否定不了的。如果个人可以随便否定某一种或某几种简化方法，岂不是要把简化字掏空，赞成简化字岂不成了一句空话？

近年来常见的一种反对简化字的"理由"，是简化字妨碍继承传统文化，这种说法是禁不起推敲的。传世的古籍在用字上都经过不止一次"现代化"的过程，传统文化何尝流失？16 画的繁体字"龍"和 5 画的简化字"龙"，读音和意义是一样的。如果要比哪个更象形，"龙"比"龍"可能更象形。"龙"是动物，怎么能分为左右两半呢？用繁体字写出来的"學而時習之，不亦説乎"和用简化字写出来的"学而时习之，不亦说乎"，表达的意思是一样的。你坚持用繁体字，无非是愿意多花费一些时间和精力，并不会有更多的回报。

简化字推行了五十多年，我们看到的是什么现象呢？一方面广大民众拥护简化字，平时主要写简化字的占 95.25%，汉字已经进入了简化字时代；

另一方面，也有个别的专家学者提出种种说法为反对简化字思潮推波助澜。只要走到广大群众中去呼吸一点清新的空气，谁是谁非，就分辨得一清二楚。

四、据位定部给部首查字法的改革带来了希望

查字法的改革是语文现代化关注的重要课题，改革的目的是提高查字的效率。部首查字法发轫于东汉许慎的《说文解字》，《说文解字》设540部。几经演变，到了明代梅膺祚著的《字汇》，部首已改并为214部，为清代《康熙字典》所承用，成为有重要社会影响的查字法。214部的部首法的定部原则是据义定部为主兼采据形定部，查字效率低下，应用十分不便。1917年，“改良字典部首”开始提到了当时政府文教工作的日程之上。1919年，国语会举行第一次大会，会员陈懋治、陆基提议采用前“读音统一会”会员王雀之“元亨利贞”制，用来改排旧有部首，检法以字之左上方为准。这是第一次提出据位定部的设想。1935年，国语会通过了一个《拟定汉字新部首案》，提出四系七起笔120部的“汉字新部首”。部首的位置采取“左上倾”的原则，采用的是据位定部。“汉字新部首”的设计者是黎锦熙先生。1937年抗日战争爆发，这项研究不得不停顿下来。1943年，国语会在四川开会，黎锦熙和顾树森又重提此案，案文把这种查字法的内容说得更全面并具体。当时决议推定黎锦熙和顾树森、萧家霖等组织审查委员会。1945年日本投降后，不久进入第三次国内革命战争时期，这些事都没有进行。只有北京的中国大辞典编纂处于1947年编成的《新部首索引国音字典》和《增注国音常用字汇》的“新部首索引”，试排过12 300多字。⑬

黎先生指出：“‘汉字新部首’可说就是有‘头’无‘尾’的‘笔画部首查字法’。对于近来改良旧部首而‘基本上没有改掉旧部首的不良之处’的部首查字法，早就有个根本不同之点，就是把部首位置绝对化。这个原则一直没有得到部首家的完全同意，他们总认为部首究竟是有‘字形结构上的意义’的，位置摆在哪里就在哪里，若是不在这个绝对位置的就取消它的部首资格，总觉于心不安。由于部首没有绝对位置，字的上下、左右、内外都可

能存在着部首，使查字者不好掌握，以致新的部首制终于没有建立起来。”“改进传统的部首查字法，首先要适应群众的要求，使他们学起来容易，用起来方便；其次改进的要点应从汉字笔形次第和位置的绝对标准出发，即‘起笔左上倾’。”“汉字笔画的单位式样虽不少，但能作‘起笔’的可以归纳为（并且只有）‘、’（点）‘一’（横）和‘㇆’（横折）‘丨’（直）和‘㇄’（直折）‘丿’（撇）和‘𠃋’（撇折）七种。写字就有笔顺，有笔顺就有起笔；查字也是依着笔顺来数笔画的，这是客观存在的事实。”黎先生的四系七起笔新部首的点系暂设24部，就是：丶部、亠部、冫部、冖部、讠部、丷部、氵部、宀部、广部、辶部、忄部、火部、文部、方部、户部、礻部、穴部、立部、疒部、玄部、衤部、亦部、羊部、米部。⑭

下面我们对据位定部新部首的意义做一点解说。部首查字法的关键是如何确定部首。根据确定部首的原则，两千年来部首查字法的发展大体可以分为三个阶段。由《说文解字》开创的部首是文字学部首，主要是根据义符确定部首。义符在字里的位置不确定，部首的位置也就不确定。一个字不了解哪是义符，也就无法确定哪部分是部首。对于不熟悉小篆的人来说，使用起来非常困难。隶变以后，隶书楷书成为日常使用的文字，由《说文》确定的部首也不得不发生改变。例如“年”字，小篆是从禾千声的形声字，《说文》入禾部。楷书变为“年”，禾和千都没有了，《康熙字典》于是改入干部。“春”字小篆作“萅”，从艸从日屯声，《说文》入艸部。楷书作“春”，没有了艸，《康熙字典》改入日部。《说文》的据义定部的原则打破了，吸收了一些据形定部的因素。使用这种部首法查字时仍旧会遇到许多困难。

20世纪60年代，文化部、文改会改革汉字查字法，提出了四种检字法草案，其中的部首法放弃了据义定部，采用据形定部。它的特点是不问字义，只看字形。例如，左右结构的字，取左不取右。“相”归木部，“鸿”归水部。左边不是部首再取右边。“欧”归欠部，“新”归斤部。上下结构的字，取上不取下。“今”归人部，“啬”归十部。上边不是部首再取下边。“忍”归心部，“盎”归皿部。据形定部比据义定部改进了一大步。“文革”后出版的修订本《辞海》采用了这种部首。可是实践的结果，这种改进带来的方便似乎不大。据形定部说起来容易，实际做起来会遇到许多不易解决的难题，这主要是因为汉字的字形结构的确十分复杂。文化部、文改会推荐的250部的据形定部的部首法没有得到普遍采用，统一部首查字法的问题没有解决。

1983年6月，文改会和文化部出版局联合召开统一汉字查字法座谈会，成立统一部首查字法工作组。工作组依据字形定部、贯彻以大包小、口径一致的原则制订了设201部的《汉字统一部首表（草案）》，由文改会和出版局发布试行。一转眼经过了20多年，教育部和国家语委组织力量对《汉字统一部首表（草案）》进行部分调整，形成了新的《汉字部首表》，同时又研制了归部规范。2009年1月12日教育部和国家语委发布了《汉字部首表》（GF0011—2009）和《GB13000.1字符集汉字部首归部规范》（GF0012—2009。以下简称《归部规范》）。

我们研究了这两个相关的部首规范，发现它们还存在一些没有解决好的问题。下面举出一组例字：

（1）“棠”归木部，“畜”归田部，采用的是层次拆分（二分）。如果采用平面拆分（多分），“棠”应归小部，“畜”应归亠部。

（2）“含”归人部，“拿”归人部，采用的是平面拆分（多分）。如果采用层次拆分（二分），“含”应归口部，“拿”应归手部。

（3）“赢”归月部，“器”归口部。这两个字只能采用横三分，“赢”应该归入口部，“器”应该归入犬部。《归部规范》的归部不知道根据的是什么原则。

（4）“兽”归口部，“冀”归匕部。这两个字只能采用横四分，“兽”应该归入八部，“冀”应该归入田部。《归部规范》的归部不知道根据的是什么原则。

部首查字法的《归部规范》是为广大非汉语专业的社会各界人士使用的，要做到易学便用，高效率，而《汉字部首表》和《归部规范》并未能达到这个要求。我们认为造成这种状况有两方面原因。一方面是现行规范中立部和归部的不统一。一个完整的部首查字法方案包括立部和归部两个部分，这两部分不是彼此孤立而是密切相关的。而目前的规范，归部采用的是据形定部原则，而立部却主要来自据义定部的传统部首，二者难于统一。我们面前有两个据形定部的样本：一个是1999年版的《辞海》(采用的是1964年提出的《部首查字法（草案）》)，另一个是《归部规范》。用国家语委和新闻出版署1988年发布的《现代汉语通用字表》(收7 000个通用字）作为检测的对象，比较这两个样本查字效率的高低。得到的结果是：1999年版《辞海》的一步到位率是89.55%，而《归部规范》是87.25%。前者高于后者。是什么原因造成的这种差异？1999年版《辞海》的立部和归部是互相照应的，而《归部规范》的立部和归部是彼此脱节的。采取不同的定部原则就会得到不同的部首表，如果认为一张部首表可以适用不同的定部原则，结果就会是难学难用，效率低下。例如“孵”字，《归部规范》归入爪部，查字时要经过四道手续才能查到，而1999年《辞海》设卵部，一步到位。另一方面是据形定部本身存在的问题。汉字结构的复杂性给字形分析带来许多困难，据形定部低估了汉字结构的复杂性。我相信汉字学专家可以制订出很细、很复杂的归部规则解决这个问题，但是这样制订出来的规则属于精英文化，不适合公众的使用。这个问题怎么解决？黎锦熙先生在几十年前提出的据位定部给我们指出了解决问题的方向。从据义定部到据形定部，再从据形定部到据位定部，这就是两千年来部首查字法发展的三个阶段。在这里我吁请大家关注据位定部的设想，为部首查字法的改革寻求一条出路。

五、为了“明史”“读法”而编写《国语运动史纲》

学术史的研究对于学术的发展至关重要。语文现代化是新学科，历史不长，仔细研究它的历史对于促进语文现代化事业的发展具有重要的意义。黎先生的《国语运动史纲》写的是自清末到20世纪30年代间共40年的语文现代化的历史。这个时期出现了语文现代化运动的第一个高潮，内容十分丰富，经验教训都很多，对后来的影响也很大，值得我们重视。

黎先生为什么要写这么一本书？他说：“无论跑步到时代前面去的‘大众语’新名发起人，和落伍到时代后面去的文言读经提倡者，对于国语运动这件事的缘起和历史进展，大多数还是很隔膜的，无怪四十年来，尽兜圈子；长此以往，永兜圈子！民族不长进的大原因就在事事不‘明史’，工作无成效的大原因又在人人不‘读法’，此本篇所由作，抑亦本书之所由作也!”⑮黎先生提倡“明史”和“读法”对我们现实的语文改革工作很有启发。关于“明史”，一部国语运动史也就是语文改革史，可是现在偏偏有人不承认语文改革的历史，要用语文规范代替语文改革，也就是取消语文改革。关于“读法”，《国家通用语言文字法》规定：“国家推广普通话，推行规范汉字。”“国家通用语言文字以《汉语拼音方案》作为拼写和注音工具。”《汉语拼音正词法基本规则》规定：“拼写普通话基本上以词为书写单位。”这些规定在执行中都有阻力。我们应该大力宣传国家有关语文的方针政策，对违反这些方针政策的言行采取措施加以纠正。

历史是一面镜子。读《国语运动史纲》可以使我们鉴古知今，使我们的工作更具有前瞻性。

例如，关于国音标准的转变。1913 年读音统一会制订的老国音，是“多数票决之读音”，带有人为的杂凑性质。1919 年出版的《国音字典》里的字音就是老国音。事实上“全国就没有一个能完全照着《国音字典》说话的人!”因此，不久就出现了“不承认国音，主张以京音为标准音”的呼声。1920 年 12 月 24 日，教育部公布修改后的《国音字典》，调整了国音的标准。教育部在训令中转述国语统一筹备会关于字音标准的意见说：“查读音统一会审定字音，本以普通音为根据。普通音即旧日所谓官音。此种官音，即数百年来全国共同遵用之读书正音，亦即官话所用之音，实具有该案所称通行全国之资格，取做标准，允为合宜。北京音中所含官音比较最多，故北京音在国音中占极重要之地位；《国音字典》中所注之音，什九以上与北京音不期而暗合者，即以此故。惟北京亦有若干土音，不特与普通音不合，且与北京人读书之正音不合。此类土音，当然舍弃，自不待言。本会此次修订《国音字典》，凡遇原来注音有生僻不习者，已各照普通音改注；北京音之合于普通音者，当然在采取之列。”这就表明，国音的标准实际已经改为北京语音，但是在声调上，“仅列阴平阳平上去入五声，并未指定应以何地之五声为标准”。又过了几年，到了 1926 年，《国音字典》增修委员会决定：凡字音概以北京的普通读法为标准，“入声分到四声来”。这样以北京语音为标准音的新国音终于诞生。对于由老国音到新国音的转变，《国语运动史纲》

做了翔实的叙述，这种转变为新中国确定普通话以北京语音为标准音提供了历史依据。

又如，关于“国语统一筹备会”的建立。为开展国语运动，1916 年在北京成立“中华民国国语研究会”。这是群众性的学术团体，会员包括当时热心国语运动的著名学者和大量实际语文工作者。到 1918 年，会员增至 1 500 余人，对于开展国语运动产生了很大的影响。到了 1919 年，会员增至 9 800 余人，“国语统一”“言文一致”运动和《新青年》倡导的“文学革命”运动完全合作了。可是这时人们发现只有群众性学术团体的努力是不够的，还必须有行政力量的推动。1919 年 3 月，教育部设立“国语统一筹备会”作为附属机构，负责有关国语运动的行政事务。《国语运动史纲》说：“在社会方面，四十年来的国语运动史要算国语研究会的工作是最鲜艳的几叶。但中国向来革新的事业，不经过行政方面的一纸公文，在社会方面总不容易普及的；就算大家知道了，而且赞成了，没有一种强迫力也不会实行的。所以这教育部附属机关国语统一筹备会的行政事业也大有可纪。况且这筹备会的会员，大多数就是研究会的会员，每有举动，发端于彼，观成于此；此主执行，彼任宣传。到了后来，索性“宫中府中，俱为一体”，而研究会这个机构，渐成了一个历史上的名词，更不能不把这个行政机关作国语运动史的主体了。”[16]这段历史说明，语文改革运动必须有行政机关的推动，而行政机关又必须得到学术机构的支持，二者密切配合，工作才能开展。

再有，语文改革一定会有起伏，有高潮和低潮，这是带有规律性的社会现象。在 1924 年到 1931 年间，“政治潮流，波谲云涌，国语运动，随环境而异其方式”，每两年多即成一小段落，构成啼笑皆非的“四步曲”。黎先生在《国语运动史纲》对这“四步曲”做了生动的描写：（一）螳战（1924—1926）：这时候，内战有钱，教育无钱，国语运动（包括新文学和新文化）奄奄一息；忽然来了一位反对国语的司法兼教育部长章士钊，他办的《甲寅杂志》以不收白话文为标榜，他做部长大张反对国语的气焰。白话和文言发生“螳臂当车”之战。苏浙皖三省的教师代表在无锡举行焚毁初级小学文言文教科书的仪式。北京教育部中少数国语派对多数读经派关于小学应否“读经”进行口头和笔头的斗争。（二）蛰伏（1926—1928）：复古风大作，好些省区强迫读经、严禁白话，甚至兴复礼乐，行“投壶”古礼。国语运动者只能蛰伏自保，不声不响做些具体工作：议定国语罗马字和修订国语标准音。（三）龙飞（1928—1931）：情况好转，公布了国语罗马字；“注音字母”虽然改名为“注音符号”，可是继续推行，这也就算差强人意了。飞虽不高，也是“龙飞”！（四）龟走（1931—　）：历史的道路崎岖不可“兔逸”，只宜“龟走”；黎先生做了一首《龟德颂》：“任重能背，道远不退，快快儿地慢慢走，不睡！”这是知识分子在困难条件下为国效劳的写照。国语运动的“四步曲”后来不断循环往复。黎先生有先见之明，早已看到这是语文现代化的行进规律。⑰

附注

①黎锦熙《八十岁后工作总汇报和展望》，《黎锦熙语言文字学论著选集》第130页，北京师范大学出版社2002年版。

②黎锦熙《对语言学科规划的几点意见》，《黎锦熙语言学论文集》第22页，商务印书馆2004年版。

③李岚清《在纪念文字改革和现代汉语规范化工作40周年大会上的讲话》，《语文建设》1996年第2期第3页。

④黎锦熙《汉字革命军前进的一条大路》，《黎锦熙语言学论文集》第32—34页，商务印书馆2004年版。

⑤徐通锵《基础语言学教程》第28、29、33页，北京大学出版社2001年版。

⑥《辞海》第六版第720页，上海辞书出版社2009年版。

⑦徐通锵《基础语言学教程》第31页，北京大学出版社2001年版。

⑧吕叔湘《语法研究中的破与立》，《吕叔湘全集》第13卷第402页，辽宁教育出版社2002年版。

⑨吕叔湘《语文常谈》，《吕叔湘全集》第6卷第208页，辽宁教育出版社2002年版。

⑩黎锦熙《国语新文字论》，《文字改革论丛》第18页，文字改革出版社1957年版。

⑪麦天枢《终将要回归繁体字?》，《南方周末》2009年4月16日。

⑫黎锦熙《略谈汉字简化三原则》，《黎锦熙语言学论文集》第98页，商务印书馆2004年版。

⑬黎锦熙《四十多年来创拟“汉字新部首”的回忆》,《黎锦熙语言学论文集》第100—104页，商务印书馆2004年版。

⑭黎锦熙《“汉字新部首”拟案举例》,《汉语规范化论丛》第207—212页，文字改革出版社1963年版。

⑮黎锦熙《国语运动史纲·序》第117页，商务印书馆1934年版。

⑯黎锦熙《国语运动史纲》第75页，商务印书馆1934年版。

⑰黎锦熙《国语运动史纲》第129—250页，商务印书馆1934年版。

（《中国语言学》第6期，北京大学出版社2013年版）

王力先生与中国语文现代化※

王力先生（1900—1986）是当代中国的语言学大师，他的成就是多方面的。在这篇文章里，我们只谈他对中国语文现代化事业的贡献。

一、《汉字改革》是中国语文现代化的重要文献

中国语文现代化也叫中国语文改革。王力先生在1938年写成、1940年出版的《汉字改革》，是民国时期研究中国语文改革的重要著作。中国语文改革运动自1892年卢戆章发表《一目了然初阶》算起，到《汉字改革》一书的写成只有46年，而1900年出生的王力先生那时也只有38岁。王力先生在书里阐述的基本观点对当今中国的语文改革仍然具有指导意义，今天我们重读《汉字改革》这部著作依旧得到许多重要的启示。

（一）“汉字的优劣及改革后的结果，都属于语言学的范围”

语文的应用构成了社会语文生活，社会语文生活要随着社会的发展而发展。当社会发展到一个新阶段，已有的语文应用和社会的发展不相适应的时

※　本文曾在北京大学中文系主办的“中国语言学发展之路——继承、开拓、创新国际学术研讨会（2010.8.26—30）”上宣读。

候，语文应用就要产生或大或小的变革。到了适当的时机，这种变革就会演变为有一定规模的语文改革运动。语文改革运动不是哪个个人或哪个团体想发动就能发动起来的事情，也不是哪个个人或哪个团体想取消就会销声匿迹的现象。周有光先生告诉我们，“语文生活的前进动力来自三个方面：1. 群众的语文运动；2. 学者的语文研究；3. 政府的语文政策。三个方面是相辅相成的：没有语文运动就没有活力，没有语文研究就不能提高，没有语文政策就难于推行。”① 近百年来的中国语文改革是由群众的语文运动开始的，随后才有学者的参与和政府的支持。在运动兴起的最初 40 多年，学术水平并不很高。正如王力先生指出的：“像卢戆章的‘中国切音字母’，简直是随意杜撰，毫无根据。”（636 页）② 20 世纪初年吴稚晖倡导文字改革，他在留法学生主办的刊物《新世纪》上发表文章，提出中国应改用“万国新语”（世界语 Esperanto）。他混淆了语言和文字。1918 年，钱玄同在《新青年》第四卷第四号上发表《中国今后之文字问题》里，主张废汉文之后，“当采用文法简赅，发音整齐，语根精良之人为的文字 ESPERANTO”。钱玄同不但主张改革汉字，在这篇文章里还主张改革汉语，而我们知道改革汉语的主张是不正确的，也是无法实现的。就是在这样的学术氛围下，王力先生发表了《汉字改革》，用科学的语言学观点阐明了汉字改革的许多基本问题，首先确立了汉字改革的学术定位，这不能不说具有远见卓识。

王力先生在《汉字改革》的“自序”中说：“汉字改革问题，在某一些观点上看来，乃是政治上的问题；我对于政治素来没有兴趣，似乎是不配来参加讨论的。不过，汉字改革的本身虽是一种政策，而汉字的优劣及改革后的结果，都属于语言学的范围。语言学者可以把它当作一个科学问题去讨论，阐明了改革与不改革所产生的必然结果，让政治家去讨论它应否实施。”在这里，王力先生明确区分了语言学家和政治家担负的不同职责。王力先生又说：“在本书里，我固然没有替‘存文派’辩护，但也没有替改革派作积极的宣传。因为宣传的口气越多，科学的态度就越不够。凡是宣传，就不免对于不利的事实有所掩饰，同时对于有利的事实有所夸张。掩饰与夸张，都会失了科学的真理。我因为把这问题的政治方面撇开，不当它是一种政策看待，自然也用不着掩饰与夸张：这是本书的特色。素来没有政治兴趣的人来谈汉字改革，其缺点在此，其优点也在此。”③

周有光先生说：“王先生站在‘语言学’的立场上来谈汉字改革，使中国的语文问题，从群众运动发展为学术研究，开拓了语文运动的新境界。由此，渐渐有人知道，语文运动不能再满足于简单的宣传，而是要重视科学性和客观性，使运动和学术结合起来。”④

正因为王力先生能站在语言学的立场上看待汉字改革，所以对许多争论问题能提出让人耳目一新的观点。他说：“由于时代的变迁，字义发生变化，以致意符不像意符（据《说文》：散，杂肉也，故从肉，今“散”字不作“杂肉”解）；字音发生变化，以致音符不像音符（“特”从“寺”声，今“特”“寺”的声音相差甚远）。这类的事实越来越多，所以一般人学习文字的困难也跟着时代而进展。”（580 页）“文字学家会告诉我们许多道理，与识字的秘诀。然而他们所谓道理，是把许多不合理的写法归罪于‘隶变’，于是教我们先学篆文。他们所谓识字的秘诀，是教我们研究古义，以便了解意符，研究古音，以便了解音符。这些乃是文字学家终身的事业，却轻轻地放在大众的肩上！文字学家所谓‘秘诀’，等于教饥民‘食肉糜’！”（581 页）王力先生在这里区分了大众文化和精英文化。在语言文字工作中，硬把精英文化“轻轻地放在大众的肩上”的事不少，给我们的工作带来了混乱，这个教训值得记取。

既然语文改革从学术上说属于语言学的范围，所以语言学家在语文改革中肩负着重要的使命。群众对语文改革怀有巨大的热情，无数志士仁人焚膏继晷、兀兀穷年，但是得到的成果往往十分有限，大多是劳而无功。这是因为他们的努力缺乏理论指导，带有直观性和盲目性，难于提出真知灼见，而语言学家恰好可以补群众运动之不足，引导群众运动走向坦途。

（二）“语言文字的本身是中性的”

早在 1936 年，王力先生就在《汉字改革的理论与实际》中指出：“汉字改革与政治背景无关，至少是没有必然的关系。如果我们嫌汉字难学而谋改革，则所改革者只是教育文化的工具。假使工具改善了，无论宣传哪一种政治思想都可以利用它。”⑤ 1938 年，王力先生在《汉字改革》的“总论”里说：“语言文字的本身是中性的：不拘任何党派，都能与汉字改革的政策相容；任何党派利用它为政策之后，它所产生的结果，无论好坏，也不会因党派之不同而有所差异。”（595页）周有光先生说：“‘中性’就是‘没有阶级性’‘没有党派性’。这句话跟斯大林所说的‘语言没有阶级性’意义相同，而比斯大林早了许多年。可惜的是，在没有平等思想的社会里，学者的诤言没有政客的狂言响亮，而‘过早的真理不是真理’。当时没有人了解王先生这句话有万钧之力。”⑥

直到不久前，有人为了反对简化汉字还在宣传语言文字有阶级性的错误观点。他们说：“在‘文革’的极端语境中，繁体文本自身就是一种象征，代表着文明的记忆、流逝的岁月以及柔软温存的部分，而简体字则是革命、现代性和坚硬冷酷的象征。”⑦按照这种“理论”，同一篇文章，用繁体字书写就“柔软温存”，用简化字书写就“坚硬冷酷”，这是完全不顾事实的妄说。用文字有阶级性的“理论”来反对简化汉字，正好说明反对者理屈词穷。

（三）对于汉字改革，“无论赞成或反对，都把问题看得太简单”

对于汉字改革，一向有赞成和反对的争论。王力先生说：“无论赞成或反对，都把问题看得太简单”。“赞成的就说中国人读了几年书还不会应用文字，以至文盲太多，如果改为拼音文字，文盲就可以消灭了，学习新文字只要一两个礼拜就会写会读了；反对的就说汉字有几千年的历史，为中国文化的结晶，我们不忍看见中国未亡而文字先亡，所以汉字有保存之必要。这种说法，无论赞成或反对，都是把问题看得太简单，没有把它的复杂性提示出来；因此，大家都觉得事情容易办。其实，只要肯多费心想一想，就会觉得改革与不改革各有利弊，而利弊所关不仅在文字的本身。所以这一个被别人说得很简单很容易的问题，一到我的手里便千头万绪，难于应付。”“我希望大家对这个问题的复杂性加以注意。”⑧

讨论汉字改革必然要谈到汉字的优点与缺点和汉字改革的优点与缺点。王力先生告诉我们，汉字有优点，也有缺点。优点主要是能“传久传远”（577页），这也就是很多人说的通古今通四方，或者叫超时代超方言；缺点主要是难认难写。“汉字是难认难写的，自然怪不得有人提倡改革了”（582页）。对于上述的优缺点，王力先生作了深入的分析。他指出汉字之所以能传久传远，是因为读书人讲究过训诂，普通话的词汇差不多为全国人所了解。他还说："我们虽以为学习汉字的困难程度，不像有些人所夸张的那样高，但我们始终不曾否认它是难认难写的。"（586 页）同样，王力先生还告诉我们，汉字改革也是有利有弊的。他说："汉字改革的利益是显然的。我们既经证明了汉字的难认难写，自然会趋向于寻求更易认、更易写的一种文字来代替它。"（586 页）"在国粹论者看来，汉字改革简直是有百弊而无一利的。尤其是对于罗马字深恶痛绝，感慨的人说'国未亡而文字先亡'"（587 页）。其实，"最能代表我们的民族特色者，乃是我们的语言，不是我们的文字。汉字改革之后，汉语的特色并不因此而稍变。"（588 页）王力先生又指出：汉字改革摆在我们面前有三大难题，就是：第一，是历代书籍的处理问题；第二，是语言的选择问题；第三，是新旧交替的问题。"以上所述的三大难题，如果有法子把它们好好地解决，汉字改革就是有利的，否则利未见而弊先来。"（588—592 页）

语文改革潮起潮落。五四时期提倡汉字革命，成为主流。那时强调汉字的缺点，看不到汉字的优点；近些年来社会风气发生了转变，有的人强调汉字的优点，看不到汉字的缺点：从一个极端走向另一个极端。我们研读王力先生的著作要努力克服认识上的片面性，深入、具体地分析汉字的优点与缺点和汉字改革的利与弊，这样才能得出科学的、符合实际的结论。

（四）"语言文字都是社会的产品，只有社会的大力量才能改造它们"

王力先生在《汉字改革》这本书里还讨论了"汉字改革的可能性"。他说："固然，文字的改革比语言的改革容易得多，改革汉字绝对不是改革汉语，相反地，却是为汉语摆脱它的笨重的古代衣冠，而替代以极轻便的现代服装。但是，单就这替换服装一件事而论，也必须取得全社会的同意，然后行得通。全社会的同意却是不容易取得的！"（593 页）"我们可以说，没有五四运动，白话文的宣传将成为徒劳无功；若不是西洋思想不断地输入，白话文的势力也不会膨胀到现在这种程度。"（594 页）"由汉字到拼音文字，比之由文言文到白话文更难成功，自然需要比五四时代更大的潮流，然后能促其实现。总之，汉字改革必须有整个的政治思潮为后盾，否则永远没有成功的希望。四五十年来的汉字改革运动都是不痛不痒的，这两年来的'拉丁化’运动竟能掀起颇大的波澜，这绝不是偶然的事。我敢断说，将来新字如果有成功的一天，一定是在某一个政党把它作为政策之一，而这一个政党已经取得政权的时候，当然，新字也不限定那一种新字，政治思潮也不限定那一个政治思潮。”“汉字改革的政策如果为某一政党所采用而努力宣传，则其成效要比几个书呆子的宣传远胜千百倍。”（595 页）“可见若要新字确实执行它那代表民族语言的职务，必有待于汉字之彻底废除。然而汉字之彻底废除，又必有待于政府的力量。”（597 页）

一百多年来的语文现代化运动证明了王力先生论断的精辟深刻。为推动语文改革，政党和政府担负着重大的责任。清末的切音字运动最后的成果，是民国政府举行的读音统一会制订的注音字母。五四白话文运动的深入社会，要靠学校的语文教育把文言文改为语体文。20 世纪 30 年代掀起的简体字运动，促使国民政府于 1935 年 8 月发布《第一批简体字表》，但是因为主政者对保守势力的妥协，这批简体字最后夭折。1949 年建立了新中国，共产党领导的人民政府挟胜利者的旺盛人气，大力推动语文改革，使中国的语文生活沿着现代化的道路前进了一大步，为社会主义现代化、信息化的建设提供了必要的语文条件。进入 21 世纪以后，国家面临着实现小康社会的历史使命，如何实施国家语文发展战略提上了议事日程。国家语文发展战略的研究和实施，既要靠学者的努力探索，更要靠行政部门的协调和推动。

（五）对各种汉字改革方案的评价

王力先生在《汉字改革》这本著作里，对到那个时候为止已经提出的各种汉字改革方案作了分析，其中不乏发人深省的论断。

1. 简体字。王力先生指出：“简体字的提倡者可以分为两派：甲派主张就宋元以来的俗字，择其可用者，由教育部颁行；乙派主张除在民间已流行的简体字当中，选择若干字外，还创造一套新字，完全以笔画简单为原则。”（621 页）王力先生对这两派的主张做了分析。他说：“教育部所能公布的简体字是很有限的”（622 页），而“创造的简体字推行之后，我们将见文字的紊乱，有十倍于原有的汉字者！”（624 页）“简体字创造的路是绝对走不通的”。（625 页）

2. 新形声字。王力先生认为：“新形声字是容易推行的；不过，我们要进一步追问它的利弊如何。关于利的方面，当然是能使汉字整齐化，合理化，而整齐合理的文字当然是比较容易学习。至于弊的方面呢，就只怕将来的人读古书稍为困难些。总而言之，它是‘利不多而弊不大’的一种方案；拿它做一种‘治标’的办法未尝不可以，然而难认难写的汉字终不能因此就得到一种根本的解决。”（628 页）

3. 唯声字与复音字。王力先生说：“所谓唯声字，在文字学上可以叫作尽量假借，若照普通的说法，就是尽量写别字。”（629 页）“唯声字当然比随便写别字好得多，因为它是有组织，有条理的”，“唯声字也有一个缺点：尽管它兼顾各地的方音，同音字仍嫌太多”。（631 页）“‘复音字’是把两个以上的音符凑成一个字，这个字就读两个以上的音节。换句话说，就是把每一个复音词写成一个单字，但这单字必须是标音的。”（631 页）“我们觉得它比简体字或新形声字都好。在没有改用拼音文字以前，大家不妨把复音字仔细研究，定出一个详细的方案来，以便推行”。（633 页）

4. 注音字母与注音汉字。王力先生说：“注音字母虽有点像舶来品，其实是渊源于反切及等呼。”“我们并不因为它不是舶来品而排斥它；相反地，我们以为‘上纽下韵’的拼音法实在适宜于中国的语音系统。”（633 页）“注音字母的最大缺点是不能国际化。汉字不改为拼音则已，若要改为拼音，何不索性应用罗马字母，以求适合国际习惯呢？况且知识分子既与罗马字母非常熟悉，采用它来拼写汉字，总比陌生的注音字母好些。”“所谓注音汉字，就是把注音字母钉死在汉字的旁边，使每一个汉字都有它的代表永远陪伴着。”“我以为注音汉字的用处不在乎注音，换句话说，就是不在乎令人知道汉字的正确读音，而在乎使不懂汉字的人有阅读书报的机会。”（634 页）“注音字母是极容易传习的；但如果没有注音汉字，则学会了注音字母而不懂汉字的人在这社会里依旧是文盲。有了注音汉字，则认识注音字母的人就差不多等于认识汉字了。”（635 页）

5. 自创的拼音字母。王力先生说：“自创的纯粹拼音字母，据我所见过的，可大致分为三种：（一）声母在前，韵母在后；（二）韵母居中，声母在旁（如卢式）；（三）声母、韵母、声调画成一条颇长的屈折线，牵连不断。第一种最合国际拼音习惯；第三种最见巧思；第二种也可说是别开生面。不过，在应用上，我们该说是第一种便利些。”“这些创造家的通病，是流于速记式。”“速记式与文字是截然不同的两样东西，分则两利，合则两伤的。”（636 页）自创的拼音字母“最大的缺点乃是它们不能国际化，不能利用十余万万人所认识的罗马字母。另起炉灶总是有困难的；哪怕它比汉字确是千倍容易，而在已识汉字的人看来，因为陌生的缘故，倒反觉得困难。”“因此，我们可以断说自创拼音字母是枉费心机。”（638 页）

6. 国语罗马字。王力先生说：“‘国罗’的创造者大半是语音学专家，非但基本形式很合国际习惯，就是改变拼法来表示声调的时候，也尽可能择用西洋习见的拼法，并处处顾及音理。正因如此，所以弄得拼法非常复杂。”（639 页）“‘国罗’的拼写声调，近年来极为‘拉丁化’派所抨击。”“‘拉丁化’派又怪‘国罗’派强迫全国人去学习某一地的土音，并且把它称为国语。”（640 页）“我们对于国语的意见是与‘国罗’派大同小异的；我们不能了解为什么要取消北平话的国语资格。”国罗“它之所以没有成绩，只因政府没有极力帮忙，而单靠几个学者的提倡与少数知识分子的宣传；并非因为它本身是完全要不得的东西。”（641 页）

7. 区际罗马字与文言罗马字。王力先生说：“如果我们能利用罗马字来造成代数式的音标，当然也能通行全国：这就是所谓‘区际罗马字’。”（641 页）“全国的拼法一致，而各地的读音不必一致，这就是区际罗马字的特色。”“所可惜者，‘区罗’读音的变化，在音韵学家看来虽然简单有趣，在一般民众看来仍会嫌它的条例太多。”“但是，我们却可以利用同样的办法去翻译古书或写文言文。这样，我们不再叫它区际罗马字了：因为它专供翻译文言之用，可以称为‘文言罗马字’。”（642 页）“这样，青年可以不懂汉字而读古书。文言罗马字的用处就在于此。”（649 页）

8. 中国话写法拉丁化。王力先生说：“若拿‘拉丁化’与‘国语罗马字’相比较，除字母的音值颇有不同外，有下列的两个大异点：1.‘国罗’以北平话为国语，‘拉丁化’反对以某一地的土音为国语，同时主张方言拉丁化；2.‘国罗’拼写四声，‘拉丁化’不拼写四声。”“‘国罗’派始终没有发表过反对方言拉丁化的议论，不过他们既以北平话为国语，自然对于北平话注重些。”王力先生批评“拉丁化”派说：“若不满于‘国罗’派之以北平话统一全国，却希望以山东话统一北方全部，这就是‘以五十步笑百步’了。”“‘拉丁化’之不拼写四声，在写的方面诚然便利些，但在读的方面却颇困难。”（650 页）“总之，文字固然该求简易，但简易也自有限度，并不是求其写得最快最省力就算了事。如果说要最快最省力的话，则‘拉丁化’的大写法，界音法，及词儿连写法等等，都该取消，因为那样还可更快更省力。”（651 页）

二、积极投身新中国的三项语文改革

新中国建立后，语文改革成为执政党和国家的重要工作，受到了前所未有的重视。1951 年，毛泽东主席提出：“文字必须改革，要走世界文字共同的拼音方向。”毛主席又指示：汉字的拼音化需要做许多准备工作；在实行拼音化以前，必须简化汉字，以利目前的应用，同时积极进行各项准备。1958 年 2 月，周恩来总理作《当前文字改革的任务》的报告，提出当前文字改革的三项任务，就是：简化汉字，推广普通话，制订和推行汉语拼音方案。综合上述的意见，构成了文字改革两步走的设计：现阶段的任务是实现三项任务，最终目标是实现拼音化。

王力先生从提高全民的语文素质出发一直关注语文改革。在新中国建立后，他积极投身三项语文改革工作，在理论研究和实际工作两方面都做出了宝贵的贡献。经过半个多世纪的努力，语文改革的三项任务都取得了很多成果，但同时也在不同程度上遇到阻力。今天，我们重温王力先生有关三项语文改革的意见，对我们坚持语文改革具有现实意义。

（一）简化汉字

新中国建立以后，王力先生大力支持汉字的简化，他曾经著文检讨自己曾经“错误地否定了简体字”。他说：“当时我不懂得文字改革应该分两步走的道理，也不懂得依靠群众的创造，约定俗成就能使汉字逐步简化，给人民在学习上带来好处。今天我衷心拥护汉字简化的政策，虽然我仍然反对滥用同音假借，仍然不同意片面地追求笔画的简单（如每字控制在十画以内），以致弄巧反拙，反而增加认字上的困难，但是，适当地吸收群众创造的成果，因势利导，还是有利于社会主义的文化事业的。”（668页）他指出：

简化汉字的理由很简单，就是因为繁体字难写，难认。有些知识分子低估了简化汉字的作用，以为多写几笔没有什么关系，有些人写惯了繁体字，一时改不过来，因此产生了抵触情绪，甚至有人认为简化汉字破坏了“六书”（据说“六书”是造字的原则），从根本上反对简化。这些都是没有替六亿人民的利益着想。我们不能说多写几笔没有关系；假如把汉字的笔画平均减少了一半，一个每小时能写五百字的人就能提高到写一千字，工作效率增加了一倍。节省下来的时间该能做多少事情！何况像廠字简化为厂，廣字简化为广，豐字简化为丰，雜字简化为杂，習字简化为习等等，笔画不是简化一半，而是简化三分之二以上。简化汉字，对扫盲工作也能起很大的作用。繁体字的构造成分很复杂，初学的人常常感觉困难，不是漏了一两笔没有写上，就是把各个成分的位置颠倒了。而且，笔画一复杂了，也就很难写得匀整，笔画多的字常常占一大块地盘，和笔画少的字很不相称。有些字左边繁，右边简，有些字右边繁，左边简，写起来一边高，一边低，一边肥，一边瘦，不但不美观，而且也不清楚。总之，繁体字是难认难写的，和总路线多快好省的原则是相违背的。为了迅速地提高劳动人民的文化，我们必须大量地简化汉字。现有的汉字简化的数量还不够，我们还必须继续简化下去。⑨

在这里，王力先生用简明通俗的语言把简化汉字的道理说得十分透彻。简化汉字推行了半个多世纪，已经深入人心。据2004年公布的中国语言文字使用情况调查得到的数据，从全国来说，日常主要写简化字的占全部调查人口的95.25%，写繁体字的占0.92%，简繁两体都写的占3.84%。还要看到，简化字的影响早已超出中国大陆，进入了港澳台和全世界华人社区。

近年来，随着社会思潮的变化，社会上出现了否定简化字、要求恢复繁体字的声音。持这种看法的人的出发点并不相同。有人说：“中华文明之所以能延续至今，汉字起了巨大的作用。读古文必须读繁体字，中国文化的信息都在那里面。”这种认识是不全面的。直接读古文是少数专业人员应该有的修养，多数民众并没有这种需要。我们不能因为少数专业人员要读古文而让大多数民众跟着一起学习繁体字。我们推行简化字60年，传统文化得到了很好的继承，并未中断。由于媒体的炒作，一个时期内留给人们的印象似乎很多人都在反对简化字，其实这是假象。民众的大多数都在稳定地支持简化字，他们认为恢复繁体字是“穷折腾”。

个别简得不好的字是不是可以修改，甚至恢复繁体字呢？我认为是可以的，不过在具体操作上要十分谨慎。简化字推行了60年，民众对这批简化字已经习惯，如果不是确有必要就不宜改动。照我的浅见，有两个契机可供我们检讨个别简化字是不是需要恢复繁体字。一个是看简化字用于印制文言文存在什么问题，要不要修改。20世纪公布《汉字简化方案》和《简化字总表》的时候，着眼点是在用简化字印制现代白话文，60年的实践说明在这方面没有什么问题。改革开放以来，用简化字印制文言古籍的数量有明显的增加，几部规模宏大的文言典籍都出版了简化字的标点横排本。简化字用在印制文言典籍时，会遇到一些问题。这需要我们深入调查研究，提出对策。例如，把“穀”简化为“谷”，在现代白话文里没有问题。《诗经・小雅・小宛》五章：“握粟出卜，自何能穀？”六章：“惴惴小心，如临于谷。”如果把“穀”简化为“谷”就很难读懂。另一个就是海峡两岸讨论书同文时，我们可以从这个角度审视要不要调整个别简化字。

今后我们还要不要再推出一批简化字，人们的看法并不一致。王力先生在上面引用的话里说：“现有的汉字简化的数量还不够，我们还必须继续简化下去。”周有光先生说：“统一规范是历史的必然，删繁就简是文字发展的规律。等着吧，聪明的华人在21世纪一定会解决这个问题。为了提高工作效率，增强屏幕上的清晰度，21世纪后期可能对汉字还要进行一次简化。”⑩

（二）推广普通话

新中国建立以来，王力先生发表了多篇研究普通话的论文，大力宣传推广普通话，并提出学习普通话应该注意的问题。在《在推广普通话的宣传工作中应该注意扫除的一种思想障碍》一文中，王力先生指出：“许多人怕学普通话，特别是自己的方言和普通话距离较远的人们，以为普通话太难学了，学不好怕人家笑话。这种思想不扫除，我们推广普通话的工作是会遭受很大的障碍的。”“平时听人家说：‘天不怕，地不怕，只怕广东人说官话’；也有人说：‘天不怕，地不怕，只怕苏州人说官话’等等。这种嘲笑的态度是值得重新考虑的。我建议改变嘲笑为鼓励，改为：‘天不怕，地不怕，害怕什么普通话！’许多人谈过他们学话的经验，都说只要不害臊就行。我建议换一个说法：‘只要勇敢就行。’”⑪

在《谈谈学习普通话》这篇文章里，王力先生谈了三个问题：（一）学习普通话是不是“打官腔”？（二）学习普通话是不是“忘本”？（三）学习普通话难不难？他说：“首都的话代表民族的话和国家的话，不但中国是这样，世界上许多国家都是这样。我们学习普通话，就是学习我们首都的话，哪里是‘打官腔’呢？”“我们推广普通话，并不是要消灭方言。大家学会了普通话，只是多学会了一种话，并不是以后就不许再说家乡话了。”“在一千年以前，我们的汉语并不像今天这样分歧；在几千年前，我们的汉语更只有一种。这就是说，在几千年前，我们的远祖所说的话是统一的。如果我们大家学会了普通话，语言统一了，那该是一件多么好的事，哪里是‘忘本’呢？”“说普通话难学，那是因为还没有深切体会推广普通话的重要性，不肯花工夫去学它。无论是谁，如果肯下决心，普通话一定学得好，特别是青年人，要学到百分之九十五以上的正确程度是完全可能的。”⑫

1979 年 8 月，在第五次全国普通话教学成绩观摩会上，王力先生做了学术报告，报告的题目是《推广普通话的三个问题》。他讲的三个问题是：什么是普通话；推广普通话的重要性；对推广普通话的要求。王力先生说：“中国方言复杂到什么程度，是人们想象不到的。有人说，东北人把‘日本’说成‘一本’，湖北人说成‘二本’，上海人说成‘十本’。”“要注意自己母语的字音和北京话的字音不同之点。改变自己的语音习惯，然后才能把普通话学好。”“学习普通话词汇，要注意自己方言词汇和普通话词汇的不同。普通话‘自行车’，上海说‘脚踏车’，广州说‘单车’。”“各地方言的语法差别不大。”“广东、广西的人要注意：‘我先去’不要说成‘我去先’，‘我给他十块钱’不要说成‘我给十块钱他’。云南人要注意，不要把‘不很好’说成‘很不好’。”“普通话是汉民族共同语，同时也是代表中华人民共和国的中国话。因此，推广普通话有极其重大的意义。把普通话推行好了，就是为四个现代化服务，为社会主义建设事业做出贡献。”⑬

半个世纪来的推广普通话取得了不小的成绩。根据 2004 年发布的中国语言文字使用情况调查得到的数据，当前能用普通话、汉语方言和少数民族语言与人交谈的人数及比例（千人,%）是：

普通话		汉语方言		民族语言	
人数	比例	人数	比例	人数	比例
659 372	53.06	1 073 355	86.38	67 843	5.46

近些年来，有的方言区提出了保卫方言的口号，特别要求注意保卫方言文化。在有些地方的人大、政协两会上，有的代表和委员也提出了相关的提案。在这种口号的影响下，有些地方的推普工作受到了影响。中央早就指出：推广普通话并不是要消灭方言，而是要克服方言造成的交际的隔阂，便于全国各地人民的交际，增强民众的团结。推广普通话要求会说方言的人，还要会说普通话。这一政策并不要求人们在所有的场合都说普通话，只是要求在一些正式的场合讲普通话。在推广普通话的同时，方言还将在一定领域和特定地区长期存在。

2010 年 5—6 月间，广州市政协组织调查组对亚运会时期的软环境建设进行调研，发现广州电视台的 9 个频道都以粤语播音为主，尤其是综合和新闻频道的时政要闻也很少以普通话播出。为方便占全市人口三分之一的外来人口和亚运会期间来穗的国内外宾客了解亚运会和广州的资讯，7 月，广州市政协向广州市政府提出建议，建议广州电视台在综合频道或新闻频道增加普通话播出时间。这项建议一发表，引起了广州部分市民的反对，有人认为这是“推普废粤”，还提出了“保卫粤方言”的口号。7 月 28 日，广州市政府办公厅举行新闻发布会，重申：所谓“推普废粤”是一个伪命题，并不存在这样的问题。我们认为，《中华人民共和国宪法》规定：“国家推广全国通用的普通话。”这是完全正确的。从全国说，目前能用普通话交谈的人只占总人口的 53.06%，今后要继续推广普通话。推广普通话并不是要消灭方言，这个政策也是明确的，今后要坚持执行。应该看到，语言习惯的改变需要比较长的时间。如果方言区的民众一时不愿意接受普通话，推普工作可以适当放缓。一定不能因为推普引发社会动荡。

（三）制订和推行汉语拼音方案

王力先生是中国文字改革委员会拼音方案委员会的委员，积极参与了汉语拼音方案的制订和推行。他对汉语拼音方案给予很高的评价。王力先生在《汉语拼音方案草案的优点》里说：“这个方案的最大优点，即根本性的优点，就是采用了拉丁字母。”他认为：作为拉丁字母方案，汉语拼音方案有三个优点：第一是不造新字母，第二是尽可能不用变读法，第三是尽可能照顾国际拼音习惯。他说：“汉语拼音方案有了上面所说的三个优点，我们认为是比较完善的一种方案。当然它还有不少的缺点；但是，根据三年来的经验，完全没有缺点的方案可以说是不可能的。某一方面的优点往往带来另一方面的缺点。问题在于衡量优缺点的大小轻重，最后选定一种优点最多、缺点最少的方案。”⑭半个多世纪过去了，回头看，王力先生对汉语拼音方案的这些分析完全正确，富有远见。

1986 年 1 月 12 日，王力先生在全国语言文字工作会议上发表了讲话，这是王力先生生前最后一次在大会上发言。王力先生讲的是“怎样发挥汉语拼音的作用”。针对有人提出的《汉语拼音方案》有没有用的问题，王力先生回答说：“这次大会上的专题发言和典型经验介绍已经做了肯定的答复。”接下去，王力先生从推广普通话、普及教育和新技术革命等方面谈了推行汉语拼音的重要意义。在讲话的最后，王力先生说：“我认为，目前重要的是加强汉语拼音的教学，加紧培训师资和骨干，要教，要学，要用，用到帮助扫除文盲和小学语文教学中，用到推广普通话上，各级学校和社会上，没有学过的要补课，还要进一步把它应用到现代化的信息工具中去，如电报、电脑、机器翻译、语言识别、人工智能这些方面。应用到这些方面去的时候，有一个起码的条件就是要用它来拼写词，而不是字，在使用中使它不断完善和精密化，以提高信息传送的效率和信息传输的准确率。”⑮

汉语拼音是中国语文的瑰宝，是信息化时代的中外文化交流的桥梁。我们应该充分发挥它的作用，为实现中国语文的现代化添砖加瓦。遗憾的是，有些教育行政部门缺乏这种认识，不知出于什么考虑在淡化拼音。近些年，在小学语文教学改革中，对拼音教学降低要求，减少课时，使汉语拼音的学习成了夹生饭，把汉语拼音的作用降低为仅仅给汉字注音。这和推进素质教育，办好现代化的语文教育背道而驰。这样做害了教育，害了学生，延误了语文教育的发展。

在今天，语言文字界里有的人对汉语拼音不甚了解，发表一些不符合事实的言论。有人说："《汉语拼音方案》字母的读音从公布之初就有争议。到现在已成了一桩疑案，包括当年《方案》的制定者在内，好像没有人能说清楚当时为什么要制定这样一套读音。"⑯这与事实不符。汉语拼音字母的名称问题不是什么疑案。早在20世纪50年代《汉语拼音方案》制订并公布的时候，就有多位学者对字母的名称问题做了研究和详细的说明。例如，周有光发表了《拼音字母的名称问题》（载《拼音》1957年第5期）。这篇文章经过修改补充改名为《字母名称的来源》，收入《拼音化问题》论文集（文字改革出版社1980年版）。周先生在文章里讲解了字母名称的来源和演变，还介绍了现代各国的拉丁字母的名称。周先生还发表了《字母名称和拼音教学》（载《文字改革》1959年第9期），分析了"拼音字母名称是根据什么原则规定的?""为什么不沿用旧的注音字母名称?""为什么不借用英文字母名称?"等问题。叶籁士发表了《汉语拼音方案问答》（文字改革出版社1958年5月版），回答了"为什么要规定字母的名称?""字母名称是怎样规定的?"曹伯韩在《汉语拼音方案和注音字母的比较》（载《怎样学习汉语拼音方案》，文字改革出版社1958年6月版）里也讨论了汉语拼音字母的名称问题。

在今天，社会上仍有少数人反对汉语拼音方案，他们和多数民众的认识相违背，成不了气候。汉语拼音的应用不但在中国大陆日益扩展，而且正在稳步走出大陆，走向港澳台，走向世界。

三、关于汉语拼音化的研究

王力先生积极主张汉语拼音化。对有关汉语拼音化各种理论问题都有过深入地探讨。1936年，他在《汉字改革的理论与实践》中说："在理论上，汉字是该改革的；在实际上，也总有改革的一天。但是，就现在的环境看来，汉字改革是一时未能实现的。我常常说，汉字改革不是能不能的问题，而是肯不肯的问题；然而肯不肯与能不能却有连带的关系。文字也像语言一样是社会的产品，社会里大部分的人不肯用某一种语言，它就只能成为一种特别语；同理，社会里大部分的人不肯用某一种文字，它就只能成为一种特别文字。”⑰

在《汉字改革》这部著作中，王力先生提出了自己的方案“类符新字”，主张按词性区别文字形式。他说：“我以为如果新汉字要实施，它应该具备下列的两个条件：1. 拼法尽量国际化，尤其是使它与数十年来常见的英文译音相近似；2. 加上类符（classifiers），使汉字成为语法的（grammatic），逻辑的。”（652 页）

王力先生对汉字改革事业很有感情，也充满了信心和希望。他说：“记得过去有一次讨论文字改革的会上，吴玉章同志说：‘我已经七十五岁了，我还有什么别的要求哪！’听到这个话，郭老落泪了，我也落泪了。现在想起吴老这句话，我心里仍然感到很难过。我七十九岁了，也仍旧有信心，文字改革大有希望。希望在我活着的时候，看到文字改革成功。”⑱

实现汉语拼音化不但是个复杂的语言学问题，更是一个复杂的文化问题和涉及诸多方面的社会问题。除了要从学术上分析清楚它的利弊得失外，还要认识汉字在当今社会里生存的实际情况。在当今的中国社会，用汉字来记录汉语、满足各方面对文字的需求基本适合。在这种情况下，放弃汉字、改用拼音文字难于取得多数人的认同。将来如果有一天，作为语素文字的汉字，完全无法满足社会的需求，拼音化才有可能成为必须解决的现实问题。在这一天到来之前，拼音化只能作为学术问题，由学者去讨论、去争鸣，不忙着作出结论，不管是肯定的结论还是否定的结论。

附注

①周有光《信息化时代的中国语文现代化》，《语文现代化论丛》第 49 页，山东教育出版社 1995 年版。

②王力《汉字改革》，《龙虫并雕斋文集》第 2 册，中华书局 1980 年版。本文引用的《汉字改革》都见于这本文集，在引文的后面只注出相关的页码。

③王力《汉字改革・自序》，商务印书馆《文史丛书》之二十五，1940 年版。

④周有光《龙虫并雕的语言学家王力》，《多情人不老》第 75 页，江苏文艺出版社 1998 年版。

⑤王力《汉字改革的理论与实际》，《王力文集》第 20 卷第 221 页，山东教育出版社 1991 年版。

⑥同④，第 77 页。

⑦朱大可《汉字革命和文化断裂》，《南方周末》2009 年 4 月 16 日。

⑧王力《汉字改革・自序》，商务印书馆《文史丛书》之二十五，1940 年版。

⑨王力《文字改革的三大任务》，《王力文集》第 20 卷第 236 页，山东教育出版社 1991 年版。

⑩周有光《21 世纪的华语和华文》第 61 页，生活・读者・新知三联书店 2002 年版。

⑪王力《在推广普通话的宣传工作中应该注意扫除的一种思想障碍》，《王力文集》第 20 卷第 127 页、第 128 页，山东教育出版社 1991 年版。

⑫王力《谈谈学习普通话》，《王力文集》第 20 卷第 134 页，山东教育出版社 1991 年版。

⑬王力《推广普通话的三个问题》，《王力文集》第 20 卷第 189 页，山东教育出版社 1991 年版。

⑭王力《汉语拼音方案草案的优点》，《王力文集》第 20 卷第 163 页、第 169 页，山东教育出版社 1991 年版。

⑮《北京大学中文系教授王力代表的发言》，《新时期的语言文字工作》第 235 页，语文出版社 1987 年版。

⑯李蓝《〈汉语拼音方案〉的社会性、实践性及相关问题》，《语言文字应用》2008 年增刊。

⑰王力《汉字改革的理论与实际》，《王力文集》第 20 卷第 220 页，山东教育出版社 1991 年版。

⑱王力《在高等学校文科教材协作会上的发言》，《王力文集》第 20 卷第 244 页，山东教育出版社 1991 年版。

（《江西科技师范学院学报》2011 年第 5 期）

吕叔湘先生与中国语文现代化

吕叔湘先生（1904—1998）是当代中国的语言学大师，他对中国语言学的贡献是多方面的。“不惑之年的吕叔湘，在他的教学和著述中显示了一个成熟学者的风范。不仅在专门研究上辛勤笔耕，独步当时，而且热心于社会语文生活的方方面面。这个时期，他很多的笔触是面向大众的，既有文言的助读性专书，又有英语学习的由浅入深的导论，还有大量英美文学译作，以及讨论汉字改革问题的通俗性文章。”①这种精神贯彻于吕先生的一生，他的笔触始终是面向大众的。他对中国语文改革，也就是我们说的中国语文现代化，可以说是情有独钟，倾注了大量心血。为了推动中国的语文改革，他不但参与了大量的实际工作，而且还写出了许多重要的著作。我们在纪念吕叔湘先生百岁诞辰的时候，在继承吕先生留下的学术遗产的时候，不应该忘记这个方面。

一、中国语文改革以人民大众的利益为指归

吕先生作为热爱人民、关心祖国的知识分子，对旧中国语文生活的落后面貌感受很深，对语文改革取得的成绩十分兴奋。他说：“六十年前，当我还是个小学生的时候，我国人民使用语言文字的情况跟现在是很不相同的。

那时候，一个人从小学会了说本地话，六岁上学读文言书——《论语》《孟子》或者《国文教科书》，看你进的是哪路学堂，——也学着写文言文。说话和读书各管一方，有些联系，但是很不协调。比如你学了许多汉字，可那只能用来写文言，要用它写本地话就有许多字眼写不出。”“这种情况，我小时候是这样，我父亲、我祖父的时候也是这样，大概千百年来都是这样。大家习惯了，以为是理所当然，想不到这里边会有什么问题，也想不出会有什么跟这不一样的情况。”“可是有人看到了另外一种情况，并且拿来跟上面的情况做比较，引起了种种疑问，提出了种种建议。”“到了清朝末年，中国人接触外国事物更多了，于是兴起了一种切音字运动”，“他们的成就是很有限的。这主要是因为受当时政治形势的限制：像这种以人民大众的利益为指归的语文改革，在人民自己取得政权以前是很难完全实现的”。“从那时候到现在，半个多世纪过去了。这期间的变化可大了。白话文已经取得全面的胜利，普通话的使用范围已经大大地扩大了，汉语拼音方案的公布也已经给拼音文字打下了可靠的基础，虽然直到目前为止，它的主要任务还是给汉字注音。”②

中国的语文改革既然取得了这么大的进步，是不是就到此为止了呢？不是的，中国社会在发展，语文生活也在发展，语文改革也在向新的目标前进。1983年邓小平同志发表了“教育要面向现代化，面向世界，面向未来”的题词后，吕先生用这个思想来思考语文改革问题。他认为，中国语文也要做到三个面向。面向现代化。什么是现代化？简单点说就是高效率。怎样取得高效率？一是要有高速度，二是要有高精密度。面向世界的重要内容就是语言文字要有利于中外文化交流。面向未来就是要更进一步现代化，更进一步国际化，而绝不是相反。这就是新世纪语文改革所面临的重要任务。③当前我们国家在中国共产党领导下，正在全面推进小康社会建设，实现中华民族的全面复兴。中国语文改革要自觉地服务于这个伟大的目标。我们要继承并且发扬吕先生说的语文改革要“以人民大众的利益为指归”的思想，积极推进21世纪的语文改革，为中国的和平崛起贡献力量。

二、中国语文改革的内容以及各部分之间的关系

吕先生说："语文改革实际上包含三个内容：用白话文代替文言文，用拼音字代替汉字，推行一种普通话。三者互相关联，而彼此倚赖的情况不尽相同。改用白话文，不一定要用拼音字，也不需要拿普通话的普及做前提，因为有流传的白话作品做范本。推行普通话必须有拼音的工具，但是不一定要推翻文言，可以容许言文不一致的情况继续存在。唯有改用拼音字这件事，却非同时推行普通话和采用白话文不可。否则拼写的是地区性的话，一种著作得有多种版本；另一方面，如果不动摇文言的统治地位，则拼音文字始终只能派低级用场，例如让不识汉字的人写写家信，记记零用账。这样，拼音字对于汉字就不能取而代之，而只能做注音的工具。"④ 吕先生又说："汉字、文言、方言是互相配合，相辅相成的一套工具，拼音字、白话文、普通话也是互相配合，相辅相成的一套工具。前者在中国人民的历史上有过丰功伟绩，这是不容埋没的，但是事物有发展，形势有变化，既然后者更能适应当前的需要，让前者功成身退有什么不好呢？"⑤

吕先生的这些意见对我们很有启发，也有值得认真研讨的地方。他认为"汉字、文言、方言是互相配合，相辅相成的一套工具，拼音字、白话文、普通话也是互相配合，相辅相成的一套工具"。这种理论与近50年的中国语文改革的实践不完全相合。我们知道吕先生的这个意见不是随便说的，是经过长期考虑的。在1946年发表的《汉字和拼音字的比较》这篇文章里，已经提出了类似的看法。在那篇文章里，吕先生说："汉字的优点和文言分不开，语体文的长处也必须用拼音字才能充分发挥。汉字配文言，拼音字配语体，这是天造地设的形势。""汉字加文言，配合封建社会加官僚政治，拼音字加语体文配合工业化社会加民主政治——这是现代化的两个方面。"⑥新中国建立后，在语文改革方面继承五四时期提出来的"言文一致"、"国语统一"的传统，用白话文代替文言文，用普通话代替方言，但是并没有用拼音字代替汉字。今天我们语文生活的特点是：汉字、白话文、普通话互相配合，构成相辅相成的工具。这一套语文工具能够比较好地为我们的交际服

务。汉字是记录汉语的工具，汉语书面语包括文言文和白话文两套系统。汉字用来记录古代汉语，写成文言文，有两千多年的传统；用来记录近代汉语，写成古代白话文，如果从北宋算起也有一千年；自清末、五四以来又被用来记录现代汉语，写成现代白话文，也有了一百年。在过去的两千多年中，汉字和汉语基本相适应，没有遇到严重的障碍。汉字作为交际工具，并不需要，事实上也没有随着社会制度的改变而改变。工业化社会加民主政治需要语体文，但是并不排斥汉字。从目前语文生活的实际说，汉字的地位十分稳固，看不到把汉字改为拼音字的前景。

新中国的语文改革工作分为两个部分。一部分是着眼于现实的需要，就是 20 世纪 50 年代提出来的文字改革三项任务：简化汉字、推广普通话、制订并且推行汉语拼音方案。这一部分演变为现行语文政策的核心。另一部分是汉语拼音化。1951 年毛泽东主席指出："文字必须改革，要走世界文字共同的拼音方向。"1958 年，周恩来总理在《当前文字改革的任务》的报告里指出：汉字的前途究属如何，"这个问题我们现在还不忙做出结论"。"这不属于当前文字改革任务的范围。"1986 年全国语言文字工作会议重申 1958 年周恩来总理的意见："汉字的前途到底如何，我国能不能实现汉语拼音文字，什么时候实现，怎样实现，那是将来的事情，不属于当前文字改革的任务，现在有不同的意见，可以讨论，并且进行更多的科学研究。但是仍然不宜匆忙做出结论。"要不要实现汉语拼音化，在目前属于学术研究的问题，而不是语文政策的问题。不宜匆忙做出结论，这既指肯定的结论，也指否定的结论。把我们的语文改革工作分为这两个部分完全必要，完全符合语文生活的实际，否则会带来许多困惑，给工作造成损失。

三、推行汉语拼音方案

20 世纪 50 年代，中央提出来的当前文字改革三项任务，是简化汉字、推广普通话、制订并且推行汉语拼音方案。吕先生积极参与并且推动这三项任务的贯彻落实，下面只说说吕先生与汉语拼音方案的推行。

1954 年 12 月 16 日，国务院任命吕先生为中国文字改革委员会委员。

1955年2月文改会成立拼音方案委员会，吕先生是这个委员会的委员，参加了汉语拼音方案的制订。1958年2月全国人大一届五次会议批准汉语拼音方案前后，吕先生发表了《汉语拼音方案浅说》《拼音字母有哪些用处》等文章，向社会积极宣传汉语拼音。

吕先生十分重视扩大汉语拼音的应用范围。1960年4月，他在全国政协三届二次会议上发言，题目是《发挥汉语拼音方案的巨大力量　在语文教学上实现多快好省》。他充分肯定山西万荣利用拼音改进语文教学的经验。吕先生特别指出："在阅读教学的初期是'先识字，后读书'，到了后期就是'先读书，后识字'，'以熟带生，越带越熟'，'以多带少，越带越多'。学员由被动转为主动，可以自己逐步提高，不受限制。这是个宝贵的经验，但是如果不利用汉语拼音字母，就无法办到。"⑦万荣的成功实验，成为1982年秋季开始的黑龙江省"注音识字，提前读写"小学语文教学改革的先河。

1983年在汉语拼音方案公布25周年的时候，吕先生发表《汉语拼音方案是最佳方案》的论文，有力地回答了社会上某些人贬低、否定汉语拼音方案的言论。吕先生指出："评论一种拼音方案的优劣，主要应当考虑下面这几个因素：(1)字母数目多还是少？(2)字母是不是容易辨别？(3)是不是国际上比较通行？(4)在一般字母之外，有没有加符号或者改笔形的字母？(5)有没有一个字母在不同场合代表不同的音的情况？(6)有没有两个或三个字母代表一个音的情况？"在文章里吕先生特别强调拉丁字母便于国际文化交流，他说："拉丁字母是世界上通行范围最广的字母。现在国际文化交流越来越频繁，科学技术的国际标准化范围越来越扩大，拉丁字母的作用也越来越重要。《汉语拼音方案》采用拉丁字母是合乎时宜的。如果采用别种字母，在这方面将要忍受极大的不方便。平心而论，注音字母从其他几个方面来衡量，不比《汉语拼音方案》差多少，但是我们不得不放弃它而采用拉丁字母，主要就是考虑到国际交流的需要。"最后，他指出："把各方面的因素综合起来考虑，《汉语拼音方案》的的确确是最佳方案。"⑧吕先生的这个论断现在已经为人们普遍接受。

为了使汉语拼音方案进一步完善，便于用来拼写现代汉语，还必须制定较为完善的汉语拼音正词法。吕先生积极支持汉语拼音正词法的研制，发表了《一致　易学　醒目》的论文，提出了重要的意见。他说："我觉得一种正词法要取得群众的欢迎，须要满足三个条件：一是一致，二是易学，三是醒目。"关于正词法制定的约定俗成问题，吕先生说："由一个机构出来拟定几条试行的规则还是需要的。定得不合适的，在实践中必然会被抛弃或者修改；定得合适的将要被接受。这样，正词法就会由不完善逐渐趋向完善。"⑨

重温吕先生关于汉语拼音的论述，可以加深我们对汉语拼音的认识，提高我们贯彻拼音的自觉性，更好地发挥汉语拼音的作用。

四、关于汉语拼音化的研究

汉语拼音化问题十分复杂，争论很多。吕先生对这个问题专门作过研究，提出了自己的看法。1946 年吕先生发表了长篇论文《汉字和拼音字的比较》，全面地分析了汉语拼音化问题。文章提出了赞成改用拼音字的四个理由：一、因为要中国文字容易学习；二、因为要中国文字能胜任现代的高速度的文化工作；三、因为要中国的语言文字更容易接受国际文化；四、因为要充实中国口语，解放中国语体文。在文章里，他还批评了赞成汉字、反对拼音字的五个理由：一、拼音字有时间性，汉字是超时间的；二、拼音字是地区性的，汉字是超地区的，拼音字会助长方言的分裂；三、汉字细密，拼音字粗疏；四、汉字简便，拼音字繁重；五、汉字美观。吕先生这篇文章的论点十分明确，就是：改革汉字，采用拼音字。1983 年 3 月 6 日吕先生对 30 多年前写的这篇论文写了补记，说："如果现在来写这个题目，论点不会有大改变，但是措辞会两样些。"⑩ 1964 年吕先生应《文字改革》杂志的邀请，写了八篇讨论语文问题的文章，1980 年编为《语文常谈》一书，其中最后一篇就是"文字改革"。这篇文章的论点与 1946 年的文章主要的方面是相同的。在这篇文章里，吕先生指出"拼音文字的优点超过缺点"，主要理由是：一、汉字难学（难认，难写，容易写错），拼音字好学（好认，好写，不容易写错）。二、汉字不跟实际语言保持固定的语音联系。三、在使用效率上，汉字不如拼音文字。拼音文字的单位是字母，数目少，有固定次序，容易机械化；汉字的单位是字，数目多，没有固定的次序，难于机械化。四、现在世界上各种文字都是拼音的，只有汉字是例外，因而在我国和外国的文化交流上是一个不大不小的障碍。结论是："拼音文字的优点（也就是汉字的缺点）大大超过它的缺点（也就是汉字的优点），而这些缺点是有法子补救的。如果由于改用拼音文字而能把中小学的学制缩短一年，或者把学生的水平提高一级，如果由于改用拼音文字而能把文字工作的效率提高一倍到三倍——这些都是很保守的估计——那么，光凭这两项就很值得了。"既然拼音字比汉字优越，为什么不能立即实现拼音化？吕先生说"因为有些条件还没有具备：拼音的习惯还没有普及，普通话通行的范围还不够广大，拼音文字的正字法还有些问题没有解决，如此等等。这些都是要经过一段时间的努力才能够解决的。另一方面，大家的认识还没有完全一致，这也是事实"。因此，吕先生提出来"为拼音化积极准备条件"⑪。

今天，如何来看待吕先生关于汉语拼音化的这些观点？我认为吕先生对汉字和拼音字的比较是有价值的，可以澄清许多流行的模糊认识。例如，关于汉字的超时空性问题，有人认为这是汉字最大的优点。吕先生对这个问题作了具体分析，他说："咱们这一辈人能够马马虎虎看一点古书，不尽是汉字的功劳，主要还是因为咱们从小就学习文言文的缘故。""近代欧洲的分裂自有种种原因，如民族、宗教、交通等等，你要把这个罪名一股脑儿加在拼音文字身上，未免有点冤哉枉也。""助长方言的势力的是汉字不是拼音字，拼音字倒能促进国语的普及。"⑫可是汉语拼音化涉及的问题很多，有些方面还需要深入探讨。吕先生说："我们现在用的汉字是不是适应现代汉语的情况，能不能满足我们对文字的要求，要不要改革，怎样改革，这是摆在我们面前的问题。"⑬这个问题非常重要。从当前的情况说，我认为答案应该是肯定的：汉字基本适应现代汉语的情况，基本满足我们对文字的要求。我只是说"基本适应""基本满足"，事实上完全适应语言情况、完全满足使用者的要求的文字可以说并不存在。这不是说汉字没有缺点，像吕先生指出的汉字的那些缺点都是实际存在的，可是还要看到汉字有许多优点，还要看到汉字文化在汉人心目中的深远影响。在应用汉字遇到的困难没有达到非改不可的时候，在汉字应用"基本适应""基本满足"的前提下，人们宁可使用有许多缺点的汉字，也不赞成使用拼音字来代替汉字。这不能简单地说成是保守思想作祟。在中国这样的国家，采用拼音字也有许多实际困难。改换像汉字这样有悠久历史的文字体系绝不像脱掉单衣换上夹衣那么容易。汉字问题一定要慎重，经不起失败带来的后果。

目前汉字在学习和应用中确实比较繁难，在信息处理与国际交往中也确有不便之处。这些对我们的社会主义建设不利，对实现三个面向也不利。权衡利弊，当前我们可以在保留汉字体系不变的前提下，设法缓解矛盾。就目前来说，主要的办法有两条：一是实现汉字规范化，实现定量、定形、定音、定序的四定，特别是要适当控制汉字的字数，以减轻学习和使用的不便；二是积极发挥汉语拼音的作用，在汉字不便使用或不能使用的地方发挥拼音的作用。情况在发展，我们要密切关注语文生活里的新变化。

五、积极推进汉语规范化

汉语规范化虽然不在严格意义的语文改革的范围之内，可它确实是语文生活里十分重要的方面。从 19 世纪下半叶算起直到新中国建立，不管是清政府还是民国政府，在汉语规范化方面都没有做多少事情，而新中国一成立，汉语规范化工作就提到了日程上来。这一方面是由于新中国对文化教育的重视，另一方面也是因为五四以来产生了一批典范的现代白话文著作，研究汉语规范化的时机已经成熟。

1951 年 6 月 6 日，《人民日报》发表了著名的社论《正确地使用祖国的语言，为语言的纯洁和健康而斗争!》。社论指出：“语言的使用是社会经济政治文化生活的重要条件，是每人每天所离不了的。”“检查目前的报纸、杂志、书籍上的文字以及党和政府机关的文件，就可以发现我们在语言方面存在着许多不能容忍的混乱状况。”“每一个人都有责任纠正这种现象，以建立正确地运用语言的严肃的文风。”在社论发表的同时，《人民日报》开始连载吕叔湘、朱德熙两位先生合写的《语法修辞讲话》。这部著作把语法修辞研究紧密结合社会语文应用的实践，匡谬正俗，开语法修辞研究的一代新风，在当时和其后都产生了重大的影响。《人民日报》社论和《语法修辞讲话》的发表，掀起了全社会学习语法修辞的高潮。这是吕叔湘先生对汉语规范化做出的重要贡献。

为了推动新中国的汉语规范化工作，1955 年 10 月中国科学院哲学社会科学学部在北京召开了“现代汉语规范问题学术会议”，会议的主报告是罗常培、吕叔湘所作的《现代汉语规范问题》。这篇报告为新中国的汉语规范化工作奠定了理论基础。半个多世纪过去了，汉语规范化的理论有了很大的发展，但是这篇报告仍旧是我们研究汉语规范化问题的重要文献。这篇报告分为三个部分，谈了三个重要问题，就是：(1) 为什么要在这个时候提出现代汉语的规范问题？(2) 关于现代汉语的规范化有些什么原则性的问题需要解决？(3) 怎样进行规范化的工作？这篇报告“第一次把语言规范问题提到语言学理论的高度加以研究；第一次给汉民族共同语——普通话做出明确的界定，并对普通话形成的历史渊源做出科学的论证；第一次阐述了语言规范化对发展科学、繁荣文学、普及教育等等方面的重大意义；第一次系统地说明了关于语言规范化的理论原则问题”[14]。在这次会议之后，汉语规范化工作在全国逐步展开。

《现代汉语规范问题学术会议决议》提出：“建议中国科学院会同有关部门聘请专家五人至七人，组成词典计划委员会。”“拟订《现代汉语词典》的详细编纂计划。”1956 年 2 月 6 日，国务院发出《关于推广普通话的指示》，指示的第九项是：“为了帮助普通话的教学，中国科学院语言研究所应该在 1956 年编好以确定语音规范为目的的普通话正音词典，在 1958 年编好以确定词汇规范为目的的中型的现代汉语词典。”根据这个指示，语言研究所成立了词典编辑室，吕叔湘先生担任室主任和《现代汉语词典》的第一任主编，亲自擘画、领导《现代汉语词典》的编写工作。他亲自制订《〈现代汉语词典〉编写细则》，夜以继日地审订词条，在编写《现代汉语词典》的过程中，吕先生牢牢把握住“规范”这个核心。在《〈现代汉语词典〉编写细则》的“总则”里，吕先生写道：“本词典的任务是为推广普通话、促进现代汉语规范化服务。这个方针必须贯彻到整个编写工作的各个方面，不容忽视。”接着在下面列举出五点要求：(1) 选录语汇应以普通语汇为主体；(2) 在字形、词形上，本词典应该起规范作用；(3) 注音根据普通话审音委员会的决定；(4) 释义要力求明确、周密，力避含混、疏漏；(5) 举例要注意思想内容，语言生动活泼，并且多样化。正是他的创造性的工作，为《现代汉语词典》的成功打下了基础。

吕先生不但从事汉语规范化理论建设，而且时刻密切关注社会语文生活的实践，探讨解决汉语规范化的各种实际问题。吕先生撰写的有关汉语规范化的文章，有的选入了中学语文课本，如《错字小议》，在社会上产生了重要影响。吕先生直到晚年仍在为汉语规范化工作操心。1991 年他在《剪不断，理还乱》一文里告诫我们说："汉字里边的乱写混用，汉文里边的食古不化、食洋不化，是当前叫人头痛的两个问题。""听说汉字和汉文将要在二十一世纪走出华人圈子，到广大世界去闯荡江湖，发挥威力，这真是叫人高兴可庆可贺的事情。不过我总希望在这二十世纪剩下的十年之内有人把它们二位的毛病给治治好再领它们出门。这样，我们留在家里的人也放心些。"⑮

学术事业的发展，总是薪尽火传，也总是与时俱进。我们要继承吕叔湘先生关于中国语文现代化的思想，同时要结合社会的发展和语文工作的实际进行创造性的研究，充分发挥理论研究的积极作用。

附注

①《吕叔湘——纪念吕叔湘先生百年诞辰》第 47 页，商务印书馆 2004 年版。

②《语文常谈》第 102—106 页，生活·读者·新知三联书店 1980 年版。

③《汉语文的特点和当前的语文问题》，《语文近著》第 150—154 页，上海教育出版社 1987 年版。

④《语文常谈》第 106 页，生活·读者·新知三联书店 1980 年版。

⑤《语文常谈》第 110 页，生活·读者·新知三联书店 1980 年版。

⑥《汉字和拼音字的比较》，《吕叔湘语文论集》第 106、108 页，商务印书馆 1983 年版。

⑦《发挥汉语拼音方案的巨大力量　在语文教学上实现多快好省》，《语文近著》第 157 页，上海教育出版社 1987 年版。

⑧《语文杂记》第 129—131 页，上海教育出版社 1984 年版。

⑨《一致　易学　醒目》，《文字改革》1984 年第 1 期。

⑩《汉字和拼音字的比较》，《吕叔湘语文论集》第 111 页，商务印书馆 1983 年版。

⑪《语文常谈》第 107、111—112 页，生活·读者·新知三联书店 1980 年版。

⑫《汉字和拼音字的比较》，《吕叔湘语文论集》第 96、100 页，商务印书馆 1983 年版。

⑬《语文常谈》第 102 页，生活·读者·新知三联书店 1980 年版。

⑭吕冀平、戴昭铭《对汉语规范化的总体认识》，《现代汉语通论参考文献精选》第 25 页，上海教育出版社 2002 年版。

⑮《剪不断，理还乱》，《未晚斋语文漫谈》第 87 页，语文出版社 1992 年版。

（《吕叔湘先生百年诞辰纪念文集》，商务印书馆 2010 年版）

浅谈周有光先生的学术成就
——《周有光文集》导读

一、周有光先生生平简介

周有光先生本名周耀平，1906 年 1 月 13 日出生于江苏常州青果巷。1923 年就学于上海圣约翰大学，学习经济学。1925 年因五卅惨案离校，改入由爱国师生创办的上海光华大学继续学习，1927 年毕业。1927 年至 1948 年，任教于光华大学、江苏教育学院、浙江教育学院等校；任职于江苏银行和新华银行，并由银行派驻美国纽约和英国伦敦。业余时间参加拉丁化运动。1949 年 6 月回到上海，任教于复旦大学经济研究所和上海财经学院，讲授经济学；同时担任人民银行华东区行第二业务处副处长；业余从事语言文字研究。1955 年奉调到北京，进入中国文字改革委员会，专职从事语言文字研究。周先生的语言文字研究，领域十分宽广，研究的中心是中国语文现代化。他对中国语文现代化的理论和实践做了全面的科学的阐释。周先生是汉语拼音方案的主要制订者，并主持制订了《汉语拼音正词法基本规则》。85 岁以后开始研究文化学问题。半个多世纪来，周有光先生在语言文字学和文化学领域辛勤耕耘、开拓创新，发表专著 30 多部，论文 300 多篇，在国内外产生了广泛影响。

周先生曾任全国政协四、五、六届委员；还先后担任中国文字改革委员会委员、国家语言文字工作委员会委员、语言文字应用研究所研究员、《汉语大词典》学术顾问、《简明不列颠百科全书》（中文版）中美联合编审委员会编审、《不列颠百科全书》（国际中文版）顾问委员会顾问、中国语文现代化学会名誉会长等。20世纪50年代应邀在北京大学、中国人民大学讲授汉字改革课程。

二、周有光先生的语言文字学研究

周有光先生语言文字学研究的核心是中国语文的现代化，也就是如何建设新时期的中国新语文。周先生强调要从世界看中国，不要从中国看中国，从中国看中国许多问题不容易看清。周先生从世界语文生活的历史发展和现状一纵一横两个坐标看中国的语文问题。在纵的方面，他研究了人类语文生活的历史进程；在横的方面他研究了世界许多国家建设新语文的成就和经验。在这个基础上，他深入分析了中国语文现代化的历史和现状、理论和实践。周先生不但从事理论探索，而且密切关注社会语文生活，积极参与新语文建设的多项具体工作。其中重要的有以下四项，就是：参与研制汉语拼音方案；创建现代汉字学；研究比较文字学；研究中文信息处理和无编码输入法。

（一）揭示人类语文生活的历史进程

人类的语文应用构成了人类的语文生活。周先生告诉我们，在农业化时代人类创造并传播了文字。在工业化时代语言生活里发生了两件大事：一件是确立和普及国家共同语，另一件是发明、发展和推广传声技术。二次世界大战以后进入了信息化时代。信息化时代的语言生活有两件突出的事情：一件是电子计算机的发明，电子计算机用于处理语言文字，并发展为信息网络；另一件是国际共同语的发展。文字、国家共同语、传声技术、电子计算机和国际共同语，这就是五千年来人类语言生活里先后出现的五件大事，可以叫作五座里程碑。语言生活的这五个里程碑不是跨过一个结束一个，而是个个都延续发展，同时并用。从5000年前看今天，人类的语言生活已经达到“上穷碧落、下及黄泉”的神话境界。可是，历史永远不会停止，还在更快地前进。当前，发达国家的目标是推进信息化，发展中国家的目标是追赶工业化和信息化。

（二）研究世界各国的语文新发展

周先生说：“二战”以来，世界各国的语文都发生了很大的变化。了解和研究世界各国的语文新发展，是宏观社会语言学的一个经常课题。中国应当参考世界各国的经验，根据中国自己的具体情况，实行有利于国家现代化的语文政策。

周先生说：100 多个新兴国家，独立之后的第一件大事，就是规定国家的共同语，作为行政和教育的工具。文明古国都有历史悠久的语文。到了信息化时代，为了适应时代的要求，为了减少语文的学习困难和增进语文的学习效率，都进行了各自不同的语文更新。周先生还告诉我们：新语言需要写成新文字。采用哪种字母书写新文字，成为重要的抉择。“二战”之后，掀起一个拉丁化的新浪潮。所有新创的文字，无一例外地都采用拉丁字母。有些旧文字也改用拉丁字母。不用拉丁字母的文字，也规定了拉丁字母拼写法的国际标准，作为技术符号，在国际互联网络上使用。一个“书同字母”的时代正在悄悄形成。

在研究世界各国语文新发展的时候，周先生还特别阐明了两个十分重要的问题。第一，现代是双语言时代。“二战”后独立的新兴国家，在语言工作上，它们面对两项任务：一方面要建设国家共同语，另一方面要使用国际共同语。日常生活和本国文化用国家共同语，国际事务和现代文化用国际共同语。文化和经济发达的国家，早已实行了双语言。中国的双语言原来是指推广普通话：从只会说方言，到又会说普通话。这是“国内双语言”。现在又有了第二种含义：从只会说普通话，到又会说英语，这是“国际双语言”。从双语言的水平，可以在一定条件下，测知国家现代化的程度。第二，英语是事实上的国际共同语。英语是国际政治、贸易、科技和旅游的主要用语，是全世界大多数国家的第一外国语。它不仅没有阶级性，也没有国家的疆界。今天，世界进入全球化时代，任何国家如果不能进入国际竞争，就有落后和失败的危险。要想进入国际竞争，在语言上需要学习事实上的国际共同语：英语。英语是一条大家可走的世界公路，谁利用它，谁就得到方便。

（三）把语文现代化和语言学挂钩，推动中国语文现代化的健康发展

自清末开始的中国语文现代化运动，到20世纪50年代已经取得了不小的成绩，但是它的理论基础还比较薄弱，学术水平还有待提高。在这个时候，周先生把语文现代化和语言学挂钩，科学地回答了语文现代化里面的一系列理论问题和实践问题，为语文现代化的健康发展奠定了基础。

周先生告诉我们：语文现代化是一件世界性的大事，不是某一国所特有的问题。语文不是一成不变的，而是跟随社会的变化而变化的。社会长期停滞，语文也就停滞不前；社会急剧变化，语文也发生急剧变化。秦并六国，发生“书同文”变革。辛亥革命，发生白话文和国语运动。一百多年来，中国语文现代化内容逐步发展，前后包括：语言的共同化、文体的口语化、汉字的简便化、注音的字母化、语文的电脑化、术语的国际化。主要的是前四化。中国的语言和文字，必须不断进行自我完善，紧跟瞬息万变的历史步伐，向信息化时代前进。

学习周先生的论著使我们认识到，一百多年来的中国语文现代化改变了我国人民的语文生活。在清末，我国民众的语文生活十分落后，特点是方言加文言文，汉字繁难，文盲众多。经过一百多年的语文改革，落后状况有了很大的改变。当前的特点是普通话加现代白话文，汉字经过简化和整理，繁难程度有所降低，而且有了辅助汉字的汉语拼音。我们每个人都是语文现代化的受益者。《中华人民共和国国家通用语言文字法》用法律的形式肯定了100多年来语文现代化的成就，指导我们的语文生活沿着现代化和信息化的道路前进。

（四）参与制订《汉语拼音方案》，参与领导研制《汉语拼音正词法基本规则》

汉语需要表音字母，研制一套科学实用的《汉语拼音方案》始终是中国语文现代化的重要任务。中国文字改革委员会1955年2月设立拼音方案委员会，负责研制《汉语拼音方案》。周先生是这个委员会的委员，为《汉语拼音方案》的研制做出了很大的贡献。

制订拼音方案首先要解决的是采用什么样的字母。新中国建国初期，知识界——包括语言文字学界，对世界字母的情况所知不多。周先生为了给选择字母提供参考资料，编写了《字母的故事》这本书。周先生在书中告诉我们：拉丁字母是世界最通用的字母，是国际文化交流的共同工具。在文字的结构上，它是最进步的音素（音位）制度；在字母的形体上，它是最简明实用的符号；在语音的表示上，它有非常广泛的适应性。它有这些优点，所以它能够活跃地生活在日益众多的民族中间。拼音方案委员会起初采用民族形式的字母设计方案未能成功，最终采用了拉丁字母，历史证明这是完全正确的。这个选择固然体现了国家领导人的远见，而周先生的推荐介绍也是功不可没。拼音方案既然采用了拉丁字母，就必须采用音素制的音节结构，而不应该采用双拼制（如反切）或三拼制（如注音字母）。既然采用了拉丁字母，在字母和音素的配合上，就必须遵守使用拉丁字母的国际习惯。但是拉丁字母毕竟是外国字母，让它和汉语音素相配合，其中就有许多具体问题要研究要处理。周先生对这些问题做了深入的研究，提出了许多切实可行的解决建议。

周先生提出了“汉语拼音三原则”，就是：口语化、音素化和拉丁化。口语化：拼写规范化的普通话。音素化：按照音素（音位）拼写音节。拉丁化：采用国际通用的拉丁字母。为了解除人们对《汉语拼音方案》的误解，周先生还阐明了《汉语拼音方案》有“三不是”：第一，不是汉字拼音方案，而是汉语拼音方案；第二，不是方言拼音方案，而是普通话拼音方案；第三，不是文言拼音方案，而是白话拼音方案。周先生的这些意见进一步明确了《汉语拼音方案》的性质。

《汉语拼音方案》主要规定了汉语音节的拼写法，还缺少汉语词语的拼写法，因此还必须制订汉语拼音正词法。早在20世纪50年代，周先生就对汉语拼音正词法做了研究。1982年中国文字改革委员会成立了汉语拼音正词法委员会，负责拟订《汉语拼音正词法基本规则》。周先生是这个委员会的副主任，参与领导正词法基本规则的研制。在这个时期，周先生发表了《汉语拼音正词法问题》《正词法的性质问题》《正词法的内在矛盾》等论文，这些文章解决了正词法研制中的基本理论问题。1988年国家教委和国家语委联合发布《汉语拼音正词法基本规则》。

周先生十分关心《汉语拼音方案》的推广和应用，他发表了解说和教学《汉语拼音方案》的多篇论著，积极向社会宣传普及汉语拼音知识。他积极提倡汉语拼音用于语文教学和序列索引，他热心指导供聋哑人使用的以《汉语拼音方案》为基础的汉语手指字母的设计，他大力支持黑龙江省开始的“注音识字，提前读写”小学语文教学改革实验。周先生还指出汉语拼音是全球化时代的文化穿梭机，可以用来促进国际文化交流；在中文信息处理方面，利用汉语拼音输入汉字的“拼音转变法”使计算机普及到千家万户，促使中国早日进入信息化时代。

五、创建现代汉字学

传统汉字学属于“小学”的范畴，它以《说文》为中心，主要研究儒家经典的文字，是经学的附庸。它严重忽视现代社会的汉字应用，更谈不上如何实现汉字的机械处理和信息处理。时代呼唤新的汉字学。1980 年周先生发表了《现代汉字学发凡》，提出了建立现代汉字学的主张。周先生指出：现代汉字学研究现代汉字的特性和问题，目的是为今天和明天的应用服务，也就是为四个现代化服务，减少汉字在现代生活中的不方便。“现代汉字学”是个新名称、新事物。它播种于清末，萌芽于“五四”，含苞于解放，嫩黄新绿渐见于今日。这是汉字学的重大发展。

周先生指出，现代汉字研究的重要问题是实现汉字的四定：定量，定形，定音，定序。四定的基础是定量。古今通用的和现代通用的汉字归入现代汉字，文言古语用而规范化的普通话不用的汉字归入文言古语专用字，这就是汉字断代。周先生研究了现代汉语用字的定量问题，提出了汉字分级定量的思想。周先生说：整理汉字要向“限定”现代汉语用字的目标前进，不再起用死字，不再创造新字，并且进一步研究能否和如何减少用字总数。

如何评价汉字是个有争论的问题。周先生认为对汉字的评价要坚持两点论，汉字既是宝贝，又是包袱。汉字不等于汉文化，汉文化的含义大于汉字，汉字是记录汉文化的主要符号系统。汉字作为“宝贝”是过去的光荣，汉字作为“包袱”是今天和明天的灾难。从清朝末年开始，一个“汉字改革运动”不断地进行着。80 年来，他们的成就微不足道。他们唯一的贡献是，像“皇帝的新衣”故事中间的小孩，说穿了中国传统文明的漏洞。一旦认出了汉字既是“宝贝”又是“包袱”，再要肯定汉字只是“宝贝”而不是“包袱”，就非常困难了。

（六）研究比较文字学，找寻汉字在人类文字史上的地位

汉字问题是中国语文中最复杂也是最敏感的问题。在20世纪50年代，人们常说文字改革要按文字发展规律办事，可是文字发展规律只有一句话，就是从表形、表意到表音。有人说，没有一种文字是从表意变为表音的，形意音的演变规律不能成立。到底哪种看法符合事实？为了回答这个问题，周先生开始了比较文字学的研究。周先生说：汉字型文字是人类创造的许多种文字系统中间的一种。只从汉字来观察汉字，难免“不识庐山真面目，只缘身在此山中”，还应当把视野再扩大一步，把人类所有的文字作为一个整体，进行微观的和宏观的研究、历时的和共时的比较，这是“人类文字学”。这样，才能完整地理解人类文字的历史事实、功能性质和发展规律，以及汉字在人类文字发展史中所处的地位。

周先生提出了文字的三相分类法。他把文字的特征分成三个侧面，把这三个侧面叫做“三相”，就是：符位相（图符、字符、字母）、语段相（语词、音节、音素）和表达相（表形、表意、表音）。世界上任何一种文字按照这三相来分类，都可以把握它的特点，找到它在世界文字里的位置。例如汉字属于图符或字符＋语词和音节＋意音，简称为意音文字。

周先生指出：从表形到表意再到表音，是文字发展的一般规律。从公元前3500年到前1500年是钉头字和圣书字时代，这时候只有“意音文字”。经过2000年的“从意音到表音”的潜在演变，到前1500年产生扬弃表意、纯粹表音的字母文字。这就是文字的“形意音”发展过程。汉字的产生和发展比钉头字晚两千年，但是发展的步骤没有两样。

周先生进一步指出：“形意音”的发展规律来自西方。我就到西方的著作中去看看情况。最能说明“形意音”规律的例子是钉头字。钉头字在本土“两河流域”，从苏美尔人传到阿卡德人、巴比伦人和亚述人，有逐步前进的“形意音”变化，但是只有量变，没有质变。在传到本土以外的民族以后，才摆脱“意音”结构，发生“从意到音”的质变，成为表音文字。“形意音”的发展是在从本土到异地的传播中完成的，不是在本土传承中完成的。我把汉字和钉头字相比，看到汉字也有同样情况。在中国，形声字比重的历代增加，就是声旁表音作用的发展，但是声旁增加，形旁也跟着增加，文字结构只发生量变，没有发生质变。汉字传到日本，从书写汉语变为书写日语，从万叶假名变为平假名和片假名，这是从“表意到表音”的质变。在汉语汉字到日语汉字的传播过程中，也看到了“形意音”的发展规律。

周先生的研究，证实了世界文字发展确实存在一条由表形到表意再到表音的客观规律，这条规律的阐明对汉字的拼音化自然会有影响。不过，我们知道汉字拼音化是一个涉及方面极广的系统工程，需要各种条件的配合，而不是只有发展规律就可以进入实际操作阶段。周先生对这一点有明确的认识。他说：文字改革还只是一个学术问题，汉字在中国相当稳定，现在没有改为拼音文字的迹象，拼音只是一种辅助的表音工具。在中国，周先生关于比较文字学的研究具有开创意义，值得我们重视。对世界文字的发展规律，至今学术界还存在着重大分歧。学术是在争论中发展的。不管别人是不是认同，周先生提出的观点都是今后进一步探讨的新起点。

（七）研究中文信息处理和无编码输入法

计算机的发明并且用于语言文字的信息处理，使世界进入了信息化时代。如何使汉字进入计算机，经过了三个阶段，就是由整字输入到拆字输入，再到拼音输入。拼音输入是无编码输入，周先生认为这是中文信息处理的正确道路。有人认为计算机能够处理汉字，在计算机时代不需要汉语拼音了。事实恰好相反。在计算机上只有既用汉字，又用拼音，即输入拼音由软件自动转换为汉字，中文信息处理才能提高功效。以字为单位的“单字输入法”，因为汉字里的同音字太多，不具有实用价值，周先生倡导利用汉语的内在规律，把以字为单位输入改为以词为单位输入，使得无编码的拼音输入最终取得成功。周先生语重心长地说：我们在失去了一个大众化的打字机时代以后，不能再失去一个大众化的语词处理机时代。真正消灭差距，追回失去了的时代，出路很有可能就在于采用“拼音转变法”。事实证明，周先生关于“拼音转变法”的研究完全正确，充分显示了科学研究的预见性和巨大的社会效益。在今天，除了专业录入员使用编码输入外，绝大多数人使用中文电脑时用的都是拼音转变法。周先生的意见使我们少走弯路，加快进入中文信息处理的新时代。

（八）展望21世纪的华语和华文

周先生说：20世纪，华语和华文发生了历史性的大变化。在21世纪，全世界的华人将显著地提高文化，发展理智，重视效率。由此，华语和华文将发生更大的时代变化。周先生根据语文变化的历史经验，考虑当前的信息技术和实用要求，预测21世纪华语和华文的变化趋向。主要是：(1) 华语将在全世界华人中普遍推广。现在，中国大陆的语言工作正在从“推广”普通话前进为“普及”普通话。全世界的华人可能在21世纪之末普及华夏共同语——华语。(2) 汉字将成为定形、定量、规范统一的文字。统一规范是历史的必然，删繁就简是文字发展的规律。为了提高工作效率，增强屏幕上的清晰度，21世纪后期可能对汉字还要进行一次简化。汉字难学难用，主要不在笔画繁，而在字数多。在21世纪的后期，讲究效率的华人将把一般出版物用字限制在3 500个常用字范围之内，实行字有定量，辅以拼音。(3) 拼音将帮助华文在网络上便利流通。21世纪将有更多的智能化软件，利用拼音帮助汉字，使华文在网络上便利流通。在互联网上，汉字离不开拼音，拼音正在不胫而走。拼音帮助汉字，将是21世纪大家乐与于接受的方式。周先生的这些意见值得重视，促使华语华文发生适应时代需要的进一步改革。

三、周有光先生的文化学研究

“文革”结束后，中国出现了文化热，各种观点异彩纷呈。其中较为流行的一种观点是把世界文化分为东方文化和西方文化，而且把两者对立起来，认为“21世纪是东西方文化的转折点”，“世界文化的接力棒将传到东方文化手里”，这就是所谓“三十年河西，三十年河东”论。其实这是一种极为肤浅的观察，找不到事实作为根据。

周先生的看法与此不同，他认为现代是双文化时代。他把文化分成两个层次：地区传统文化和国际现代文化。周先生说：现代文化是全世界各个地区的传统文化的融合和升华，它是全人类共同的创造。现代文化不是某一国家的专利，而是全世界所有国家的共同财富。现代文化是全世界“共创、共有、共享”的文化。每一个民族都有自己的传统文化，每一个民族都热爱甚至崇拜自己的传统文化。但是，在现代，任何民族都无法离开覆盖全世界的现代文化。现代文化的产生，不等于传统文化的消灭。传统文化将与现代文化并存。周先生对“河西河东”论提出质疑。他说：“河西河东”论，来自文化不变的传统学说：天不变，地不变，道亦不变。不变论认为文化本身不变，但可以水平传播。三十年河西，三十年河东，往返迁移；不是西风压倒东风，就是东风压倒西风，轮流坐庄。这两种说法都是水平传播的不变论。时代改变了，这种认识需要改变了。现在再谈中国文化即将统治21世纪是可笑的了。统治21世纪的不是东方文化，也不是西方文化，而是世界共同的现代文化。文化的流动不是忽西忽东，轮流坐庄，而是高处流向低处，落后追赶先进。这样，人类文化才能不断前进。“河西河东”论的文化观十分有害。它把现代文化和华夏文化对立起来，要用华夏文化来抵制现代文化。其结果不是增强我们民族的自尊心和自信心，而是会助长我们盲目的自大，阻碍我们吸收现代文化。

周先生告诉我们：现代文化的出现使民族文化的作用发生了变化。文明古国不得不重新考虑传统文化的价值。哪些保持民族特色，哪些跟国际接轨，是一个复杂而又敏感的问题。弘扬华夏文化必须去其糟粕，取其精华，除旧布新，发扬光大。弘扬华夏文化绝不是提倡国粹主义。不能革新和发展的文化是没有生命力的。华夏文化既有光环，又有阴影，阴影有时盖过了光环。高声歌颂光环而不敢正视阴影是自己欺骗自己。正视阴影是争取进步的起点。

周先生描述了人类文化发展步骤的三个主要方面：（1）经济方面，从农业化到工业化到信息化；（2）政治方面，从神权政治到君权政治到民权政治，简单地说，就是从专制到民主；（3）思维方面，从神学思维到玄学思维到科学思维。周先生说：人类历史像一条田径跑道，世界各国都在这条跑道上竞走。有快有慢，有先有后，后来可以居上，出轨终须回归。道路只有一条，没有第二第三条。竞走目标是没有终点的科学和民主。

上面只是扼要地介绍了周先生在语言文字学和文化学方面提出的一些重

要观点。周先生是淹通古今、博涉中外的大学者，他的著作丰富了语言文字学和文化学的宝藏，成为全人类的财富。周先生是年过百岁的睿智老人，他的智慧不仅有益于今天的中国，也必将有益于今后的中国。

（《周有光文集》第一卷，中央编译出版社 2013 年版）

中国语文现代化的新探索

——马庆株著《汉语拼音和中国语文现代化》序言

南开大学马庆株教授是当代有重要影响的语法学家，他已经出版的多部语法学论著为他赢得了声誉。马教授不但是语法学家，而且还是中国语文现代化的探索者和积极的推动者。在中国语文现代化方面他不但发表了多篇重要学术论文，而且还担任中国语文现代化学会的会长，积极组织并推动语文现代化的学术研究和学术交流。更值得一说的是他在南开大学文学院招收了几届语言规划（语文现代化）方向的博士研究生，培养了一批从事中国语文现代化研究的高级人才。这让我自然联想起近百年积极推动中国语文现代化的几代学者。例如，五四时期的钱玄同先生、赵元任先生、黎锦熙先生、罗常培先生、魏建功先生，还有新中国建立后的王力先生、吕叔湘先生、周有光先生、王均先生，等等。这一大批语言文字学大家、名家，他们都是学贯中西，博古通今；而他们又都是怀着极大的热情，密切关注社会语文生活的发展，为中国的语文现代化呕心沥血，做出了不朽的贡献。我们从马先生的学术活动中，看到了近百年来语文现代化理论研究和社会实践的继承和发展，后继有人。

《汉语拼音和中国语文现代化》是马先生有关中国语文现代化的论文的结集，汇集了多年来马先生在这方面的研究成果，内容丰富，新意迭出，是近年来出版的有关语文现代化的重要著作。下面我们从马先生的新著里面摘录一些精辟的语句，分为三个专题与读者共享。在马先生的论述后面，我们稍作发挥，狗尾续貂，还请马先生与各位读者指正。

一、关于中国语文现代化

马先生说：

语文现代化是面向世界、面向未来、面向现代化的，在科学发展观指导下的，体现“三个代表”重要思想的，与时俱进的中国语言规划。语文现代化是整个现代化事业的一部分。语文现代化应该是语言共同化和语言多样化的和谐统一，是拼写工具与汉字的和谐共存，是汉语言文字与国际的接轨，是《国家通用语言文字法》的彻底落实。（《中国的语文现代化事业》）

语文观念现代化是关键。近年来，与语文现代化相抵触的反对国家语言文字方针政策的思潮泛滥，使很多人对语文现代化不理解、不支持。没有语文观念的现代化，语文现代化的目标不可能实现。（《中国的语文现代化事业》）

语文现代化事业任重道远。毋庸讳言，现在是低潮，但低潮过去就是高潮。多年来似是而非的语文观影响面大，传媒和许多人甚至包括一些干部不了解语文现代化，缺乏辨别是非的能力，成为阻力。甚至有人否定汉字改革成果，思想十分混乱，妨害文教事业发展，还没引起足够的重视。(《坚持中国语文现代化的方向》)

马先生的这本文集内容非常丰富，它的核心是中国语文现代化。语文现代化也就是现代化时期的语文改革。语文现代化指的不是语文本体的现代化，而是语文应用的现代化，也就是语文生活的现代化。自清末开始到20世纪60年代，中国语文现代化取得了很大的成绩。周有光先生把这些成绩总结为四个方面，就是：语言的共同化，文体的口语化，文字的简易化，表音的字母化。这“四化”的具体成果就是普通话、现代白话文、简化字和汉语拼音。这些成果改变了中国人民的语文生活，为改革开放创造了语文条件。党的十一届三中全会以后，中国进入了改革开放的新时期。改革是要从根本上变革束缚生产力发展的经济体制，建立和完善社会主义市场经济体制；开放主要是对外开放，积极参与经济全球化条件下的国际经济合作和竞争。经济的改革开放带动了政治、文化、军事等各方面程度不同的改革开放。改革开放大大改变了中国的面貌，使中国开始了实质意义上的现代化。改革开放新形势对语文现代化提出了新要求。在这个时期仅有上面说的语文生活的"四化"不够了，我们要继续前进，对新时代提出的新任务给出切实可行的回答。这种回答的要点是：(1) 大力提高全面的语文素质。语文素质包括汉语汉字的基础知识和应用能力，汉字的基本书写能力，文学鉴赏的基本能力。切实改进中小学语文教学，抛弃空洞肤泛的人文性，建立科学的语文教学体系。(2) 大力发展汉语，使汉语成为规范、丰富、发展的语言。规范要和丰富、发展相辅相成，不可偏废，丰富、发展是矛盾的主要方面。虽然规范但是不够丰富、不够发展的语言，不是我们所需要的语言。汉语要从其他语言里广泛吸收有用的成分，同时要大步走向世界，提高在国际交往中的竞争力和影响力。汉语有悠久的历史，有十几亿使用人口，有强大的生命力，不可能被某种外语所吞食。(3) 要坚持使用汉字，提高汉字学习和使用的效率，使汉字成为规范、易学、便用的文字。要区分现代汉字和文言古语用字，区分实用的汉字和艺术的汉字。适当减少汉字的数量，而且要使现代汉字、实用性的汉字做到数量有定。(4) 充分发挥汉语拼音的注音功能和拼写功能。大力发展拼音教育，提高拼音教学的质量。根据需要，探索同音字词的定型化，在汉字不便使用或不能使用的领域广泛使用汉语拼音。(5) 大力开展具有汉语汉字特点的中文信息处理技术的研究，使中文信息处理技术走在世界的前列，在社会生活的各个领域发挥作用。

有的人千方百计要把语文现代化一笔抹杀，最近 20 年来惯用的手法是用语文规范取代语文改革。他们绝口不提语文改革，似乎世界上从来就没有语文改革这件事。这种错误认识和错误做法已经给语文工作造成极大的损失。其实，语文改革和语文规范是语文工作两大部类，相辅相成，互不包容。语文改革是客观的存在，想要抹杀也是抹不掉的。正如周有光先生所说的那样，我们是乐观主义者。不管有多少曲折，社会总是要前进，语文总是要发展。当语文的发展落后于社会的发展时，语文改革就会发生，这是语文生活发展的铁律。语文现代化是适应社会发展潮流的进步运动，它会吸引一代又一代志士仁人矢志不移地为它鞠躬尽瘁。

二、关于汉语拼音

马先生说：

虽然国家有关方面多次强调继续推广《汉语拼音方案》，扩大应用范围，但进展甚微，缺乏改革措施。在扫盲、科技、信息处理等方面，拼音还远没有充分发挥作用。拒绝拼写工具，害怕汉字被拼音文字代替，是没必要、没道理的，这构成了对汉语的歧视，使汉语在语种竞争中处于不利地位，汉语走向世界的机遇期可能会十分可惜地错过。为什么汉语不能有拼写工具？我们要早日从蒙昧和愚蠢的孤芳自赏中走出来，面向现代化世界未来，使语文符合汉语国际传播的需要。（《坚持中国语文现代化的方向》）

拼音给汉语插上了翅膀，使汉语真正走向世界，这是多大的好事！……反对汉语拼音，客观效果不是爱国，而是在国外将汉语置于死地，这无疑是损害我国利益的。为了在海外拯救汉语并进而扩大其使用范围，迎接真正的汉语热的到来，应该以汉字为正式文字，在坚持使用规范汉字的同时，认真推行拼音方案及正词法，充分发挥汉语拼音的作用，让它与汉字相辅相成，在汉字使用不便的各种场合使用拼音。（《汉语拼音：与汉字一起走向新世纪》）

为满足需要，应该在《汉语拼音方案》基础上按国际化原则、语音原则、历史原则、经济原则和简单易学的原则整合创新，让汉字谐声偏旁与特殊拼法对应，把《汉语拼音方案》完善为拼写工具，拼式反映词与词，甚至词素与词素之间的差别，充分适应汉语特点，满足实际应用的要求，记录口语和书面语，走向汉字和拼音并用的“双文制”。（《坚持中国语文现代化的方向》）

同音词分化基于对词素的区分，汉字区分词素比较有效，因而具有表意性，同声旁汉字往往读音有某种共同点，甚至彼此之间有本字和后起字的关系，可以依其古音区分同音词素。方音反映古音，方音是历时语音在平面上的投射。各方言不同语音要素演变速度不同，因而按古音其实就是按方音区分。这有利于方言区、海外华语社区的人们学习，也有利于汉字圈国家的朝鲜人、韩国人、日本人、越南人学习掌握，他们语言中源于汉语的词汇数量很大，读音与古汉语相关。(《纪念王力先生，为语文现代化而奋斗》)

从学术上说，吕叔湘先生早就指出《汉语拼音方案》是最佳方案；从法律上说，《汉语拼音方案》是由全国人大批准的拼音方案，它是国际标准化组织承认的拼写汉语的方案。《国家通用语言文字法》规定："国家通用语言文字以《汉语拼音方案》作为拼写和注音工具。《汉语拼音方案》是中国人名、地名和中文文献罗马字母拼写法的统一规范，并用于汉字不便或不能使用的领域。初等教育应当进行汉语拼音教学。"就是这样的一个方案，自1958年诞生以来遭遇种种不幸，在曲折艰难的道路上跋涉。《汉字文化》杂志说它是"低能儿""低能弱智""堕落"（该刊1996年第3期第51页），"建议废止'汉语拼音方案'"（该刊1989年1—2合刊第11页）。这不是学术讨论，这是对全国人大权威性的挑战，而这种错误的言论至今没有得到彻底的批判。多年来，在拼音教材上，汉语拼音只能给单字注音，不能分词连写。在拼音教学上，以减负为名减少学时，降低要求，取消直呼音节的教学，使拼音教学成了夹生饭。教育部明令推行的"注音识字，提前读写"小学语文教学改革近年来不断萎缩。这固然和中国缺少拼音传统有关，但是主管部门受错误思潮的干扰、施政不利也是重要的原因。

马先生作为有强烈责任心的语言文字学家，一方面为推行汉语拼音大声疾呼，一方面潜心研究，提出分化同音字词的《汉字拼写方案》。在这本论文集中，马先生详细地说明了他拟定的拼写方案，希望能够有机会进行实验。通过实验检验方案的可行性，通过实验发展理论、完善设计。《汉语拼音方案》和《汉字拼写方案》既有联系又有区别。二者都是用来拼写，但是前者拼写的是汉语，后者拼写的是汉字。汉语和其他语言一样，也有数量不少的同音词。用拼音字母来拼写汉语要不要分化这些同音词呢？人们有不同的看法。已故的语文改革家刘泽先先生提出"同音词无害论"，认为同音词既然在口语交际中不会造成混淆，在书面交际中也不会带来问题，不必去费心思搞什么分化，只要做到书面语不和口语脱节也就可以了。这种看法不能说完全没有道理，不过也不够全面。不管我们如何强调言文一致，书面语和口语总不能完全一致，书面语的表达要求更准确更精练，更便于理解。例如，当面交谈谈到第三方时说个 tā，这个 tā 是男是女一般不会理解错误，而书面上只说“他”往往不够，要指明是“他”还是“她”。北拉主张不标调，但是主张分化少量同音词。在汉语文中同音字可以分为同形同音字和异形同音字两类。前者如“黑人 1”和“黑人 2”。“黑人 1”指黑种人，“黑人 2”指姓名没有登记在户籍上的人。这一类同音词的书面形式是相同的，是同形同音词，汉语拼音也不必分化。后者如“攻势”和“公示”。“攻势”指向敌方进攻的行动或态势，“公示”指公开宣示，让公众了解并征求意见。这一类同音词的书面形式是不同的，是异形同音词，汉语拼音要考虑分化。汉语拼音如何分化同音词可以有不同的设计，大体说如果要精密就难免琐细，如果强调简易就难免粗疏。理想的方案是既要较为精密又不要过分琐细，这在方案设计上是要下大功夫仔细权衡才能做出取舍。从现实情况出发，分化同音词的方案只能是在保持基本的学术品格条件下，较多地考虑易学便用。马先生还一再说明，《汉字拼写方案》不是《拼音文字方案》，以免造成误解。

三、关于汉字

马先生说：

关于汉字，现在只听到一片赞扬，然而赞扬中有不良倾向，具体表现是某些人有悖于事实，任意夸大汉字的优点，甚至不惜损害国内各民族大团结和世界人民大团结，无知妄说。他们把矛头指向一切主张和拥护语文现代化事业的人，指向《汉语拼音方案》和《汉字简化方案》。这在一定程度上形成了搞乱人们思想的错误舆论导向。(《完善汉语文字的体系》)

规范汉字中的简体字古已有之，有很多是书法家创造的。1956 年开始实行的《汉字简化方案》，把简体字选作正体字。简化提高了效率，降低了学习难度，有利于保护视力，体现了以人为本，大陆近视率低于香港和台湾。简化汉字有利于汉语汉字早日走向世界。尽管汉字简化了，汉字仍然对汉语国际传播不利，外国人不愿意花费4倍以上的时间和精力来学一门用汉字书写的汉语，而用1/4的时间就可以通过拼音学习汉语。汉字大大限制了汉语国际传播的规模、速度和效率。(《促进语言文字和语言学的科学发展》)

把汉字神秘化的宣传引起外国人的反感，不利于汉语的国际传播。有的媒体不区分是否艺术形式，说“福”“寿”“龙”“马”各有100种写法，说明中国文化博大精深。这样说不把外国人吓跑才怪呢。一种写法已经够难的了，认识了一种还有99种不认识，人家还敢学汉字吗？篆字现在只是艺术字体，这些写法都是外国人不用学的。至于字典里异体字很多，这是汉字的缺点，不值得自豪，正像黄河泥沙含量世界第一不值得自豪一样。(《关于对外汉语教学的若干建议》)

汉字问题是中国语文现代化里面最敏感也是最复杂的问题。汉字问题包括两个部分，一个部分是当前的简化字等问题，另一个部分是长远的汉字前途问题。关于汉字的当前问题，新中国建立以来对汉字进行了大规模的简化和整理，取得了成功。包括简化字在内的规范汉字受到群众的拥护，地位极为稳定。可是至今总有一些人看着简化字就是不顺眼，心里想的是如何恢复繁体字；他们不是设法减少汉字学习的困难，压缩汉字的字数，提高汉字的效率，相反总是以各种机会增加汉字的字数，扩大罕用字的流通范围，提升汉字学习的难度。持有这种想法的人，他们和广大民众的好恶处在相反的地位，最终将被时代所抛弃。关于汉字的前途，近百年来汉字几经沉浮，使人眼花缭乱。从毛泽东在1951年发出“文字必须改革，要走世界文字共同的拼音方向”的指示以来，对汉语拼音化只能说好不能说坏，成为语文工作里的禁区。改革开放以来，随着国学热、传统文化热的兴起，汉字摆脱了厄运交上了红运。现在从一个极端走向另一个极端，就是只能说汉字好不能说汉字坏。其实，汉字和其他事物一样，也是既有优点又有缺点的。至于汉字的前途，1986年举行的全国语言文字工作会议已经不再重申毛泽东的主张，而代之以周恩来总理在《当前文字改革的任务》里说的话。周总理说：“至于汉字的前途，它是不是千秋万岁永远不变呢？还是要变呢？它是向着汉字自己的形体变化呢？还是被拼音文字代替呢？它是为拉丁字母式的拼音文字所代替，还是为另一种形式的拼音文字所代替呢？这个问题我们现在还不忙作出结论。但是文字总是要变化的，拿汉字过去的变化就可以证明。”周总理还说：“关于汉字的前途问题，大家有不同的意见，可以争鸣，我们在这里不打算多谈，因为这不属于当前文字改革任务的范围。”依我看，汉语要不要实现拼音化，要看社会有没有这个需要。如果没有这个需要，谁想实现也实现不了；如果有了这个需要，谁想拦阻也拦阻不住。从学术上说，汉字的前途需要进行深入的全方位的科学研究，要鼓励学术争鸣。在目前，断言一定能实现拼音化，或者断言一定不能实现拼音化，都缺少足够的说服力。在网上有的论坛宣布“从即日起暂停关于‘文字改革’问题的一切讨论”，这不符合“可以争鸣”的精神，也反映了主持者对自己所持的反对“文字改革”的立场缺乏自信。拼音化不是洪水猛兽，有什么不能讨论。

语文现代化在国外也叫语言规划，语文现代化的研究对于解决我们面临的各种语文问题，具有重要的价值。我们十分高兴的是在学术著作出版比较困难的现在，有关语文现代化的新著不断问世。从我个人极为狭窄的阅读范围看，我们读过语文现代化学会组织编写的《语文现代化论丛》第一辑至第八辑，还读过张育泉先生的《语文现代化概论》（首都师范大学出版社 1995 年版），苏培成、颜逸明、尹斌庸编辑的《语文现代化论文集》（商务印书馆 2002 年版），王开扬先生的《汉字现代化研究》（齐鲁书社 2004 年版），陈永舜先生的《语文现代化文集》（吉林大学出版社 2006 年版），许长安先生的《语文耕耘集》（厦门大学出版社 2011 年版）等。这些著作都是学术精品，汇合在一起展示了改革开放以来语文现代化研究的新收获新成果。现在我们又读到了马庆株先生的这部新著，备受鼓舞，倍感亲切，我们愿意向读者推荐马先生的新著。语文现代化是促进汉语文健康发展、惠及广大民众及亿万子孙的建设工程。我们期待着有更多的新著问世，使语文现代化这朵奇葩更加艳丽、更加灿烂。

（本文已收入《庆祝曹先擢先生八十华诞文集》，商务印书馆即将出版）

在学术研究的道路上蹒跚学步

——接受张宜博士的访谈

张宜（以下简称张）：苏老师，您好！今天我很高兴，有机会对您做一次访谈。

苏培成教授（以下简称苏）：我先用一点时间说一说我求学与工作的经历。1935 年我出生在天津，在天津市立第三中学读的中学。那是一所重点中学，语言学家张志公先生、刘涌泉先生都在那所学校读过书，不过他们要比我早，张先生比我早很多年。天津三中有好多位非常优秀的语文老师，其中一位就是《古书虚字集释》的作者裴学海先生。他们给我打下了语文基础，引发了我学习语文的兴趣。在考入北大以前，有几本语言学著作对我后来学习语言学有影响。一本就是吕叔湘先生与朱德熙先生合著的《语法修辞讲话》。这部著作在《人民日报》连载的时候就引起了我的注意，后来我买了单行本。

张：那时，您读的是高几啊？

苏：读高一。

张：高一时您就对语文这么感兴趣？

苏：我当时读它的目的，并不是想研究语法，而是想作文时不出病句，把文章写通顺。1952 年我因病休学就随便找书看。一位亲戚借给我王力先生的《中国语法理论》。那时年纪小，知识少，这本书读不懂，可是知道了有位语法学家叫王力，他曾经用外国学者的“三品说”建立了自己的体系。解放后胡乔木对“三品说”提出了批评，王先生还做了检讨。1956 年一个偶然的机会，我买了岑麒祥先生刚出版的《普通语言学》。读了这本书我才知道北大有位教授叫岑麒祥，国外有门学问叫“普通语言学”。

张：那时您已经开始接触了语言学。

苏：1957 年秋我考入北大中文系汉语言文学专业，1959 年分配到语言专门化专业，从此就和汉语语言学结下了不解之缘。我从 1957 年到 1962 年在北大读书。那几年政治运动不断，劳动也不断，读书的时间少，学习也不能不受影响。1962 年暑期我本科毕业，可那时正是经济困难时期，大学生分不出去。一直等到 12 月份我才分配到北京师范专科学校，去教古汉语。那个学校是由中师改的大专，条件很差。我刚上了一年多的课，又奉命去山西长子县参加“四清”，一去就是 8 个月。“四清”结束回到北京，我所在的学校已经停办解散，我被分配到北京女八中做教员，教高一语文。一年的语文课没教完，“文化大革命”就开始了。先是停课，后来是复课闹革命。那时我是青年教师，要去当班主任，带着学生学工、学农，还要拉练，许多时间白白荒废过去了。“文革”结束后，我想离开中学，可那时人事关系束缚得很紧，单位不同意不能离开。后来，北京市教育局成立了北京师范学院分院，需要教员。因为那所学校直属北京市教育局，人事关系不出北京市，所以我获准离开女八中到了北京师范学院分院。在那里我教现代汉语课，还讲过语言学概论课。一转眼又工作了十年，直到 1988 年初才有机会回到北大中文系。我毕业的时候是二十几岁的年轻人，重返北大时已经年过半百了。在北大我教学和研究的方向是现代汉语，除了“现代汉语”这门课外，我还讲授了“现代汉字学”、“汉语规范化”、“语文现代化”等课程，直到退休。退休这几年也做了一点事情，比如参与人教社编写的新课标高中《语文》课本，为中央电大中文专业讲授“现代汉字学”课程，与曹先擢先生共同为商务印书馆主编《新华多功能字典》等。

张：您的研究工作主要在哪方面？

苏：概括地说是语言文字的应用，细一点说主要有 4 个方面，就是：标点符号、现代汉字学、语文现代化和汉语辞书的编写。

张：您是怎么开始研究标点符号的？

苏："文革"后期，我在女八中做教师，没有什么正经事可以做。想做点语文方面的事情，可是没有资料。不得已只能从力所能及的小题目入手，于是就选择了标点符号。那时我有的主要参考书，就是吕叔湘先生和朱德熙先生的《语法修辞讲话》，这部书的第六讲就是讲标点。我把吕先生朱先生的书反反复复读了许多遍，学习书里的观点，然后从当时的报刊上找正反两方面的例子，做点分析，最后写成一本4万多字的小册子，起个名字叫《怎样使用标点符号》，寄给了北京人民出版社。不久收到了出版社的通知，书稿被采用，列入《语文小丛书》，1974年出版。当时正是书荒，这样一本东西第一次就印了50万册。1980年修订重排又印了20多万册。1981年4月北京市语言学会举办"现代汉语讲座"，张志公、张寿康先生主持其事，共有22讲，王力先生、吕叔湘先生领衔主讲。听讲的人很多，在当时这成了现代汉语研究与教学里的盛事。两位张先生为了提携后进，安排我在会上讲一次"标点符号"。讲座结束后，全部讲稿汇编为《现代汉语讲座》一书，1983年8月由知识出版社出版。这次真是高抬我了。我和王先生、吕先生同台讲课。

张：从这件事可以看出学术前辈培养后进的良苦用心。

苏：1985年中国人民大学语言文字研究所编辑《大众实用语文丛书》，其中有一本《标点符号的应用》由我来编写。书稿写成后于1986年6月由中国物资出版社出版。

这时，语言学界的几位前辈提出一个建议，要组织力量对1951年出版总署公布的《标点符号用法》进行修订，国家语言文字工作委员会接受了这个意见，于是就组织了"修订《标点符号用法》课题组"，由语言文字应用研究所牵头，由北大和语言所等参加。我有幸被邀参与其事。课题组从1987年初开始工作，历时3年修订完毕，产生了1990年修订本《标点符号用法》，由新闻出版署和国家语委联合发布实施。这次修订总体看是成功的。例如：关于逗号的定义，1951年的《标点符号用法》是"逗号表示一句话中间的停顿"，1990年修订为"逗号表示句子内部的一般性停顿"，修订本显然比1951年本要好。这段时间我有机会就标点符号问题听取各方面的意见，我个人平时研究的一点心得，也被吸收到修订本《标点符号用法》里面去。由于1990年修订本《标点符号用法》的发布，引发了社会各界对标点符号的关心，社会科学出版社决定约我写一本讲标点符号的书。我根据参加《标点符号用法》修订时搜集到的问题和得到的认识，写了一本《标点符号实用手册》，有10万字，1994年出版。后来我对这本书做了修订，1999年1月语文出版社出版了修订本。

1990年修订本《标点符号用法》发布后，社会反应很好，没有发现大的疏漏。国家技术监督局决定把这项部委级的规范上升为国家标准，对规范文本要做一点调整，这个工作就由语言文字应用研究所承担。1995年12月13日，国家技术监督局批准发布国标本《标点符号用法》。国标本对1990年本的修改主要在连接号上。1990年本对连接号只提出两种形式，就是一字线和浪纹，而国标本在这两种之外又增加了两种，就是二字线和半字线。另外表示意思的跃进，如“团结”“批评”“团结”三项之间要用什么标号，1990年本没有规定，国标本规定用一字线连接号。这两项改动在我看来都是不合适的，会给标点的使用带来混乱。我向主管方面说明我的看法，并且我写了一篇文章，题目是《破折号与连接号的分野》，发表在《语文建设》2000年第2期上。文章针对国标本《标点符号用法》存在的问题提出了两点意见：第一，二字线只能是破折号，不应该是连接号。第二，表示意思的跃进应该用二字线，不应该用一字线。我希望以后修订时能解决这个问题。我这样说，你可能感觉不到问题有多么严重。

张：是的。

苏：从标点符号的研究说，这就是个大问题。如果不解决我简直是寝食难安，这也是职业病吧。

张：修订了没有？

苏：没有机会，国家标准的修订有特定的程序。

安徽大学的袁晖先生主编了两本与标点符号有关的著作。一本是《标点符号词典》，山西人民出版社1994年出版，2000年出版修订本。另一本是《汉语标点符号流变史》，湖北教育出版社2002年出版。在这两本著作中对我的标点符号研究都做了比较详细的介绍。从 1974 年到现在，我和标点符号打交道已经 30 年。在汉语标点符号的研究中，我能够留下一点点痕迹，已经很满足了。

张：下面请您说一说现代汉字的研究。

苏：传统汉字学主要研究两方面的问题：一方面是汉字构造的理论，也就是六书理论；另一方面就是汉字形体的演变，从甲骨文研究到楷书简化字。这些问题当然需要研究，可是对现实的汉字问题却很少关注。例如：白话文的出版印刷要用多少字？都是哪些字？每个字包含的笔画有多少？每种笔画数的拥字量是多少？如何分析楷书简化字字形？中文信息处理要用多少字？采用什么办法使汉字进入计算机最为合理？等等。信息化时代对汉字研究提出了新的要求，不但研究手段要更新，而且许多基本观念也要更新。现代汉字研究逐渐引起人们的注意。再从教学说，高等学校的现代汉语课的文字部分需要改进。为什么这样说呢？现代汉语课的语音、词汇、语法，讲的都是现代的，可是文字却从甲骨文讲起，还要讲六书，基本是古代的，与整个课程不谐调。

查一查语言学文献，“现代汉字”这个术语早在 1952 年就出现了，那一年 8 月号的《中国语文》杂志发表了丁西林先生的论文《现代汉字及其改革的途径》。可是在随后的很长时间里，现代汉字的研究并没有得到发展。改革开放和中文信息处理这两股大潮使得现代汉字学脱颖而出。1980 年周有光先生发表了《现代汉字学发凡》，明确提出了建立现代汉字学的主张，并且从字量、字序、字形、字音、字义和汉字教学法六个方面勾画了现代汉字学的轮廓。上海的高家莺先生和范可育先生闻风而动，在华东师范大学首先开设了“现代汉字学”这门课，而且编出了教材。1993 年 4 月，北京的高等教育出版社出版了高家莺、范可育、费锦昌 3 位先生合著的《现代汉字学》。在中国汉字研究有 2000 多年的历史，而“现代汉字学”第一次进了高等学府。

张：您是什么时候在北大讲这门课？

苏：1988 年的秋季，也就是我到北大后的半年。我为本科生讲授现代汉字学这门课，编写了讲义。后来对讲义做了修改补充，成为《现代汉字学纲要》这本教材，1994 年 10 月由北大出版社出版。

张：您是不是还写过一本《二十世纪的现代汉字研究》？

苏：是的。1995 年 12 月，在北京香山举行全国语言文字应用学术研讨会期间，袁晖先生找到我，告诉我山西书海出版社准备出版一套“二十世纪中国语言学丛书”，其中有一本是讲现代汉字的，要我来承担。我接受了袁晖先生的建议，答应编写这本书。1996 年我以“二十世纪的现代汉字研究”为题申请国家九五社科基金的支持，得到了批准，批准号是 96BYY013。到 2001 年，我完成书稿的写作，并且通过了审定。2001 年 8 月书海出版社出版了《二十世纪的现代汉字研究》这本书。

张：您是不是还在中央电大讲过这门课？

苏：是的。2001 年北大中文系与中央广播电视大学合作，举办中文专业专升本的学历教育。按照教学计划开设了“现代汉字学”这门课程，由我担任主讲。电大的学员很多，第一届就有一万人，而且分布在全国。为了在电大上课，我把 1994 年出版的《现代汉字学纲要》做了修改补充，2001 年由北京大学出版社出版了“增订本”。为了配合教学，我还编了一本《现代汉字学参考资料》，北京大学出版社 2001 年出版。另外北京电大邀请我去专门给北京的学员开小灶，我去讲了 18 讲。课程的录像每个学期都在播出，在北京电视台第三套教育台。我这样做就是要把现代汉字学推向社会。

张：在现代汉字研究方面，您都做了哪些工作？

苏：概括起来说有十个方面。第一是对汉字性质的研究。这是汉字研究的基本理论，这个问题如果解决不好，汉字研究的许多问题都要受影响。在中国关于汉字的性质有许多种理论，众说纷纭，莫衷一是。我学习了赵元任先生、吕叔湘先生的论述，采取了他们提出来的汉字是语素文字的理论。这种理论认为确定一种文字的性质，要看这种文字的基本单位记录的是什么样的语言单位。汉字的基本单位是一个个的方块，它记录的是汉语里的一个个语素，所以我们说汉字是语素文字。我认为这种理论比较符合汉字的实际，能够比较圆满地解释汉字研究中所遇到的主要问题。在研究汉字的学者中，有一种比较流行的说法，就是：拼音文字记录的是汉语的语音，汉字记录的是汉语的意义，所以汉字是表意文字。以前我编教材也曾采用过这种说法，后来我放弃了。这种说法的主要困难是，语言是音义结合体，它的语音外壳可以独立，可以作为文字记录的对象，而语言并没有一个脱离语音物质外壳的语义系统摆在那里，等着文字符号去记录。赵元任先生早就说过，汉字跟世界多数其他文字的不同，不是标义标音的不同，乃是所标的语言单位的尺寸不同。（见赵元任著《语言问题》第 144 页，商务印书馆 1980 年版）赵先生的这个意见值得重视。

张：您的意见在哪里发表？

苏：在《二十世纪的现代汉字研究》的第一章，请大家指正。

第二是部件拆分的研究。部件是现代汉字字形分析的关键层次，研究现代汉字字形必须对部件有个科学的看法。我曾经参加国家语委提出的汉字部件规范标准的制定，制定那个规范主要是为了规范风行一时的各种部件编码设计。要对 GB 13000.1 字符集所收的 20 902 个汉字里的合体字进行拆分，然后归纳出部件规范。照我看来，汉字的字形结构既有有序性又有无序性，在拆分时要想找出简明的规律，只能从纯形式入手。我发表过几篇文章，提出个操作程序。有一篇是《现代汉字的部件切分》，发表在《语言文字应用》1995 年第 3 期上。实践说明，我的办法并不能完全解决问题，还需要继续探讨。

张：部件规范是不是发表了？

苏：发表了，那是北师大王宁老师牵头做的。我后来奉派到韩国教书，就没有再参加研究。

张：您要说的第三个方面是什么？

苏：第三是构字法的研究。传统的构字法就是六书理论，用六书理论分析现代汉字有许多困难。我说的构字法，在高家莺老师他们写的《现代汉字学》里叫造字法，他们把传统字的造字法、新造字的造字法和简化字的造字法分开来研究。我采用裘锡圭老师的字符理论，把汉字字符分为意符、音符、记号三种，三种字符配合得出六种构字类型，就是：会意字、形声字、半意符半记号字、半音符半记号字、独体记号字与合体记号字。为了便于向学生解释，我就把它叫新六书。后来看到北京语言大学郝恩美先生的论文，和上海钱乃荣先生主编的《现代汉语》教材，里面有类似的讲法，我受到了鼓舞，增强了信心。

第四是汉字的理据性和理据度的研究。任何一种实际使用的文字都要有不同的理据性，完全没有理据性的文字不能投入使用，不过汉字的理据性和拼音文字的理据性不完全相同。根据字符理论，意符、音符和整字的字义、字音有联系，是有理据的；记号和整字的字义、字音没有联系，是没有理据的。为了把汉字的理据性量化，我提出了理据度的概念，并且设计了理据度的计算公式。

第五是简化字的研究。改革开放以来出现反对简化字的思潮，代表的论点就是所谓的"识繁写简"，具体说就是繁体字用于出版印刷，简化字只能用于手写。这种"理论"实际是否定新中国推行的汉字简化，把我们的文字生活倒退回汉字简化以前的状况去。这种"理论"违背汉字发展的总趋势，也违背国家的汉字政策。我写了几篇文章批评这种"理论"，坚持汉字的简化方向。例如袁晓园在 1992 年 4 月 8 日的《团结报》发表《要积极发挥繁体字的积极作用》，我针对她提出的观点，在同年 6 月 20 日的《团结报》发表《坚持推行简化字》。我还写过文章批评台湾的龚鹏程对简化字的攻击，题目是《就汉字简化问题和台湾学者商榷》，发表在《语文建设》1991 年第 3 期。汉字简化是个十分复杂的问题，需要不断地研究。2002 年我参加简化字问题学术讨论会，写了一篇《重新审视简化字》，发表在《北京大学学报》2003 年第 1 期上，《新华文摘》做了转摘，社会上读到的人多一点。有一位叫毕可生的先生，曾经在《汉字文化》写文章反对简化字很厉害。他写信给我，表示基本同意我的看法。

第六是汉字规范化的研究。实现语言文字规范化，是新时期语言文字工作的重要任务，现代汉字研究要为实现这个任务服务。在这方面我做过一点探讨，发表过《汉字字形规范的理论和实践》(《语言文字应用》1992 年第 2 期)、《汉字字形的规范和汉字词写法的统一》(《中国文字研究》第二辑，广西教育出版社 2001 年版）等文章。同时，我也对具体字的规范做过思考。例如，对"账"和"帐"的分析，我用事实说明新中国建立以来"账"字的规范字身份始终没有改变，《现代汉语词典》一度把"账"作为"帐"的异体字处理与国家规范不一致。《现代汉语通用字笔顺规范》对"廷"类字字形做了改动，把“壬”改为下面的一横长，我认为这种改动有害无益。我还写文章建议把“身份证”的“份”的单人旁去掉，改用“分”。这个意见得到教育部和国家语委的支持，但是最终没有被《身份证法》所接受。为了贯彻《国家通用语言文字法》，2001年年初《语文建设》编辑部举行了一次座谈会，我在会上发言建议研制《规范汉字表》，后来写成了文章题目叫《要有一张〈规范汉字表〉》，发表在2001年第3期的《语文建设》上。后来国家语委决定组织课题组研制《规范汉字表》。我比较关心这个课题，也参加了一些讨论。针对研制中提出的一些问题，我写了《〈规范汉字表〉的研制》，发表在《语言文字应用》2004年第4期上。

第七是关于汉字的评价。这是汉字研究，也是国家制定文字政策时必须面对的问题。2001年为了纪念张志公先生，我把张先生有关汉字评价的论述做了研究，提出对汉字的评价要坚持志公先生提倡的两点论，反对片面性。我写了一篇文章叫《科学地看待汉字》，发表在《中国教育报》1999年5月25日上，后来收到人民教育出版社2001年出版的《纪念张志公学术文集》里面。文章发表后受到温州潘德孚的攻击，潘的文章叫《〈科学地看待汉字〉读后感》，发表在《汉字文化》1999年第4期。我认为没有必要回答他的攻击，可是上海外国语大学的戚雨村教授和北师大伍铁平教授路见不平，他们写文章批评了潘德孚。戚雨村教授用雨立的笔名写了篇文章题目是《是缺乏常识，还是哗众取宠》，发表在《中国教育报》2000年3月7日上。伍铁平教授写了文章，题目是《伪科学必须反，真权威不可无》，发表在《东方》月刊2000年12期上。通过这件事我感觉到有必要写文章讨论一下汉字的评价，于是我对近百年来汉字评价的发展历程做了初步整理，写了一篇《汉字百年浮沉录》，发表在台湾出版的《古今艺文》上。这篇文章实际是个提纲，将来有机会我可以用这个题目写一本书。

第八是关于汉字前途的研究。关于汉字的前途，“五四”以来有人主张把汉字改为拼音文字。汉语拼音化问题，不论是社会民众还是专家学者都有不同的看法。到底应该怎么看待这个问题，无论是科研还是教学都是无法回避的。这个问题很大，要做专门研究，我没有能力解决这个问题，只能一点一滴地摸索。我接受双文制的主张，就是坚持使用汉字，但同时在汉字不便使用或不能使用的地方使用汉语拼音。1999 年 6 月在清华大学举办的一次学术研讨会上，我提交的论文是《双文制：面向 21 世纪的中国文字策略》。这篇文章后来发表在《汉字的应用与传播》论文集，华语教学出版社 2000 年版。我的朋友美国宾州大学的梅维恒教授（Dr. Victor H. Mair）看到这篇文章，他请美国芝加哥大学的罗圣豪教授（Dr. John S. Rohsenow）译成英文，推荐给 *International Journal of the Sociology of Language*，发表在该刊的第 150 期上。

第九是参与汉字问题的学术争论。改革开放以来汉字研究十分活跃，学术争论始终不断，有时十分激烈也十分困难。近 20 年来最大的争论是与以《汉字文化》为代表的“汉字优越论”的论争。我写过《〈论汉语汉字的科学性〉剖析》（发表在《科学地评价汉语汉字》），比较全面地批评了袁晓园、徐德江宣传的一系列错误观点。另外，汉字的识字教学也是争论很多的领域，2003 年参加一个“字理识字法”教学研讨会，针对会上有人宣传的任意曲解汉字的识字法，我提出了反对意见。我的发言以《识字教学不要勉强谈字理》为题，发表在 2004 年 4 月 3 日的《中国教育报》上。

第十是我编了有关现代汉字的 4 本书，就是《现代汉字学纲要》《现代汉字学参考资料》《二十世纪的现代汉字研究》《一门新学科——现代汉字学》。其中印数较多、社会影响较大的是《现代汉字学纲要》。

张：您在现代汉字方面做了大量的工作，也产生了比较大的影响。

苏：只能说多少有一点影响。我写的有关现代汉字研究的文章，被选入一些选本。邵敬敏教授为了配合他主编的《现代汉语通论》，另编了一本《现代汉语通论参考文献精选》（上海教育出版社 2002 年版），其中选了我写的《简化字与繁体字的转换》。语文教育家顾黄初、李杏保先生主编的《二十世纪后期中国语文教学论集》（四川教育出版社 2001 年版），在语文教学领域颇有点影响，其中选了我写的《汉字研究和汉字教学》。以张志公先生的名义编写的《语文》课本（北京大学出版社 2001 年版），在第一册的附录里选了我写的《现代汉字的字形》和《现代汉字的构字法》。庄文中、张翼健先生主编的《高中现代文课外阅读》（吉林人民出版社 2000 年版），从我的《现代汉字学纲要》里选了《汉字和信息处理》。马来西亚一本华文教材里选了我的《现代汉字的字形分析》，我的一位朋友去马来西亚做学术交流，在那里看到的，他给我复印了回来。最近韩国延世大学的李圭甲教授和我联系，他正在把我的《现代汉字学纲要》翻译为韩文，准备在韩国出版。

上面说的是在现代汉字方面，我做的一点工作。我个人的水平和能力都很有限，我的研究还有许多不足。从涉及的范围说，至少还缺少汉字心理学的研究和识字教学研究这两个部分。从研究的内容说，深度还很不够。多是汇集别人的成说，缺少个人的研究。2004 年云南的潘钧先生送我一本他的专著《现代汉字问题研究》（云南大学出版社 2004 年出版），这是一本比较深入的专题研究，很有参考价值。另外，我编的教材有的术语艰涩难懂，例如汉字构字法和汉字构形法，这两个名词难以分辨。关于“熵和多余度”的一章，是从信息论的角度讲汉字的，有几个学校用我的教材，讲到这一章时都跳过去了。

张：您对现代汉字学发展的前景怎么估计？

苏：从《现代汉字学发凡》发表到现在还只有 25 年，这门分支学科的发展速度应该说不算很慢，它已经逐步为学术界和社会所了解和接受。社会生活提出了研究现代汉字的需要，它就有生存发展的可能，是不是真的得到发展，就要看有没有扎实的研究成果。目前已有的成果是初步的，是不成熟的，今后要从深度与广度两个方面努力。

张：下面我们来谈谈中国语文现代化问题，好吗？

苏：下面我简单谈谈中国语文现代化方面的问题。关于中国的语文改革，到现在有三个叫法。“五四”以来直到“文革”前叫文字改革。文字改革其实包含着语言改革，例如推广普通话就是语言应用的改革。“文革”结束后，语文政策有调整，再叫文字改革容易引起误解，周有光先生、倪海曙先生就提倡叫语文现代化。1980 年开始，倪海曙先生主持编辑出版《语文现代化》丛刊，十年间出版了十本书，发表了许多重要文章，产生了很大的影响。可是有人不喜欢“语文现代化”这个提法，从国外引进了 language planning，翻译为“语言计划”或“语文规范”，用来代替“语文现代化”。我觉得刻意回避“语文现代化”没有必要，“语文现代化”不是什么异端邪说，同样具有国际性，为什么要回避呢？“语言计划”这个术语也可以用，也没有什么错，可是不如“语文现代化”容易被广大民众理解。语文工作是群众性极强的工作，所用的名词术语要便于群众理解。从这个角度说，“语言计划”就不如“语文现代化”。

张：社会上有的人认为语文现代化就是废除汉字，就是搞极左，您怎么看？

苏：这在很大的程度上是误解。一百多年的中国语文现代化，周有光先生概括为四个方面，就是：语言的共同化，文体的口语化，汉字的简易化和表音的字母化。20 世纪 50 年代提出的文字改革三项任务：简化汉字、推广普通话、制定并且推行《汉语拼音方案》，这就是语文现代化，有什么极左？《国家通用语言文字法》提出的推广普通话，推行规范汉字，充分发挥汉语拼音的作用，这也就是语文现代化，有什么极左？

张：您在语文现代化方面做了哪些事情？

苏：首先是学习并且宣传周有光先生的学术思想。周先生是中国语文现代化理论的奠基人。没有周先生的理论指导，很难做好中国语文现代化的工作。例如“文革”后，电脑在中国刚刚出现，五笔字型风行一时，许多人热心编码输入，而周先生研究了在日本是如何让汉字输入电脑的，大力提倡拼音输入、电脑自动转换为汉字的拼音转换法。事实证明周先生的意见完全正确，到今天绝大多数知识分子用电脑写文章，使用的都是拼音转换法。为了宣传周先生的学术思想，我协助周先生编辑出版了《周有光语文论集》（上海文化出版社 2002 年版）和《周有光语言学论文集》（商务印书馆 2005 年版），写了几篇学习周先生论著的体会的文章。我是周先生的学生，很愿意为老师做点事情。其次，我写了几篇文章，回答某些人对语文现代化的攻击。例如我写了《语文现代化运动的成果不容否定》（《语文建设》1993 年第 4 期），批评了否定语文现代化运动，特别是否定新中国成立以来文字改革成果的错误观点。昨天我收到青岛陈晓明先生送我的新著《21 世纪汉字改革问题的探讨》（中国海洋大学出版社 2005 年版），在《参考文献》里就列入我的这篇文章。又如 2002 年我写了《评〈汉字改革的屡战屡败论〉》，批评了有人宣传的“汉字改革屡战屡败”论。“汉字改革屡战屡败论”不符合事实，对语文工作十分有害，必须加以澄清。第三方面是编辑出版有关语文现代化的论文集。中国语文现代化学会成立十年来，经过很多人的共同努力一共编辑出版了十本论文集，我参与了其中的九本。你知道这是很不容易的一件事！

张：因为学术论文集发行数量有限，出版社赚不到钱。

苏：质量高的文章也难找。

张：下面再请您谈谈辞书的编纂。

苏：好的。我曾经编写并出版了几本辞书，目前手边还正在编一本辞书，另外还写了几篇有关辞书研究的文章。到目前为止，我出版的辞书有三种，第一种是《汉字简化字与繁体字对照字典》，1992 年中信出版社出版，后来香港海峰出版社、台湾珠海出版有限公司和新加坡的智力出版社也都出版了这本字典。前两年我对这本书加以修订，改名为《繁简体汉字对照字典》，不久将由语文出版社出版。第二种是与曹先擢先生共同主编的《汉字形义分析字典》，参加工作的一共有十个人，1989 年开始编写到 1999 年由北京大学出版社出版，断断续续前后做了十年。这本字典收 7 000 个通用汉字，联系字的本义分析每个字的字形，然后再探寻字义的引申和假借。出版后听到的反应还好，不过销路不算好，有点高不成低不就。第三种是我主编的《错别字辨析字典》，2000 年由中信出版社出版。这本字典在注音释义之外，另设"辨析"栏，对字头字在使用中容易遇到的问题加以辨析，也可以算是字典的新的类型。前两年对它做了修订，改名为《现代汉语辨析字典》，上海辞书出版社 2005 年出版。目前正在做的是《新华多功能字典》，商务印书馆辞书研究中心策划，由曹先擢先生和我共同主编。我把这几年有关编写汉字字典的一些想法都放了进去，不知道效果如何。2005 年下半年可以出版。

我发表了几篇有关辞书的论文，有的是对规范型辞书的特点的讨论，有的是探索辞书的编写如何与时俱进。具体的内容就不说了。这里我还想就李行健先生主编的《现代汉语规范词典》说几句话。这本词典出版后我得到了赠书，我对它寄予厚望，就忙着翻看，结果发现了不少的差错。一本辞书要想一点差错都没有，是很难做到的，但是差错不能太多，还要看差错的性质，而这本词典的许多差错带有根本的性质。例如"华北"这一条，《现代汉语词典》的释义是“指我国北部河北、山西、北京市、天津市一带地区”，讲的大体不错，不过应该补上内蒙古，再看《现代汉语规范词典》的释义：“指我国北部地区，一般包括北京、天津、河北、山西、内蒙古等地。”把“我国北部地区”都归入华北，那么东北、西北叫什么？我们常说的“三北”岂不变成了“一北”？再看“巨无霸”条，《辞源》的注释是：“汉王莽时人。传说长一丈，大十围，轺车不能载，三马不能胜。”《现代汉语规范词典》的注释是：“卡通片《变形金刚》中神通广大的巨人。”把国产的巨人变成了西洋的舶来品，还讲什么“规范”。质量不好，可是却开足了马力宣传，脱离实际，夸大其词。这是很不好的作风。我应《中国语文》编辑部的约稿，写了篇《读〈现代汉语规范词典〉》，发表在《中国语文》2004 年第 4 期上。在文章中我分类举出了 30 多个例子，说明这部词典有比较严重的差错，同时说明炒作给社会带来的严重危害。我不知道这篇文章你看过没有。

张：上面分别谈了您从事学术研究的四个方面，听说您对语文教学还做过许多工作。

苏：写过几篇文章，参与过两套中学语文教材的编写，但是没有认真的研究。语文教学问题十分重要，也十分复杂，我没有深入调查研究，我也不敢轻易发表意见。

张：今后您还打算研究点什么问题？

苏：我和曹先擢先生共同主编的《新华多功能字典》，估计要到 5 月份才能脱手。感谢商务印书馆提供了平台，他们投入很多，没有出版社的支持，这部字典也编不出来。这是个集体项目，我只做了自己能做的一小部分工作。我手边还有国家语委的一个科研项目《中国语言规范的历时研究(1949 以后)》，是我和山东曲阜师范大学文学院的几位老师合作的。他们已经做得差不多了，今年下半年我要集中精力来定稿结项。再以后就看身体状况了，是不是还能做点什么。科研的题目有的是，就怕我没有能力。如果做，不去追求数量，而是要努力提高学术水平。

张：这几十年您大约发表了多少论著？

苏：根据我自己的统计，从 1974 年出版《怎样使用标点符号》算起，到现在有 30 年了。这 30 年间，我在各种报刊上发表的长短文章 共是 310

篇。就长度说，其中有2/5是短文章，另有2/5多一点是中文章，不到1/5是长文章。这只是说数量，论质量真正有点意思的并不多。前两年，我曾经把我发表过的文章加以筛选整理，把大体还有点内容的编成两本书。一本是语文短论，我起名叫《关注社会语文生活》，2003年由上海辞书出版社出版。另一本是学术论文，起名叫《语言文字应用探索》，2004年由商务印书馆出版。初步沉淀下来，只剩这么一点点。成本的书，如果修订重排不单独计算的话有17种。我自己编辑的和与别人共同编辑的论文集有12种。集体编写的书，里面有我的文章的有17种。这是我个人写作的粗略小结，并不十分精确。我是教员，在退休以前我的首要任务是上课。到北大的十多年，差不多每年都上课，有时还要准备新课。只在课余时间才能写点文章。

回顾我走过的道路，我十分感谢我的师长、前辈和各位朋友对我的教育、帮助和鼓励，十分感谢发表过我的文章的各编辑出版单位的朋友，也十分感谢读过我的文章和听过我的课的读者和学生。

张：您在过去的几十年，有什么高兴的事和遗憾的事？

苏：我对汉语语言学的喜爱是一贯的，没有想过改行干别的，事实是别的行当我也干不了，想改行也无行可改。再者，我自认为也还勤奋，经常考虑的也就是上面说的这点事。这也是因为我的生活本来就单调，也没有别的事可以干。要说高兴的事也有，比如，讲一堂课，课堂气氛活跃，学生表示满意，我就高兴。出版一本书，那是自己的孩子，当然也喜欢。和朋友聊天，使我获得许多新知，也很高兴。遗憾的事很多。比如我读书的时候赶上个特殊的年代，政治运动和劳动占去了耗去了许多时间，人际关系上也带来一些麻烦。参加工作以后，命运不能由自己掌握，工作条件不理想，研究条件就更不好谈。1988年我回到了北大，条件逐渐有改善，可我已经是50多岁的人，最适合出成果的时候已经过去。我希望别人平等待我，我相信自己是平等待人。有的人居高临下，我也只能敬而远之了。

我的知识结构不好。知识基础打得不牢，外语不过关，知识更新也很慢。年纪大了，也不可能读研究生。自从参加工作到现在，我不断地补课，努力在追赶，结果是费力多而收效少。有人说勤能补拙，勤当然比不勤要好，但是有许多东西靠勤是补不回来的。从事研究还需要别的条件，至少研究者要有点灵气，而我缺乏这种灵气。现在已经到了 70 岁，一切都将过去，还有什么可以说的呢？

张：苏老师，您觉得作为一位语言学家最应该具有的学术修养是什么呢？

苏：我个人够不上语言学家，我就是个教员……

张：或者说是位语言文字工作者吧。

苏：嗯，语言文字工作者吧！需要什么修养呢？这个问题我没有资格谈，也谈不出什么东西来。我觉得还是要有比较宽厚的基础知识，传统语言学要知道一点，国外的东西也要知道一点，当然知道得越多越好。可是如果不可能呢？至少要有最低限度的了解。要能使用外语，至少是阅读。从事语言学研究，也应该懂点儿数学什么的。当然像我这样的人已经没有办法弥补了，不懂的东西真是太多了。这几年编字典碰的钉子太多了。

张：除了宽厚的基本功以外，还应该有哪些呢？

苏：还应该关注社会语文生活，社会语文生活就是社会语文应用。你的研究目的，直接也好，间接也好，总要应用于社会。许多语文问题就在我们身边，不愁"英雄无用武之地"。理论再好，与实际隔得太远，有时也难以发挥作用。我绝对没有轻视理论研究的意思。

前辈学者是我学习的榜样，他们身上有许多宝贵的东西永远值得我学习。比如前两年高考有一个南京考生写了《白马之死》得了满分，于是社会有人提倡中学生写文言文。怎么看待这种现象？《光明日报》要组织笔谈，找到了我和周有光先生。我在家里写这稿子，下了很大的功夫可就是写不好，可是一看周先生，那确实比我强。他的文章很简短，头一句话是："做现代人，写现代文，创造现代文化。现代学生写文言文是时代的错位。"

张：言简意赅。

苏：一下子就抓住了关键，确实水平高。

张：苏老师，您对我采用口述历史的方法去研究语言学家的学术历史是怎么看的？

苏：我觉得这很有意义，你也花费了很多时间和心血，祝你成功。至于具体怎么做才好，我不知道，我没有这方面的知识积累，我也不知道国外是怎么做的。

张：您说从我的研究角度怎样去避免主观性呢？

苏：一是要尊重历史，一是要尊重人的个性。一个学者也不会十全十美。哪有十全十美的人，天下的学问都让他做完了？大学问家当然贡献大，一般人做点小事儿也不错了。我想你是要从这些访谈里边归纳出点儿理论来，你要上升到理论高度，不然怎么叫博士论文呢。（笑）

张：（笑）是的。谢谢苏老师！

（张宜著《历史的旁白——中国当代语言学家口述实录》，高等教育出版社 2012 年版）

今年是国语运动一百周年吗?

不久前我从书店买到了商务印书馆 2011 年 5 月出版的黎锦熙先生的名著《国语运动史纲》。该书的《编辑后记》里说:“适逢国语运动百年,本次以简体横排的形式重新出版。”这引起了我的思考:今年是国语运动一百周年吗?

在中国现代语文改革史上,国语运动有广义和狭义两种理解。按照广义的理解,国语运动就是中国语文改革运动。五四时代的语言学家一般持有这种看法,黎锦熙先生的《国语运动史纲》可以作为代表。黎先生在该书里说:“商务印书馆开幕的那一年(清光绪二十三年,丁酉,公历 1897),可以说,正是中国‘国语运动’开始的那一年。”到 1934 年为止,运动的内容包括切音运动、简字运动、注音字母与新文学联合运动、国语罗马字与注音符号推进运动。改革开放以来,我们对广义国语运动的研究取得了新的成果。目前学界比较一致的意见是:中国语文改革开始于 1892 年福建同安人卢戆章出版《一目了然初阶》(中国切音新字厦腔);中国语文改革的内容主要包括语言的共同化、文体的口语化、文字的简易化、表音的字母化。1991 年,也就是《一目了然初阶》出版 100 年的前夕,胡瑞昌、李大魁等五位热心语文现代化的专家联名发出《纪念语文现代化运动 100 周年倡议书》,倡议得到国家语委的支持和不少语文专家的响应。1992 年在北京、哈尔滨等地举行了规模不等的纪念活动。如果从黎锦熙先生主张的1897年算起，今年是国语运动115周年；如果从1892年算起，今年是国语运动的120周年。

狭义的国语运动就是推广汉民族共同语的运动，自20世纪50年代起改为推广普通话运动。狭义的国语运动的兴起要追溯到吴汝纶对日本的访问。吴汝纶是清末桐城派古文的名家，时任北京大学的总教习。1902年他到日本考察学制，在日本会见了日本主管教育的官员伊泽修二，伊则修二向他明确提出应该推行国语的忠告。伊泽说："欲养成国民爱国心，须有以统一之。统一维何？语言是也。语言之不一，公同之不便，团体之多碍。种种为害，不可悉数。察贵国近日之时势，统一语言尤其亟亟者。"吴汝纶看到日本推行国语取得的成绩深受感动，回国后写信给清政府管学大臣张百熙，建议在学校教学王照的官话合声字母，推行以京话为标准的国语，实现国语统一。1911年6月，清政府学部举行中央教育会议，议决了《统一国语办法案》，提出了推行国语的五项办法。这些办法还没有来得及施行，武昌起义爆发，清王朝旋即覆灭。1912年7月10日民国政府教育部召开临时教育会议，决定实施国语教育。1913年2月15日，教育部在北京召开读音统一会，审定国音、制定国音字母。通过上面的叙述，我们大体了解有关狭义国语运动的早期情况。1911年不能作为国语运动的开始年自不待言，1912年作为国语运动的开始年分量不够也显而易见，狭义国语运动从哪一年开始还要认真研究。说今年是国语运动一百周年没有什么根据。

（《语言文字报》2011年9月28日）

网络语言的特点及其局限

本文所说的“网络语言”指的是生活在城市里的一部分青少年网民在网络交际中使用的语言，它与一般社会交际所用的全民语言有所不同。网络语言主要在网民中流行，使用网络语言的虽然只占网民中的一小部分，但是网络语言的影响却不可忽视。当前，如何对待网络语言已经成为社会语文生活中的热点。

网络语言是全民语言的社会变体，它有三个特点。第一，它的交际方式是通过电脑和网络来进行的，使用十分方便，传播十分快捷。如果没有电脑和网络，网络语言很难在其他形式的媒体上生存。第二，使用网络语言的网民，主要是有一定文化知识的青少年。他们是网络高手，有的人上网成瘾，一会儿不上网仿佛天要塌下来似的。他们思想活跃，富有激情，崇尚个性，追求创新；他们不满足用规范的语言来表达自己的看法，而是要别出心裁，独树一帜。第三，网络语言这个叫法并不确切。语言的组成有三个要素，就是语音、词汇和语法，网络语言并没有自己的语音和语法，它与全民语言的主要不同只在一部分词汇和语体。从严格的意义上说，它够不上语言。在本文里我们也把它叫作网络语言，只是采取社会流行的说法。

网络语言的最大局限就是缺乏规范性。语言文字作为最重要的社会交际工具，必须有全社会统一和明确的规范，交际各方在使用语言进行交际时必须遵守这个规范。如果没有这种规范，或者虽有规范但是交际各方各行其是，交际就无法顺利进行，社会生产和社会生活也就会受到破坏，后果非常严重。衡量语言文字是否合乎规范有三条标准，就是看是否具有必要性、明确性和普遍性。用“三性”来衡量网络语言，它是不怎么合格的。把“妹妹”说成“mm”，把“气死我了”说成“7456”，把“网络高手”说成“大虾”，把“网络新手”说成“菜鸟”，没有必要。许多网络词汇的构成十分随意，没有规律，表达的意思也不够明确。把“这样子”说成“酱紫”，把“东西”说成“东东”，只会造成混乱。从表面看网络语言似乎影响很大，其实使用者不多，普遍性不够。在社会交际中，“偶”无法代替“我”，“杯具”无法代替“悲剧”，“围脖”无法代替“微博”。许多一时走红的网络词语转瞬即逝，没有长久的生命力。

缺少规范性使网络语言只能在小圈子里活跃，只能在虚拟空间生存，很难进入全民语言。个别词语也许有机会能够进入全民语言，如“给力”，但是多数词语只是匆匆的过客。网络词语具有的戏谑和调侃色彩，使得它们的使用范围大受限制，不能用在严肃的和比较重要的交际领域。有人把淘宝体里的“亲”用在招聘微博里引来大量网友的围观，有的网友称赞它“好有创意”。可是把这个“亲”用在公安部门的追逃公告里立即就受到批评，它的戏谑性破坏了公文的严肃性。网络语体一般是在特定环境和特定群体中流行，而它的快速传播加剧它的新鲜感和生命力的磨蚀，最终也会像“浮云”一样消失。

推行语言文字规范化是国家重要的语文政策，是使语言交际顺利进行的基本条件。既然网络语言的最大局限是缺少规范性，这就使它很难得到国家的支持。最近一个时期网络语言的滥用引起了社会的关注，文化界教育界的有识之士呼吁加强对网络语言的管理，主张那些不具备“三性”的网络语言不要进入语文工具书，不要进入语文教材，不要进入高考作文。政府主管语言文字工作的部门出台一些规定，对网络语言的使用做出限制也是必要的。对于那些沉迷网络语言的青少年网民要加强引导，要告诉他们必须切实学好普通话和规范汉字，必须努力提高自己的语文素质和应用能力。如果他们只会使用网络语言，而不会使用普通话和规范汉字，他们就会成为语文的“残疾人”，在社会生活里找不到立足之地。

（《光明日报》2012 年 1 月 17 日）

网络语言的规范化问题

一、网络和语言

（一）互联网即国际互联网（Internet），诞生于20世纪70年代。1991年万维网正式向世人公布。今天，互联网正在全球以前所未有的速度向人类生活的各个角落扩展。专家认为，下一代互联网的应用和普及就像火的使用一样，会让世界发生质的变化。互联网和人类的语文生活密切相关，它从多个方面影响社会语文生活的发展。

我国第一次通过计算机和网络与国外通信是在1983年，那是中国科学院高能物理研究所通过商用电话线与欧洲核子研究组织（CERN）建立了电子通信连接，实现了两个节点间电子函件的传输。在这以后不久有了中国学术网络、中国科研网、中科院网等，网上用户迅速增加。1997年10月第一次调查的结果是62万人。到2002年6月30日，增加到4 580万人，是1997年的74倍。仅次于美国和日本，居世界第三位。到2010年6月底，中国网民人数达4.85亿，互联网普及率36.2%，居世界首位。互联网在中国的发展，催生了网络语言、网络文学、网络文化、网络教育、网络营销等。本文只谈网络语言。

（二）网络语言。“网络语言”主要是指一部分城市青少年网民在网络交际中使用的语言，它与一般社会交际所用的语言有所不同。网络语言主要在网民中流行，使用网络语言的网民，只占网民中的一小部分。尽管如此，网络语言的影响不可忽视，因为它的影响已经从虚拟空间走向纸质媒体，已经从网民中走向社会。

“网络语言”有三个特点：第一，交际方式是通过电脑和网络进行，沟通的媒介是网络。如果没有电脑和网络，网络语言很难在其他形式的媒体上生存。第二，使用者主要是生活在城市里的一部分青少年。网民不限于青少年，但是网络语言的使用主要是青少年。这部分青少年思想活跃，热心网络技术，崇尚张扬个性，具有反传统的意识。这些青少年年纪大了以后，逐渐放弃网络语言。第三，网络语言是全民语言的社会变体，在语音和语法上与全民语言没有什么不同，而不同点主要是一般词汇和网络语体。网络词汇和网络语体很多带有戏谑、嘲讽的意味。

网络语言是新生的东西，它对传统语言是突破，也是冲击。它特有的那一套与传统语言不同的词汇和语体，深受青少年网民的喜爱，可是它又有那么多离经叛道的、不规范的东西，让人迷惘，不知所措。网络语言正在对汉语汉字的发展产生深刻的影响，其中既有积极的影响，也有消极的影响。对于这些影响，我们不能视而不见。

（三）语言文字的规范化。语言文字是社会交际工具，它是社会现象，不是个人现象。语言文字的规范化就是要确定并且推行语言文字的统一的标准，使得语言文字的交际能够顺利进行。语言文字的规范化是社会语文生活里的十分重要问题。如果没有起码的规范化，语言文字就无法使用，交际就无法进行。网络语言的规范化是信息网络时代社会语文生活里产生的新问题，我们必须认真研究，采取正确的对策。

二、网络词汇

（一）20世纪90年代后，汉语里出现了第一批网络词汇。这一批词汇的构成有多种方式。例如：

（1）简单的图形符号：“｜—P”表示捧腹大笑、“：—）”表示咧着嘴笑、“：—P”表示吐舌头。

(2) 数字谐音：748（去死吧）、886（拜拜了）、7456（气死我了）、9494（就是就是）、5871（我不介意）。

(3) 汉语拼音的缩写：MM（妹妹）、JJ（姐姐）、PF（佩服）、FB（腐败）、PMP（拍马屁）。

(4) 英文的缩写：TYVM（太感谢你了。Thank you very much 的简缩）、CUL（再见。See you later 的缩写）、KISS（不是吻，是简单一些，傻瓜。Keep it Simple，Stupid 的缩写）。

(5) 汉字谐音：偶（我）、酱紫（这样子）、果酱（过奖）、油墨（幽默）。

(6) 生造词语：养眼（好看）、伟哥（伟大的男人）、菜鸟（网络新手）、恐龙（丑女）、拍砖（论坛上的争论）、东东（东西）。

(7) 网上笔名，五花八门：游侠、剑客、笑傲江湖、云淡风轻、帅得发呆。

（二）这一批网络词汇，来也匆匆，去也匆匆，生命多很短暂，很少有进入全民语言的。最近十年来，新一波的网络词汇迅速发展起来。图形符号的已经少见，主要是用汉字构成的。例如：眼缘（初次见面时彼此被吸引的可能性）、杯具（悲剧）、给力（大力支持，带劲）、水军（被网络公司召集起来的、为他人发帖造势的人）、织围脖（写微博）、傍傍族（希望借助某些捷径来实现个人目标的人）、犀利哥、神马都是浮云、羡慕嫉妒恨等。

这些网络词汇还具有能产性，通过模仿可以派生出一系列词语。例如，由以“杯具”代替“悲剧”产生出以“洗具”代替“喜剧”，由“餐具”代替“惨剧”，以“茶具”代替“差距”。由模仿“羡慕嫉妒恨”产生出“空虚寂寞冷”“无聊寂寞闷”“神速麻利快”“忠厚老实憨”。

从对这先后两批网络词汇加以观察，可以发现网络词汇自身也在进行规范化。前期的图形符号、数字谐音等造词方式已经减少，主要采用汉字造词，而且后期还出现了网络语体。

（三）这些网络词汇产生后，很快就引起了争论，支持的和反对的都很强烈。从规范化的角度应该怎样看待这些词汇呢？语言是随着社会的发展而发展，语言的发展首先是一般词汇的发展。网络词汇可以看作是一般词汇，它的规范主要有三条标准，就是必要性、明确性和普遍性。

“必要性”就是要保留在交际中有必要的，舍弃那些不必要的。社会中出现了新事物新观念，语言中必须有相应的词汇来表示。如果没有就要尽快想出办法创造新词，否则不能满足社会交际的需要。此外，人们在语言运用中有求新的倾向，在社会发生激烈变动时，这种倾向有时变得十分强烈。满足求新倾向而产生新词语也是必然的。从必要性来看网络词汇，它张扬个性，带有戏谑、嘲讽的色彩，可以满足求新的欲望，具有一定的必要性，可是这些词汇在严肃的场合不能使用，甚至不能在纸质媒体上使用。有些词汇不具有必要性，例如把“气死我了”说成“7456”，把“妹妹”说成“mm”。

“明确性”就是要保留表达意思明确的，舍弃那些含糊不清，模棱两可，甚至有歧义的。把“丑女”说成“恐龙”，往往让人莫名其妙。“杯具”原指盛水的器具，因为与“悲剧”同音，在网上有人用来代替“悲剧”流行，用来表示失败感，或是委婉地表达对某人某事的不满。但是“杯具”和“悲剧”同音，口语里无法分辨，不够明确。“人生是一张茶几，上面摆满了杯具”，只是修辞手法的运用。另外，词汇是由语素构成的，而语素是音义结合体。新产生的词语和构成它的语素要有合乎逻辑的联系，符合汉语构词规律。把“我”说成“偶”，把“这样子”说成“酱紫”，看不出有什么构词理据。

“普遍性”就是要选择流通面广的，舍弃流通面窄的。流通面广就表示它已经被社会大众所接受。网络词汇的使用对象主要是一部分城市青少年，而不是多数成年网民，可见它的流通性不足。网络词汇很少能进入全民语言，始终在少数网民中生存。网民多是青少年，当他们成长为中老年，也会逐渐放弃这些词汇。

网络词汇的规范化要综合考虑以上三性做出取舍。从目前使用情况看，“给力”一词也许能够被社会接受。“给力”最早见于2010年11月10日的《人民日报》的标题：“江苏给力‘文化强省’”。很快就在网上得到传播。是动词，意思是“大力支持、发挥作用”。不久就有了用于形容词的用例。如：

“吃一个红辣椒问题不大，但你如果吃得太多到一定量的话，可能会有生命危险。这种化学物质很是给力，人们用它来作脱漆剂甚至警方用的胡椒喷雾。”意思是作用强大、效果明显。又如“今年，范冰冰在慈善公益方面也颇为给力”，意思是热心、尽力。

语言文字是交际工具，没有阶级性。不能用行政手段限制某种词汇的存在和发展，但是必须用规范的手段加以引导。对于那些不具备“三性”的网络词汇不要进入规范性的语文工具书，不要进入语文教材。高考作文对网络词语的使用做出一些限制也是必要的。对于那些沉迷网络词汇的青少年网民要加强引导，要告诉他们必须认真学好普通话和规范汉字。如果他们只会使用网络词汇，而不会使用普通话词汇，他们就会成为语言的“残疾人”，使得他们在社会生活里难于发挥作用。网络词汇能不能“转正”，成为全民词汇？我看很难。网络词汇的大多数只是在狭窄的范围内生存，往往是昙花一现，没有长久的生命力。另外还要看到网络词汇具有的戏谑和调侃，使得它们的使用范围大受限制。不能用在一些重要的交际领域，如果用于重要交际领域可能带来不良的后果。

三、网络语体

（一）近几年，网络语言里另一个值得注意的现象是网络语体的出现和传播，先后流行的有知音体、淘宝体、凡客体、咆哮体、纺纱体、羔羊体等。下面只对淘宝体、凡客体和咆哮体做简单的介绍：

（1）淘宝体最初见于淘宝网卖家对商品的描述。淘宝体后因其亲切、可爱的方式逐渐在网上走红。2011 年 7 月南京理工大学向录取学生发送“淘宝体”录取短信：

亲，祝贺你哦！你被我们学校录取了哦！亲，9 月 2 号报到哦！录取通知书明天‘发货’哦！亲，全 5 分哦！给好评哦！

2011 年 8 月 1 日上午，一则关于外交部微博招人的消息在网上流传。这则招聘微博由外交部官方微博平台“外交小灵通”发布，采用了时下流行的“淘宝体”，在三个多小时内被转载 4 800 多次，引发网友热议。

亲，你大学本科毕业不？办公软件使用熟练不？英语交流顺溜不？驾照有木有？快来看，中日韩三国合作秘书处招人啦！这是个国际组织，马上要在裴勇俊李英爱宋慧乔李俊基金贤重 RAIN 的故乡韩国建立喔～此次招聘研究与规划、公关与外宣人员 6 名，有意咨询 65962175～不包邮。

这则招聘微博发布后引来大量网友的围观。除对招聘信息的关注之外，轻松的淘宝体也引来诸多争议。一方面，许多网友大赞这种招聘语“好有创意”，但另一方面，评论中也存在质疑的声音。有网友质疑道，该严肃的时候不严肃，这样合适吗？也有网友认为，官方的亲民不是仅仅在微博中使用亲民的语言就足够的。

(2) 凡客体即是凡客诚品（VANCL）广告文案宣传的文体。2010 年 7 月凡客诚品邀请了青年作家韩寒和青年偶像王珞丹出任形象代言人，一系列的广告也铺天盖地地出现在公众的眼帘。该广告系列意在戏谑主流文化，彰显该品牌的自我路线和个性形象。然其另类手法也招致不少网友围观，网络上出现了大批恶搞“凡客体”的帖子。

韩寒的凡客体广告：

爱网络，爱自由，
爱晚起，爱夜间大排档，爱赛车；
也爱 29 块的 T-SHIRT，我不是什么旗手，
不是谁的代言，我是韩寒，
我只代表我自己。
我和你一样，我是凡客。

王珞丹的凡客体广告：

我爱表演，不爱扮演；
我爱奋斗，也爱享受生活；
我爱漂亮衣服，更爱打折标签；
不是米莱，不是钱小样，不是大明星，我是王珞丹，
我没什么特别，我很特别；
我和别人不一样，我和你一样，我是凡客。

(3) 咆哮体是表示强烈感情的一种说话方式。它没有固定的格式或内

容，就是带许多叹号的字、词或者句子，一般出现在回帖或者QQ、MSN等网络聊天对话中。这种看上去带有很强烈感情色彩的咆哮体引来了粉丝的追捧。这种文章的特点是常以“伤不起”为标题，每句话的结尾都会有一连串的叹号，每隔几句就有“有木有”的质问结尾，让人感受到一种震耳欲聋的气势。例如：

学法语的人伤不起啊!!!

老子两年前选了法语课!!!! 于是踏上了尼玛不归路啊!!!!! ……76不念七十六啊!!!!! 念六十加十六啊!!!! 96不念九十六啊!!!! 念四个二十加十六啊!!!! 法国人数学好得不得了有木有!!!! 一百以内加减法老子不用计算器直接念出来了啊 有木有!!!!

上新浪微博的人你们伤不起啊!!! 除了做梦的时候不上分分钟都在上啊!!! 没事就想点刷新啊!!! 手贱根本控制不住啊!!! 一小时不上就好几百条微博啊!!! 半天儿没上你就心里发虚不知道大伙儿都在说啥啊!!! 一天不上就尼玛有一种被社会遗弃的感觉啊!!!

咆哮体的出现和走红的根本原因，是它本身具有的情感宣泄和娱乐功能。无论是表达对学习、生活中种种不易与艰辛，还是对生活中其他人和事的不满和感叹，都包含着幽默、夸张、调侃、戏谑。咆哮体满足了年轻群体追求新颖追求时尚的心理趋向。在拥挤的网络中，平淡无奇的表达方式往往会被迅速淹没在海量信息之中，所以必须用一种新的方式来吸引注意，让别人听到自己的声音。

（二）网络语体一般是在特定环境和特定群体中流行，而网络语体的快速传播也会加剧它的新鲜感和生命力的磨蚀。咆哮体和其他网络语体一样，它的使用也会受到内容、对象等的限制，流行也具有一定的时效性。大段大段的咆哮体文字很难永远占有网络。所以各种网络语体最终也会像“浮云”一样飘过，而逐渐消失。不过也会留下自己的痕迹。像其中的“伤不起”一词，可能长时间地在网络和纸质媒体里沿用下去。

对网络语体的规范类似对一般词汇的规范。它适应了社会发展的需要，丰富了汉语的表达，但是这种语体不能取代已有的任何一种语体。它的使用范围和使用人员比较狭窄，使用时效短，难以持久。

四、字母词

下面附带说一说“字母词”。字母词指的是由字母构成或其中包含字母的词语。

字母词作为普通话词汇的组成部分，不是近几年才有的，而是伴随着现代汉语的形成和发展不断地丰富和增加的。1929 年上海世界书局出版了《英文读音 ABC》，1929 年上海 ABC 丛书社出版了《文法解剖 ABC》《文字学 ABC》、1936 年上海新文字书店出版了《北方话新文字 ABC》。这几种书名里的 ABC 就是字母词。新中国建立以来，汉语里的字母词由少到多，发展极为明显。“文革”前，常见的字母词只有“X 光、三 K 党、AB 角、维他命 A”等不多的几个，而改革开放以来字母词泉涌般地出现，来势迅猛势不可挡，任何一位关心汉语文发展的人都不能视而不见。这是改革开放在汉语文上的反映。字母词的大批出现并不违反《国家通用语言文字法》。《国家通用语言文字法》它不但确立了普通话和规范汉字的法律地位，而且明确了通用语言文字发展的方向，就是规范、丰富和发展。“规范”和“丰富和发展”是对立的统一，我们的语言文字不但要“规范”而且要“丰富和发展”。如果通用语言文字做到了规范，但是贫乏、僵化，它也不能担负起交际的重任。通用语言文字的丰富和发展包括词汇和构词法的丰富和发展，而深受社会各阶层喜爱的字母词促进了汉语词汇和构词法的丰富和发展。

字母词的优势是它的开放性与国际性。在实行改革开放以前，中国社会处在封闭或半封闭的状态，汉语文同样也处于封闭或半封闭状态，所以字母词数量很少。实行改革开放以来，社会出现了许许多多前所未有的新事物、新观念、新理论、新时尚，其中相当大的一部分是从国外或港澳台地区引进来的。要表现这些新事物、新观念、新理论、新时尚，原有的汉语词不够用了，必须尽快解决这个矛盾。造新词需要很长时间，最迅速的办法是借用和引进。从外语里引进词语需要翻译，而外语翻译并不是一件轻易就可以做好的事。人们常说“一名之立，旬月踟蹰”，“一名之定，十年难期”。在科技飞速发展的时代，老牛拉破车的速度怎么能适应？在这种情况下，人们有时就不得不放弃翻译，直接引进用拉丁字母表示的词语。有人把 E-mail 译为“伊妹儿”。这个译名不能说不雅，可是人们还是钟情 E-mail，冷落“伊妹儿”。字母词是改革开放的产物，也是汉语文走向国际的产物。它突破了汉语词汇只能使用汉字的框框，为汉语词汇的发展打开了新天地。字母词多数来自英文，许多在国际上早已通用。语言词汇具有民族性，可是这类字母词已经突破了民族性，许多民族语言里都可以使用 NBA、IMF、GDP、CPI，为什么中国不能使用？中国的知识界，特别是年轻的一代，对于这些字母词早已是耳熟能详。他们接受这些字母词如水到渠成，势所必然，字母词大受欢迎也自在情理之中。

周有光先生指出，当今的世界已经进入“双文化时代”和“双语言时代”。“每一个民族都有自己的传统文化，每一个民族都热爱甚至崇拜自己的传统文化。但是，在现代，任何民族都无法离开覆盖全世界的现代文化。环顾世界，到处都是内外并存、新旧并用，实行双文化生活。”当今的世界，不但有国家共同语，还有国际共同语。“在地球村里，民族繁多，言语各异。如果东村说的话西村听不懂，西村说的话东村听不懂，那么地球村就成哑巴村了。地球村必须有大家公用的共同语。”“地球村的共同语不是开会决定的，而是由历史逐渐形成的。英语已经事实上成为地球村的共同语。”①字母词的流行和这种双语言的大趋势分不开，“禁用字母词”的主张是和这种大趋势不一致的。

面对语文生活里不断增多的字母词，有人主张禁止使用字母词，用简称的汉字词取代字母词，“至于暂时拿不出响亮又经济的简称的字母词，用其中文全称也未尝不可，虽费时低效，但信息更精确，语义更明朗，能较有效地提高交流质量，如把 GDP 改写或读成其全称‘国民生产总值’。虽然比字母词多三个读音和三个方块字，但对听众或读者而言，其所包含的内容远比原字母词详尽，信息量也更大，还可以避免原字母词的非表意性，满足语言的大众化要求及语言交流过程中的清晰化需要。”②持这种观点的人明知全称汉字词“费时低效”，可是为了抵制字母词还是主张使用，这也未免有些过分了吧。信息化社会追求的是“省时高效”，怎么能背道而驰呢。至于说汉字词“所包含的内容远比字母词详尽，信息量也更大”，并没有根据。当前，

GDP和“国民生产总值”哪个使用频度最高？2011年6月10日百度搜索得到的数据是使用GDP的有4 610 000篇，使用“国民生产总值”的有160 000篇。“国民生产总值”的使用大大少于GDP。字母词和汉字词不但同样能做到“信息更精确，语义更明朗，能较有效地提高交流质量”，而且省时高效还能国际化。GDP已经成为普通话的基本词语，要人为地把它挡在汉语交际的大门之外是做不到的。人们还记得，几年前广电总局要求将NBA改为“美国男子职业篮球联赛”，结果除了难为那些体育主持人外，并没有多少人接受。

附注

①周有光《双文化和双语言》，《文化学丛谈》第90页、93页，语文出版社2011年版。

②祝吉芳《字母词的汉语化问题》，《中国科技术语》2011年第2期第26页。

（《通化师范学院学报》2012年版第1期）

赞高考考务新规

教育部在今年5月18日发布了《2012年高等学校招生全国统一考试考务工作规定》。与旧版考务规定相比，首次将“高考时，除外语科外，笔试一律用汉文字答卷”改为“一律用现行规范汉语言文字答卷”。教育部语言文字信息管理司副司长田立新近日指出：我国法律规定，基础教育阶段各类教育机构都必须用国家规范的汉语言教学，使用符合国家通用语言文字规范和标准的语文教材。考生也必须按照要求作文。甲骨文、火星文、繁体字、文言文等都不属于“现行规范汉字”范畴。我认为这一改变非常必要，非常适时，将有利于提高中学语文教学的质量，促进《国家通用语言文字法》的进一步落实。

语言文字是最重要的社会交际工具。为了保证社会交际的顺利进行，语言文字必须实行规范和统一。《国家通用语言文字法》规定：“国家推广普通话，推行规范汉字。”“学校及其他教育机构以普通话和规范汉字为基本的教育教学用语用字。”中学语文教学的重要任务就是让学生切实掌握现行的规范汉语言文字，为升学和就业创造合格的语文条件。现行高考用的是笔试，而不是口试，所以普通话的口语水平难于测到，可以测到的主要是规范汉字和现代白话文的水平。考生答卷时要使用现行规范汉语言文字，首先不能出现错别字和病句。如果出现了错别字和病句，按照规定要扣分。多年来都是这样执行的，今年也没有改变。结合近几年高考答卷里存在的语文问题，执行新版《考务工作规定》，答卷里要用现行规范汉语言文字，而不能用甲骨文、火星文、繁体字、文言文，也不能使用网络语言。

现行规范汉字包括简化字，但是不包括已经简化了的繁体字。繁体字是汉字，可是在中国大陆已经被简化字所取代，退出了一般社会应用。中学生在学校学的和用的都是简化字，不学不用繁体字。学生在课余愿意自学繁体字不受限制，可是高考答卷不能用繁体字。用了繁体字不但不能加分，很可能因为繁简混用还要扣分。中学生不学不用繁体字，会不会妨碍继承古代文化遗产呢？不会的。在校读书的中学生并不具有阅读繁体字古籍的能力。他们中的绝大多数也不会用到繁体字。极少数的学生将来的工作需要阅读繁体字的古籍，在他们学习有关专业知识的时候就要学习繁体字。这是没有疑问的。高考作文考查的是考生现代白话文的写作能力。文言文不属于现行规范汉语言文字，考生在答卷中不能使用。如果一个考生只会写文言文，却写不好白话文，会影响成绩。甲骨文是已经死去的古文字。现在的社会交际不使用甲骨文，高考答卷也不得使用甲骨文。其实，中学生里真正掌握文言文和甲骨文的人少而又少。如果考生真有这种特长，就应该用规范汉字和现代白话文通过高考，进入高校后再发挥你的特长；如果你的规范汉字和现代白话文达不到高考的要求，想借文言文和甲骨文获取高分，这种打算多半会落空。至于所谓火星文，指的是地球人看不懂的文字。使用这种文字很难和别人沟通。

目前人们所说的网络语言，其实只有一些特定的词汇和固定格式，例如“大虾”“菜鸟”“有木有”“神马都是浮云”等。一个中学生如果只会使用这些词汇，不会使用普通话词汇，他的汉语文达不到中学生的水平。老师和家长应该教育这样的学生早日断绝网瘾，回归社会。有人说这样的规定会扼杀少数学生的“特长”。我们认为特长要建立在科学的基础上，如果连规范的汉语言文字都不会使用，特长也就成了空中楼阁。

中学生必须学好规范的汉语言文字，这是关系人才培养的百年大计，来不得丝毫的放松。规范的汉语言能力的获得要靠长期的培养和积累，临时突击不会取得效果。在中学语文教学中，要切实加强现行规范汉语言文字的教学。在语文课上，要学生多读书多写字。由于电脑的广泛使用，学生手写汉字的机会减少，提笔忘字的现象加重。解决的办法是切实夯实学生的汉语言文字的基础，使学生终身受益。

（《语言文字报》2012 年 6 月 20 日）

谈汉语文里字母词的使用和规范

随着中国改革开放的发展，汉语文里的字母词有增无减，学术界对字母词的争论也在持续。2010 年 2 月 28 日，上海《文汇报》发表傅振国的《300 年后汉语会消亡吗?》（下文简称“傅文”），对字母词首先发难。傅文认为“历经 5000 年的汉字终于抵挡不住英语的侵入而最后消亡”。为避免这种状况的发生，他建议在修改语言文字法时，加上“禁止在汉语文出版物中使用字母词。一切外语词必须经过翻译汉化，才能在汉语出版物中使用”。《中国科技术语》2011 年第 2 期发表祝吉芳的《字母词的汉语化问题》（下文简称“祝文”），紧随其后。祝文主张“禁用字母词”，祝文说自己写作该文的目的是“以期对有关部门出台与禁用字母词措施相配套的方案带来有益启示”。笔者的认识和上述二文不同，主张用开放的眼光看待字母词。下面我想就有关的问题谈点浅见，重点是讨论祝文。

一、汉语文中出现了字母词

刘涌泉先生说：“字母词是指汉语中带外文字母（主要是拉丁字母）或完全用外文字母表达的词，前者如 B 超、卡拉 OK；后者如 CD、UFO。它是一种新形式的外来语。”①

根据笔者的观察，字母词可以分为两大类四个小类。

第一大类：

1）GB（国家标准）、RMB（人民币）、HSK（汉语水平考试）、YZ（硬座）、RW（软卧）等，是汉语拼音的缩写词。

2）A股、B超、IP电话、T恤衫、IC卡（集成电路卡）、IP卡（IP电话卡）、POS机（商场电子收款机）、U盘、X光等，是由字母和汉字组成的词。

第二大类：

3）GDP（国民生产总值）、CPI（消费者价格指数）、ISO（国际标准化组织）、UFO（不明飞行物）、CCTV（中国中央电视台）等，是国际通用的英语词。

4）EQ（情商）、FM（调频）、ED（男性勃起功能障碍）、CT（计算机层析成像）等，是专业的科技术语。这类字母词在相关专业的著作中是不能不用的，而且其中有不少已经进入日常生活，变成了非专业词语。

第一大类是汉语词，只不过它的书面形式不完全是汉字，而是带有字母。这样的汉语词谈不到什么“禁用”，完全可以自由使用。第二大类本来是英语词语的缩略形式，如今已经进入了汉语文，如何对待这类词？是允许它们继续存在，还是不允许它们存在？祝文主张尽快把它们“汉语化”，也就是把它们化掉。这是有关字母词争论的焦点。

字母词不是近几年才有的，而是清末以来，伴随着现代汉语的形成和发展不断增加的。1929年上海世界书局出版了《英文读音ABC》，1929年上海ABC丛书社出版了《文法解剖ABC》《文字学ABC》，1936年上海新文字书店出版了《北方话新文字ABC》。这几种书名里的ABC就是字母词。字母词进入词典，最早是1903年的《新尔雅》，只收了“X光线”一条。新中国成立以来，汉语里的字母词由少到多，发展极为明显。“文革”前，常见的字母词只有“X光、三K党、AB角、维他命A”等不多的几个；而随着改革开放政策的实施，中外交往的密切，字母词泉涌般地出现，来势迅猛势不可挡，任何一位关心汉语文发展的人都不能视而不见。

二、“汉语消亡，英语代替汉语”是个伪命题

傅文认为英语已经侵入汉语，“它的严重后果将让每一个中国人触目惊心，那就是：汉语消亡，英语代替汉语。”而英语入侵最直接的原因，就是“对外来语，不经翻译汉化直接以英语字母形式楔入汉语”。我们认为上述说法是个伪命题，事实上并不存在英语入侵，也不存在汉语消亡的危险。中国要走向世界，在世界大家庭里发挥作用，就离不开英语，国内自然出现了英语热。随着英语影响的扩大，字母词的数量迅速增加也是势所必然。字母词的增加，有利有弊，但是从总的方面说是利大于弊。我们有能力兴利除弊，维护汉语的规范和发展。语言学的基本理论告诉我们，语言的语法构造及其基本词汇是语言的基础，是语言特点的本质。一种语言的语法构造及其基本词汇没有发生重大质变，它就不会消亡。字母词是作为一般词汇进入了汉语，它不会改变汉语的语法构造和基本词汇系统，所以不会涉及汉语的存亡。傅文认为字母词进入了汉语，就会造成“汉语消亡，英语代替汉语”，毫无根据。傅文极力夸大字母词进入汉语的危害性，说“五千年祖宗的基业要毁在我们手里吗?”，这是非理性的责问。这种观点违背语言文字学的基本原理，搞乱了语言文字的基本政策，诱导语言文字工作走上封闭的道路。

三、祝文提出的禁用字母词的理由难以成立

祝文和傅文一脉相承，主张禁用字母词。祝文提出的理由主要有两条，第一条是字母词有明显的劣势，第二条是《中华人民共和国国家通用语言文字法》（下文简称《国家通用语言文字法》）有相关规定。下面我们就来分析这两条理由。

祝文认为字母词能在汉语文中大行其道是因为具备“省力”“上嘴”“通用”“洋气”几个优势，我们认为这并没有抓住问题的本质。字母词的优势不是别的，而是它的开放性与国际性。在实行改革开放以前，中国社会处在封闭或半封闭的状态，汉语文同样也处于封闭或半封闭状态，所以字母词数

量很少。改革开放以来，社会上出现了许许多多前所未有的新事物、新观念、新理论、新时尚，其中相当大的一部分是从国外或港澳台引进来的。要表现这些新事物、新观念、新理论、新时尚，原有的汉语词汇不够用了。造新词需要很长时间，最直接和迅速的办法是借用和引进。从外语里引进词语需要翻译，而翻译并不是一件轻易就可以做好的事。人们常说“一名之立，旬月踟蹰”，“一名之定，十年难期”。在这种情况下，人们有时就不得不放弃翻译，直接引进用拉丁字母表示的词语。字母词的流行与人们思想的解放和观念的更新也不无关系，许多过去认为不能接受的东西现在已经广为流传，字母词就是其中的一种。许多字母词带有国际性。世界上许多国家都在使用 NBA、IMF、CDP、CPI，为什么中国不能使用？中国的知识界，特别是年轻的一代，对这些字母词早已是耳熟能详。他们接受这些字母词正是水到渠成，字母词受到欢迎自在情理之中。

祝文认为字母词有三个劣势。第一是“在形的方面，其字形明显与汉语方块字字形不兼容，破坏了汉语书面语方正、象形、和谐的特点”。我们认为讨论语文问题要有发展的观点，哪有一成不变的“形”。西学东渐以来，以拉丁字母为代表的外国字母涌进国门，势不可挡。学数学离不开 A、B、C 和 X、Y、Z，学化学离不开 H、O、C 和 H_2O、H_2SO_4，学音乐离不开 C、D、E、F、G、A、B。如今到大街上看一看，到百姓家里看一看，身上穿的、手里提的、日常用的，在各种商品的包装上有多少拉丁字母。对这些洋字母，人们早已欣然接受。字母词进入汉语书面语顺理成章。在民国初年，新式标点符号刚引进的时候，许多人也看不惯，也反对，现在不是都已安之若素了吗？第二是“在音的方面，其发音虽然采取了四个声调的汉字发音方法，但与汉字形、音、义相结合的特点不符，即只有发音，无形、义与之相配套”。对于来自英文的字母词，可以采用英文字母的读法，如 GDP；也可以按照英文的拼法去读，如 APEC。如果用的是汉语拼音字母，自然应该按照《汉语拼音方案》规定的字母名称去读，如 GB（国家标准）、HSK（汉语水平考试），字母词用的是与汉字不同的拉丁字母，当然与汉字的发音特点不符，这有什么奇怪？怎么会是劣势呢？第三是“在义的方面，其语义传达不明，因为一般而言字母词中每个字母代表的是一个英语单词或一串英语单词，这些单词在汉语里根本不存在，易被含混不清、不求甚解地接受，从而造成思维的模糊和混乱”。字母词是词，每个词都是音义结合体，都有自己的读音和意义。只要不是生造词就不存在“传达不明”“含混不清”的问题。而每个词的读音和意义都写在词典里，随时可供人们查阅。《现代汉语词典》（以下简称《现汉》）第6版收了239个字母词就是为了方便读者查找。至于说“这些单词在汉语里根本不存在”，这不正是需要引进的原因吗?

从上面的分析里不难看出，祝文提出的所谓字母词的劣势是用封闭的眼光看待字母词得出的结论。用封闭的眼光看待汉语书面语，就会认为汉语书面语应该是汉字的一统天下，容不得字母词一类的异物混杂其间；可是如果改用开放的眼光来审视就完全不是那么一回事。清末以来的一百多年，汉语书面语已经发生了大变化，其中早已加入了不少非汉字成分。加入的成分主要有三大类，就是阿拉伯数字、新式标点符号和拉丁字母。它们的进入极大地丰富了汉语书面语的表达力。意大利传教士利玛窦在1605年把拉丁字母引入到汉语文，至今已有四百多年的历史。1958年全国人大通过的《汉语拼音方案》用的是拉丁字母，至今已经超过了六十年。周有光先生说：“拉丁字母不仅是世界各国最通用的字母，而且是现代科学符号和科学术语所用的主要字母。因此它在国际文化交流上起着主要的作用。拉丁字母本身就是在文化的交流和积累中不断完善的，而它又对文化的交流和积累发挥了推进的作用。”② 可是现在，祝文却提出要禁止它，要把它关在门外，这在现实生活里是无法实现的。

祝文在“禁用字母词的理据”的标题下，首先列出的就是“《国家通用语言文字法》的相关规定”。人们看了这样的标题，还以为在《国家通用语言文字法》里有禁用字母词的规定呢，其实这是误导。祝文说：“《国家通用语言文字法》规定：国家通用语言文字是普通话和规范汉字。国家推广普通话，推行规范汉字。还规定：广播、电影、电视用语用字应当以国家通用语言文字为基本的用语用字。显然，字母词作为外来词不属于规范汉字，也不属于以国家通用语言文字为基本的用语，尽管各类媒体中大量夹杂字母词。”祝文没有准确理解《国家通用语言文字法》。《国家通用语言文字法》规定广播、电影、电视用语用字应当以国家通用语言文字为基本的用语用字，而不是唯一的用语用字，这就为字母词的使用留出了空间。上文说过自清末以来，阿拉伯数字、新式标点符号和拉丁字母这三种非汉字的符号早已进入了汉语文。《国家通用语言文字法》并没有把这三种成分排除在外。我们从《国家通用语言文字法》里面找不到“禁用字母词”的规定。

祝文说“字母词作为外来词不属于规范汉字”。这种说法违背了形式逻辑。字母词是“词”，规范汉字是“字”，“词”当然不属于“字”。字母词是“词”，是汉语词汇的组成部分。国家大力推广普通话，而普通话的词汇里面就包含有数量不断增加的字母词。主张禁用字母词的傅文建议，在修改语言文字法时加上“禁止在汉语文出版物中使用字母词”，这正好可以说明语言文字法里并没有禁用字母词的规定。

国务院办公厅秘书局 2010 年 4 月 7 日发出了《关于加强对行政机关公文中涉及字母词审核把关的通知》(以下简称《通知》)。《通知》中要求“严格规范使用公文中涉及的字母词”，“切实加强字母词的翻译审定工作”。这个《通知》谈到的只限于行政机关公文，并没有包括各种文体，而且就是在行政机关公文里对字母词也只是要“严格规范使用”。“严格规范使用”不等于“禁止使用”，其间的区别不容混淆。

四、字母词不能禁，也禁不了

字母词的存在和发展适应了社会交际的需要，适应了汉语国际交际的需要，丰富了汉语文的表现力。例如：

我们到医院去看病，大夫要我们做 B 超，做 CT，不说字母词说什么？

老百姓下班看一场电视上的 NBA 比赛，有什么必要一定要说“美国职业篮球赛”？如果连“卡拉 OK”都不能说，这样的规定有几个人拥护？

韩国品牌 LG，中国品牌 TCL，台湾女子偶像乐团 S. H. E，意大利足球俱乐部 AC 米兰，即时通信工具 QQ 和 MSN……这一切都不能说了，这不是要把汉语弄得贫乏，弄得与世界隔绝吗？把 MP3 改为“动态影像专家压缩标准音频第三层面”，有多少人愿意这么说话呢？

把 CCTV 改为“中国中央电视台”，不认识汉字的外国人，他就无法知道这是什么电视台。

字母词的出现不但不违反《国家通用语言文字法》，相反正符合《国家通用语言文字法》的要求。《国家通用语言文字法》不但确立了普通话和规范汉字的法律地位，而且明确了通用语言文字发展的方向，是规范、丰富和发展（见《国家通用语言文字法》第六条）。“规范”和“丰富和发展”是对立的统一，我们的语言文字不但要“规范”，而且要“丰富和发展”。如果通用语言文字做到了规范，但是贫乏、僵化，它也不能担负起交际的重任。通用语言文字的丰富和发展包括词汇和构词法的丰富和发展，而受到社会各阶层喜爱的字母词促进了汉语词汇和构词法的丰富和发展。禁用字母词的结果，只能是使汉语词汇变得单调贫乏，失去了鲜活的表现力，妨碍国际文化交流。

字母词已经深入国人的语文生活，通过行政的手段硬性禁止是禁不了的。2010 年中央电视台根据主管部门下达的“在主持人口播、记者采访和字幕中，不要使用外语及缩略词”的要求，将 NBA 改称“美职篮”，引发了争议。有位央视职工、NBA 爱好者说：“我第一次听电视上说‘美职篮’，感觉很怪。听起来特别像一个广告，由‘美汁蓝’饮料赞助……这种感觉充满‘山寨’的气息。”“名字只是一个代号，大家接受的永远是它背后的意义。用几个缩略词，就担心被外来语言文化入侵，我觉得这是对自身文化信心不足的表现。”语词收集人黄集伟说：“不是每一个人都懂 NBA，这是个假问题。不懂的人是根本不关心篮球的人，这些人你跟他说‘美国职业篮球联赛’他就懂了吗？正常智商的人，遇到这种事，他不懂，他还不会去查吗？现在网络这么发达，什么查不到？普遍的人性是尊重既成事实的。”电视台可以把 NBA 改为“美职篮”，可是民众照旧说 NBA，这就形成了民众和官方两张皮。在一般情况下，官方的规范最后不得不改从大多数民众的语言习惯，因为民众的语言习惯是官方规范的源泉和基础。

五、要摒弃狭隘的语言纯洁观

禁用字母词的主张又常常和狭隘的语言纯洁观连接在一起。语言文字要保持纯洁，不要变得芜杂污秽，这种认识不能说没有道理；可什么是语言的纯洁，应该怎么样维护语言的纯洁，都是大可讨论的。如果把语言的纯洁理解为，只有本民族的固有成分，拒绝一切外来成分，这样的语言世界上是不存在的。美国语言学家爱德华·萨丕尔说："语言，像文化一样，很少是自给自足的。交际的需要使说一种语言的人和说临近语言的或文化上占优势的语言的人发生直接或间接接触。""很难指出有完全孤立的语言或方言。""一种语言对另一种语言最简单的影响是词的'借贷'。只要有文化借贷，就可能把有关的词也借过来。"③一个封闭社会的语言受其他民族语言的影响较小，从其他民族里吸收到的营养成分也比较少。这种语言似乎比较纯洁，但是它的表达力也比较弱，影响也比较小。相反，一个开放的民族，它与许多民族有频繁的接触，从其他民族的语言中吸收的营养成分也比较多，它的语言的表达力也比较强。这样的语言似乎不够纯洁，但它是发达的语言、强势的语言，也往往是有重大影响的语言。现代英语是准国际共同语，它的词汇有一半来自古英语和斯堪的纳维亚语，而另一半却是来自法语和拉丁语。其结果，英语不但没有成为芜杂污秽的语言，相反却成为十分发达、具有世界影响的语言。语言纯洁观有点像讲卫生爱清洁。讲卫生本来是优点，可是如果过了头，变成了"洁癖"就不好了。追求语言的纯洁如果过了头，排斥一切外来成分，就会妨碍语言的健康发展，这样的纯洁最后也会被语言社会所抛弃。

周有光先生指出，当今的世界已经进入"双文化时代"和"双语言时代"。"每一个民族都有自己的传统文化，每一个民族都热爱甚至崇拜自己的传统文化。但是，在现代，任何民族都无法离开覆盖全世界的现代文化。环顾世界，到处都是内外并存、新旧并用，实行双文化生活。"当今的世界，不但有国家共同语，还有国际共同语。"在地球村里，民族繁多，言语各异。如果东村说的话西村听不懂，西村说的话东村听不懂，那么地球村就成哑巴村了。地球村必须有大家公用的共同语。""地球村的共同语不是开会决定的，而是由历史逐渐形成的。英语已经事实上成为地球村的共同语。"④字母词的流行和这种双语言的大趋势分不开，"禁用字母词"的主张显然是和这种大趋势背道而驰的。

六、规范地使用字母词

我们不赞成禁用字母词，也不主张滥用字母词。我们主张规范地使用字母词。规范地使用字母词有两个要点，首先是从总体上肯定字母词出现的积极意义，其次要引导并规范字母词的使用。

首先，从应用的角度说，字母词可以分为三种。第一种是只有字母词，没有相应的汉字词，当然只能使用字母词。例如：U 盘、卡拉 OK。第二种是字母词已经不用或很少使用，汉字词被普遍采用，当然只能用汉字词。例如："厕所、卫生间"代替了 WC，"肺结核"代替了 TB，"电邮"代替了 E-mail。时至今日，汉语文中习惯使用"联合国""北大西洋公约组织"（简称为"北约"），不习惯使用比它简省的 UN 和 NATO。第三类是同义的字母词和汉字词都在使用，但是使用的领域逐渐分化。这第三类情况特别值得注意。一个发达的语言词汇系统储存有大量的同义词语，作为修辞手段在交际中供使用者选择，以取得不同的修辞效果。我们要用包容的心态看待同义的字母词和汉字词。不一定要二选一，非此即彼。更多的情况是二者可以兼容，作为修辞上的同义手段发挥各自的优势。适用 GDP 时用 GDP，适用"国民生产总值"时用"国民生产总值"。这比只准使用"国民生产总值"，不准使用 GDP 效果可能要好。

其次，要对字母词使用中发现的问题进行必要的引导和规范。字母词和词汇里的方言词、新造词一样也是有利有弊的。字母词毕竟是外来的东西。除了少数对英语极为熟悉的人以外，见到一个新的英语字母词多数人不容易知道表示的是什么意思。一段文章里有几个这样的词，这段文章就很难读下去了。我们也注意到有些字母词在汉语文中只是昙花一现，来也匆匆去也匆匆，但是总有一些生命力强的字母词会得到语言社会的认可。我们要极为仔细地观察语言社会对字母词的取舍，吸收那些成熟的，摒弃那些不成熟的。汉语词汇规范的总原则是三性，就是必要性、明确性、广泛性。具体一点说，对那些交际中有需要、表达的意义明确、在社会上比较流通的词应该吸收，对那些交际中并不需要、表达意义不十分明确、社会流通狭窄的词就不考虑吸收。对字母词也是这样。《现汉》自 1996 年版就附上了“西文字母开头的词语”，到 2012 年的第 6 版这类词语多达 239 条。这些字母词基本符合上述的三性，所以《现汉》收入这些词是合适的。

我们并不反对祝文提出来的探索字母词汉语化的尝试，但是这种探索不是为了全面否定字母词，而是有所取舍。我们的目标是让汉语文成为规范、丰富和发展的语文，同义的汉字词和字母词的并存并用有助于实现这个目标。

附注

①刘涌泉《谈谈字母词》，《语文建设》1994 年第 10 期。

②周有光《拉丁字母小史》，《汉语拼音，文化津梁》第 26 页，生活·读书·新知三联书店 2007 年版。

③爱德华·萨丕尔《语言论》第 120 页、121 页，陆卓元译，商务印书馆 1964 年版。

④周有光《双文化和双语言》，《文化学丛谈》第 90 页、93 页，语文出版社 2011 年版。

（《中国语文》2012 年第 6 期）

意译音译各有所宜

外来词进入汉语主要有两种方式，就是意译和音译。这两种方式哪一种更好，有人做了比较，得出的结论是“意译比音译好”。“‘阿尔兹海默病’不如‘老年痴呆症’表意明确”。我仔细看了提出这种主张的文章，感觉把复杂问题简单化了。下面我提出一点商榷意见。

认为“意译比音译好”的理由主要有两点：一是意译词取代音译词是汉语吸收外来词的总趋势；二是意译表意明确。先说第一点，我们看到“淡巴菰”“德律风”“巴力门”这些音译词，被“烟叶”“电话”“议会”这些意译词所取代，可是也看到许多的反证。古代的音译词“琵琶”“苜蓿”“琉璃”“葡萄”一直沿用至今，更不要说释典里的“佛”“罗汉”“菩萨”“夜叉”等。近代和现代只有音译没有意译的外来词也不在少数。Logic 一词虽然有人意译为“名学”“辩学”“论理”等，但是最后被大家接受的还是音译的“逻辑”。“卢比”“先令”这些货币名称，“克”“米”这些度量衡单位名称，一直用的是音译。

有人说外来词中意译多于音译，这话不错，可是不能仅凭这一点就无视音译词的存在。“巧克力”“咖啡”“柠檬”不能不吃，“坦克”“沙发”“雷达”不能不用，“幽默”“图腾”“法西斯”不能不说，“酷”（cool）、“秀”（show）、“卡”（card）人气正旺，使用频率很高，不说怎么行？而且还要看到意译有时极为缓慢。严复说过“一名之立，旬月踟蹰”，这是他的经验之谈。近代，“莱塞”变为“激光”竟然用了十年。在社会飞速发展的今天，这么慢腾腾怎么受得了？

再说第二点，意译词也不是都比音译词表意明确。“热狗”不是狗，是夹有香肠、蔬菜、调味酱的面包；“鸡尾酒”与“鸡”的任何部位都无关，是用几种酒加果汁、香料等混合起来的酒。再说“老年痴呆症”与“阿尔兹海默病”，这是含义和用法并不相同的两个词。用生活常识去比较它们的优劣，不是学术研究。一个老人健忘痴呆，我们可以说他患了“老年痴呆症”，但是去医院诊治就不能这么说。因为造成健忘痴呆的病因并不是只有阿尔兹海默病一种，脑血管病也可能造成痴呆。患阿尔兹海默病的主要是老年，但并不限于老年。《不列颠百科全书》第252页说：“早发性、家族性阿尔兹海默氏病约占总数的10%，发病年龄小于60岁，病因为遗传性基因突变。”“老年痴呆症”通俗易懂，但表义不十分准确。从学术意义上来说，“阿尔兹海默病”比“老年痴呆症”表意更明确。

在我读过的讨论音译和意译的文章里，周定一先生写的《“音译词”和“意译词”的消长》（《中国语文》1962年第10期）给我留下的印象最深刻。为什么意译词比音译词要多呢？周先生的回答是：“我们的民族语言对于纯音译的外来语的容受量是不很大方的，总显得有点儿小心翼翼，勉而后行。”“语言文字本身的性质才是根本的、长期起作用的原因。比如说，我们汉语语词的音节简短，不宜于掺入大量的音节过长的音译词。我们的表意文字拿来译音有时会感到滞重，不能得心应手；有时又会显得随便，难于标准一致。”“总之，不同体系的语言文字的对译关系是万分复杂的。其中甘苦，有待专搞翻译工作的专家和语言学者深入研究。”

讨论学术问题尽量避免片面性，简单化的结论解决不了什么问题。我不赞成“意译比音译好”的说法，可是我也并不主张“音译比意译好”。意译和音译这两种方式各有短长，我们不是要它们pk一下，做到有你无我。在吸收外来词时要做具体分析，适合意译的要意译，适合音译的要音译。到底哪些词适合音译，哪些词适合意译，这正是语言学者要研讨的问题。

（《语言文字报》2012年12月12日）

从"国语"到普通话

一、国家历来重视推广民族共同语——普通话

汉语自古就存在着方言，也存在着共同语。汉语的共同语春秋时期叫"雅言"，西汉叫"通语"，明清叫"官话"，到了清末改称为"国语"。汉语的共同语虽然早就存在，但是在封建时代使用的范围一直比较狭窄，而且缺少明确的标准。清末，国内的民族民主革命风起云涌，社会的变革要求共同语。民国政府建立后，为了推行国语，于1913年召开读音统一会，议定汉字的国定读音即国音，和拼切国音的注音字母。到了五四时期，全国逐渐形成有一定声势的国语运动。1917年教育界的知名人士组成民间学术团体"国语研究会"，推举蔡元培为会长，致力于推广国语。1919年民国政府教育部设立"国语统一筹备会"，主持国语统一工作。1920年民国政府教育部训令全国国民学校改国文科为国语科。1928年"国语统一筹备会"改名为"国语统一筹备委员会"，负责国语标准的审核和宣传推广。1937年抗日战争爆发，国语的推行陷于停顿。

新中国建立以后，国家实现了空前的统一，但是方言造成的隔阂，给政治、经济、文化的发展带来了许多困难，推行共同语提上了议事日程。1955年10月教育部和中国文字改革委员会在北京联合举行全国文字改革会议。

会议决定用“普通话”代替“国语”，认为“大力推广以北京语音为标准音的普通话——汉民族共同语，是适合全国人民的迫切要求和我国社会主义建设的需要的”。1956 年 2 月 6 日，国务院发布了《关于推广普通话的指示》。《指示》指出：“汉语统一的基础已经存在了，这就是以北京语音为标准音、以北方话为基础方言、以典范的现代白话文著作为语法规范的普通话。在文化教育系统中和人民生活各方面推广这种普通话，是促进汉语达到完全统一的主要方法。”1982 年 12 月全国人大通过了新的《中华人民共和国宪法》规定：“国家推广全国通用的普通话。”从此，推广普通话的工作由汉族地区扩大到了民族地区。2000 年 10 月全国人大颁布了《国家通用语言文字法》对普通话的使用和推广普通话工作的管理、监督做出更明确的规定。这些规定为推广普通话工作提供了强有力的法律支持。

二、当前推普工作的方针和政策

当前推广普通话工作的方针是“大力推行，积极普及，逐步提高”。工作思路是：以城市为中心，以学校为基础，以党政机关为龙头，以广播电视等新闻媒体为榜样，以公共服务行业为窗口，带动全社会推广普及普通话。三项基本措施是：实行目标管理、量化评估；开展普通话水平测试；开展全国推广普通话宣传周活动。普通话水平测试，是检测应试人掌握普通话的规范程度和运用普通话的实际水平的口语考试。普通话水平分为三个级别，每个级别内再分甲乙两个等次。

三、21 世纪推广普通话的目标

2010 年以前在全国范围内初步普及，交际中的方言隔阂基本消除；21 世纪中叶在全国范围内普及，交际中没有方言隔阂。要做好 21 世纪的推广普通话工作，要深入宣传推广普通话的重要意义。推广普通话就是实现语言生活的现代化。首先是为了克服方言造成的隔阂，加强沟通。一国人民如果语言彼此不通，那是一盘散沙，不是一个现代国家。另外，现代共同语是工业革命的产物，是全民义务教育的媒介。现代化要求普及民族共同语，而民族共同语的普及又是民族意识形成的标志。古代只需要“书同文”，现代还需要“语同音”。改革开放以前，我们国家市场经济不发达，交通设备改进很慢，人们对共同语的需求不迫切。现在不同了，国家正在全面建设小康社会，正在大步走向世界，推广普通话是国家实现现代化的必不可少的先行工作，必须认真做好。

四、如何正确处理普通话与方言的关系

共同语和方言是相对概念，共同语是整个民族普遍通行的语言，方言是只在部分地区通行的语言。相对于方言来说，共同语是民族语言的高级形式。普通话与方言比较，普通话处于强势地位。它代表的是高度发展的现代文化，是计算机中文信息处理用的语言，是代表中国在世界范围内使用的语言。推广普通话并不是要消灭方言，而是要只会说方言的人学会说普通话，从单语言生活过渡到双语言生活。推广普通话的要求，是在正式的场合和公共交际的场合讲普通话，但并不排除在非正式的场合讲方言。有人提出“保卫方言”的口号，显然不利于推广普通话。普通话和方言的关系，并不是有你无我势不两立，而是相辅相成相互依存。普通话需要不断地从方言补充营养，反过来普通话的成分又自然地渗入方言。至于某一个特定方言今后如何发展演变，要看使用该方言的社会如何发展演变。

五、为什么要把“国语”改为“普通话”

我国是一个统一的多民族国家，除了汉族外还有 55 个少数民族。新中国建立以后，国家大力推行民族平等的政策。《宪法》规定：“中华人民共和国各民族一律平等。”“各民族都有使用和发展自己的语言文字的自由，都有保持或者改革自己的风俗习惯的自由。”为了切实贯彻这个政策，与旧中国推行的大汉族主义划清界限，在 20 世纪 50 年代把“国语”改为“普通话”，这对加强各民族的团结起到了积极的作用。经过 50 年的推普，“普通话”这

个叫法已经被普遍接受，深入人心，在世界汉语教学中也大量使用。没有产生什么问题，没有必要再做改动。当前应集中精力在推广和普及上下功夫，如果因为术语的改变而妨碍了推广与普及，就得不偿失了。

（《中国教育报》2006 年 4 月 2 日）

说“肯节儿”

在2012年3月28日《北京晚报》第32版上，我读到一篇文章，文章的标题是“第四战今晚打响/越是肯节儿越莫慌”。文章说的是北京金隅队与广东宏远队的一场男篮比赛。什么是“肯节儿”？我想《北京晚报》的读者未必人人都能明白。去查《现代汉语词典》，查不到；去查《汉语大词典》，还是查不到；最后在陈刚先生编著的《北京方言词典》的第148页查到了这个词。《北京方言词典》的解释是：“kènjiér 裉节儿，关键，重要环节。｜现在正是裉节儿。｜刚说到裉节儿上。○肯节儿”我不是土生土长的北京人，可是在北京已经生活了55年，再加上平素对北京的方言土语较为留心，我懂得这个词，我可以断定陈刚先生的解释是正确的。其实“肯节儿”的含义在晚报发表的这篇文章里面就有解释。文章说：“人们希望北京队能继续创造历史，可越是到关键时刻，越是要保持一颗平常心。”可见“肯节儿”就是“关键时刻”，二者的不同只在于“关键时刻”是普通话，“肯节儿”是北京土话。什么是土话？《现代汉语词典》的解释是“小地区内使用的方言。也叫土语。”可见土话就是使用地区非常狭窄、土俗色彩比较严重的方言。土话只能在狭窄的地域内流通，很难成为较大范围内的交际工具。陈刚先生不写“肯节儿”，而是写作“裉节儿”，因为这个词的第一音节读kèn，不读kěn。如果写成“肯”，辞书就要给“肯”增加kèn这个音，那是不合适的。

《北京晚报》是国内知名的报纸，它的读者几乎遍布全国各地。对“肯节儿”这个词，生活在北京以外的绝大多数人是不懂的，就是在北京长大的80后90后也很少有人能懂。报纸是供读者阅读的，如果读者的大多数读不懂报纸上用到的词，报纸的效果就值得怀疑。既然如此，报纸的编者和文章的作者为什么还要用这样的土话呢？答案可能是为了追求表达效果，为了使文章生动，吸引人，有意不用“关键时刻”这个普通话里已有的词，而是选用了“肯节儿”这个北京土语词。这里我想引用老舍先生在20世纪50年代写的《土话与普通话》里面说过的话。老舍先生说：“从前写作，我爱用北京土话。我总以为土话有劲儿。近二三年来，我改了主张，少用土话，多用普通话。是不是减少了土话，言语就不那么有劲儿了呢？不是的。语言的有力无力，决定于思想是否精辟，感情是否深厚，字句的安排是否得当，而并不专靠一些土话给打气撑腰。北京的土话可能到天津就不大吃得开，更不用说到更远的地方了。这样，贪用土话本为增加表现力，反而适得其反，别处的人看不懂，还有什么表现力可言呢？”这段话今天读来依旧给我们许多启发。

推广普通话依旧是当今语文工作的重要任务，我们要坚持不懈地抓下去。写文章尽量用普通话，用普通话完全能写出文质兼美的好文章。一定不要用“肯节儿”这样的土话。如果感觉“关键时刻”太一般，有时可以采用“节骨眼”这个来自北京方言的词。《现代汉语词典》对“节骨眼”这个词的注释是：“jiē · guyǎn（～儿）〈方〉比喻紧要的、能起决定作用的环节或时机：眼看就要停工待料了，就在这节骨眼上，赶运的原料来了｜做工作要抓住节骨眼儿，别乱抓一气。”“节骨眼”这个词已经被普通话所吸收，懂得的人不少，而且有辞书可供查阅。

（《语言文字周报》2012 年 6 月 13 日）

漫谈语文教学改革*

——接受《小学语文》记者的访谈

记者（以下简称“记”）：苏教授，您是著名的语言文字学家，一直致力于语文现代化的研究。语文现代化的含义究竟是什么？

苏培成（以下简称“苏”）：一百多年来的中国语文现代化，主要包括四个方面，就是：语言的共同化，即推广国语，推广普通话；文体的口语化，即言文一致，推行白话文；汉字的简易化，即推行包括简化字在内的规范汉字；表音的字母化，推行汉语拼音，作为辅助汉字的工具。通俗地说，语文现代化就是提倡普通话、白话文、简化字、汉语拼音。语文现代化改变了我国人民的语文生活，为我国实现现代化和信息化提供了较为适宜的语文条件，我们每个人都是语文现代化的受益者。

记：一百多年来，语文教育的发展，也是离不开语文现代化这个大背景的。尽管语文教育自身有各种各样的问题，但总体是朝着现代化的方向发展的。可不可以认为这就是“语文教育的现代化”？

苏：当代的语文教育要实现现代化，这没有问题，但是用不用“语文教育现代化”这个词，或者对这个概念该怎么理解，大家可能会不太一样。我

---

* 本文原来的标题是《往前走：立足实际，接轨国际，改革创新》。

同意您的判断，从清末到现代，学校的语文教育有很大变化，总的趋势是向现代化前进，是进步的。

记：您所说的进步体现在哪里？

苏：清末的语文教育，可以以鲁迅先生的《从百草园到三味书屋》中写的“三味书屋”式的教育为代表，是私塾性质的教育，跟我们今天的语文教学差别很大。

一百年前的语文生活和语文教学的特点是：说的是方言，写的是文言，汉字繁难，文盲众多，教育落后影响了国家各方面的发展。三味书屋式的教育和当时世界的发展是脱轨的，远离现代科学技术。新的思想很难用文言文来表示。到了清末，废科举、办学堂、学西方，引进了现代的教育科学，语文教育一步步发展，成为基础教育体制中的重要部分。到了现在，语文教学有识字教学、阅读教学、作文教学等等，有了各种各样的教学法。著名的语文教育家，如叶圣陶、吕叔湘、张志公等前辈学者，他们的学术基础，首先是引进西方先进语文教育理论，然后结合中国实际，创造出了一套比较适合中国实际的语文教育思想。总结这一百多年来，语文教育的发展不管多么曲折反复，但总的趋势是积极前进的。今后的发展趋势还是要跟国际接轨，学习国外先进的语文教育理念，同时要结合中国的教育实际。现在，对一百多年来中国语文教育的发展有些不同的认识，曾有人说：“为什么鲁迅先生语文水平这么高呢，是因为鲁迅先生接受的是三味书屋的教育。”这种说法不符合实际，是倒退！

记：大家对语文教育“少慢差费”的批评一直没有停止。您觉得语文教育的问题，根源出在哪里？

苏：从新中国成立到现在的六十年间，我从一开始当学生，到现在教学生，基本没有离开过语文。改革开放之前三十年，语文教育受政治运动的干扰太大，起起伏伏；改革开放之后三十年，又有不断的改革，但哪些是成功的，哪些是不成功的，大家没有达成共识。我个人觉得问题甚多。语文教学的效果不怎么好，学生不怎么爱学，根本原因在于语文教学的目的、任务，始终是摇摆的。

我认为语文教学主要有两个任务：一个是母语听说读写能力的培养；一

个是文学知识的传授，主要是优秀文学作品的阅读和赏析。通过九年义务教育，学生对母语的听说读写能力应该达到升学或者就业的基本需要。文学是知识大厦的重要组成部分，作为一个初中生，不能阅读优秀的文学作品，不能欣赏文学作品的美，那是不合格的。这两方面缺一不可。语文课必须要管好这两件事，语文课不管谁管？遗憾的是多年来在这两方面，语文课都有不同程度的缺位。

改革开放三十年来，听说读写能力的教学有所削弱，语文基础知识的教学更是被大大削弱，语文的工具性有所淡化，片面强调所谓人文性、人文精神的养成。语文课不讲语文，讲的是抽象的、空洞的人文精神，这样的语文课学生当然不愿意学。现在的中小学语文教学，语法教学没有了，逻辑教学也没有了，学生得不到科学的语法逻辑训练，损失很大。语文课不是不要人文性，但是人文性不是外加的，语文知识本身就包含有人文性。比如，语法教学能培养学生缜密的思考能力，文学教学能培养学生高尚的审美情趣，这些都体现了人文性。现在一些语文课，学生无根据的乱想都受到鼓励，教师有时放弃了引导的责任，这对提高学生的语文运用能力没有益处。听说读写能力是学好语文的基础和核心，必须保证学生这些能力的培养，要有必要的训练。在这个基础上，让学生多实践、多运用，切实掌握母语的学习规律。

记：谈到语文能力，社会上对学生错别字连篇，话说得不完整、不通顺普遍表示了担忧。

苏：中国的传统文化是重文字轻语言。文字很重要，但文字是记录语言的，学语文首先是学语言。先是学口语表达，然后才是书面语表达，要有足够的表达能力，要重视语言表达训练。小学阶段的任务不要太多，但是这个基础要牢。

当前语文教学面临的另外一个重要问题，就是汉字教学跟不上形势的发展。现在电脑普及了，写字机会就少了，错别字、提笔忘字的现象严重了。怎么办？电脑不能不用，如果不用就谈不上信息化，可是汉字的应用能力也绝不能削弱。解决这个难题的出路，就是要切实加强中小学语文课的汉字教学。中小学学生记忆力强，在中小学阶段要打好汉字的基础，学会正确认读汉字、使用汉字，首先是 3 500 个常用字，这样学生会一辈子不忘，终身受益。要学好汉字，必须充分发挥汉语拼音的辅助作用。

记：您似乎是比较赞同语文训练的。

苏：培养孩子听说读写的基本能力，没有训练怎么行呢？新课标以减负为名，减少了这方面的相关要求，这是不太妥当的。语文学习是件十分严肃认真的事，要打牢知识基础，科学的训练是必不可少的。有人认为语文训练是枯燥的，这是一种表面的看法。任何一门知识，只要深入进去掌握规律，枯燥就会转化为不枯燥。比如说语法知识，不是抽象的几个条条，它可以提高学生的逻辑思维能力。现在学生作文中语法不通与他们缺乏相关的语法知识关系甚大。语文教学缺少语法知识教学，回到了清末《马氏文通》出版以前的状况去了。语文课要教语法，教多少、怎么教，都可以不断探讨。要把语法讲得学生爱听，愿意接受，这是可以做到的，是属于语法教学法要解决的问题。现在有些语文课带有“表演”的性质，表面看很热闹，可是学生学不到什么东西。语文课怎么能表演呢？有的语文课上课靠课件，学生在课堂不摸书本，这似乎很轻松，也没有负担，但是学生到底学到什么了？

记：一强调训练，大家都担心，会不会回到原来机械操练的老路上去。现在大家的基本判断是，学生负担不是减轻了，而是更重了。

苏：我上中学时，从未觉得语文是负担，成绩没落下，还读了不少书。随着年级增高，越来越喜欢语文。这是怎么造成的？我读中学时经历了七八位语文老师，他们在学识上都有专长，有的偏好文学，有的偏好语言学。在教学中，也讲课本，但是同时教给我们很多课本上没有的而我们很需要的语文知识。比如十三辙知识、推敲的典故，都是读初二时老师讲的。1951 年我读初三，语文老师在课上，以吕叔湘先生的《语文学习》做教材讲语法知识，学生很爱听。现在师生都死盯着课本，没有活动的空间，这大概就是应试教育惹的祸。在北京，中小学语文教师的学历都达标了，但是实际水平并没有完全达标。语文教师缺少汉语汉字知识的现象，带有一定的普遍性。

记：看来要学好语文，就要丰富我们的语文生活，拓展语文视野。您曾谈到当下语文生活中有种“复古”倾向，表现之一就是认为文言比白话优美。现在国学热越来越升温，已经成为一种社会热潮。您如何理解经典？您对小学生阅读经典有什么建议？

苏：国学热代表一种社会思潮，需要我们辨别方向、冷静思考国学的优点到底是什么，缺点是什么。所谓的国学就是传统文化，含义很广，但国学的核心是儒家经典。对中小学学生来讲，念一点古诗词是有益的，但读"四书""五经"，有什么好处？我觉得弊大于利。首先，从思想来讲，《三字经》《弟子规》是封建文化，与培养一代新人的要求背道而驰，风马牛不相及。我不是说读《三字经》《弟子规》一点好处也没有，但是贯穿其间的指导思想是为封建社会服务的。《三字经》说"三纲者，君臣义，父子亲，夫妇顺"，这是在宣扬"三纲五常"那一套，是封建腐朽的东西，学生会背了并没有好处。世界已经进入21世纪的信息化时代了，我们在孩子记忆力最强、长知识的时候，却让他们背这种东西，至少倒退一百年！我们对传统文化要分清精华和糟粕。也有人认为现在的学生有分辨能力，老师不必瞎操心。这种观点我不赞成，作为教书育人的老师，是不应该放弃引导责任的。其次，从语文学习上看，会背《三字经》就能学好语文吗？能提高学生的听说读写能力吗？那是浅近的文言，是文白夹杂的东西，而现代学生首先需要的是现代白话文。文言文学好了，白话文就会好吗？学白话文可能用五成力，学文言文用十成力可能还不够，这是本末倒置！总之，从思想上看，对于传世的儒家经典要分清精华和糟粕；从语文学习上看，宝贵的时间，不能学得半文不白，文白不通。我们要学优美的、纯净的白话文，白话照样也能创造出优美的散文。当前优美的散文太少，假文言多得很。我们日常读的文章，有不少在语言上是疙疙瘩瘩的，不通顺，不生动，语文教育要想办法解决这个问题。

记：说到语言运用的问题，现在的中小学生都很流行用网络词语，比如字母形式的GG MM，数字形式的7456（气死我了），以及中英词夹杂等。怎么才能引导学生学会正确、规范、优美的语言呢？您有什么建议？

苏：目前汉语文中产生一些字母词，汉语中夹带英语的现象并不少。有人担心若干年后汉语会被英语吞噬，这种担心大可不必。这种现象并不会对汉语造成太大的影响。语言的本质特点是基本词汇和语法结构，这些字母词很少能进入汉语的基本词汇和语法结构里面去，汉语的本质并没有受到影响，汉语有强大的生命力。随着各国文化交流和语言交流的加强，互相吸收词汇是积极的现象。当今世界，英语是事实上的世界语，中小学学生学习一些英语是必要的。汉语中出现一些字母词对提高汉语的表现力有好处。不要把外来词语视为洪水猛兽。要坚持汉语规范化，但是规范化并不是简单地拒绝外来词。语言是生动的、发展的，而不是僵死不变的。

各种“火星文”、网络词都属于社会方言的范畴。这些词语主要流行在网络上，流行在城市的一部分青少年中。这些词语生命力一般不长，大部分是昙花一现，很少能进入汉语的基本词汇。中小学生偶尔使用这些词语很难禁止，但是教师和家长要加以引导，大力提倡阅读文质兼美的文章，提倡使用规范化的语言，下功夫学好母语。

记：苏教授，感谢您对中小学语文教育的关注。语文是基础学科，语文新课程改革也进行了将近十年，究竟有哪些问题是改革中必须重点解决的，还需要从理论以及一线教学实践中进行深入总结、反思。

苏：是啊。多听听一线教师的意见，他们最有发言权。也要多听听语文学家的意见，先进的语文教育理念也是不可缺少的，但是吸收国外先进的语文教学理念一定要结合本国语文教学的实际。

（《小学语文》2011 年第 1—2 期）

从林纾不懂文法谈起

林纾（1852—1924），字琴南，是清末民初的古文名家。他曾用古文翻译欧美小说170多种，译笔流畅，很有影响；晚年反对五四新文化运动，是守旧派的代表。胡适在1917年5月《新青年》第三卷第三号上发表《寄陈独秀》的信，信中有一段谈到林纾因不懂文法，写出了不通的句子，很值得玩味。下面我们先引用胡适的文章：

顷见林琴南先生新著《论古文之不当废》一文，喜而读之，以为定足供吾辈攻击古文者之研究，不意乃大失所望。林先生之言曰：

> 知腊丁之不可废，则马班韩柳亦自有其不宜废者。吾识其理，乃不能道其所以然，此则嗜古者之痼也。

“吾识其理，乃不能道其所以然”，此正是古文家之大病。古文家作文，全由熟读他人之文，得其声调口吻，读之烂熟，久之亦能仿效，却实不明其“所以然”。此如留声机器，何尝不能全像留声之人之口吻声调？然终是一副机器，终不能“道其所以然”也。今试举一例以证之。林先生曰：

> 呜呼！有清往矣！论文者独数方姚，而攻掊之者麻起，而方姚卒不之踣。

此中“而方姚卒不之踣”一句，不合文法，可谓“不通”。所以者何？古文凡否定动词之止词，若系代名词，皆位于“不”字与动词之间。如“不我与"，"不吾知也"，"未之有也"，"未之前闻也"，皆是其例。然"踣"字乃是内动词，其下不当有止词，故可言"而方姚卒不踣"，亦可言"方姚卒不因之而踣"，却不可言"方姚卒不之踣"也。林先生知"不之知"，"未之有"之文法，而不知"不之踣"之不通，此则学古文而不知古文之"所以然"之弊也。

林纾熟读古文，善写古文，是位公认的古文大家，可是不懂文法，是位"识其理，乃不能道其所以然"的学者，一不小心就写出了"不通"的句子。为什么会是这样呢？因为林纾对古代汉语结构规律的认识，停留在感性认识阶段，没有上升到理性认识阶段，所以有时就难免出错。他为什么没有上升到理性阶段呢？因为他不懂文法。

文法现在叫语法，指的是语言的结构规律。汉语与世界其他语言一样也是有语法的，我国古代的语言学家对汉语语法也有一定的认识，但是受到种种条件的限制，一直到《马氏文通》问世以前，还没有形成完整的语法科学体系。1898 年《马氏文通》的出版，使汉语语法学逐渐走上成熟的道路，使语文教学开始摆脱长期停留在感性认识的阶段，逐步做到"不但知其然，而且知其所以然"，产生了质的飞跃。

从《马氏文通》开始的汉语语法研究，有鲜明的目的性，就是帮助读者掌握汉语的结构规律。马建忠在《马氏文通·后序》里说："余观泰西童子入学，循序而进，未及志学之年，而观书为文无不明习；而后视其性之所近，肆力于数度、格致、法律、性理诸学而专精焉。故其国无不学之人，而人各学有用之学。计吾国童年能读书者固少，读书而能文者又加少焉，能及时为文而以其余年讲道明理以备他日之用者，盖万无一焉。夫华文之点画结构，视西学之切音虽难，而华文之字法句法，视西文之部分类别，且可以先后倒置以达其意度波澜者则易。西文本难也而易学如彼，华文本易也而难学如此者，则以西文有一定之规矩，学者可循序渐进而知所止境；华文经籍虽亦有规矩隐寓其中，特无有为之比拟而揭示之。遂使结绳而后，积千余载之智慧材力，无不一一消磨于所以载道所以明理之文，而道无由载，理不暇明，以与夫达道明理之西人相角逐焉，其贤愚优劣有不待言矣。"马建忠的这些话，可以看作是对语法无用论的有力批评。

《马氏文通》是古汉语语法专著，而第一部有重要影响的现代汉语语法著作是1924年出版的黎锦熙著《新著国语文法》。现代汉语语法研究是伴随着五四白话文运动的发生而发生的。1917年1月，胡适在《新青年》第二卷第五号发表《文学改良刍议》，提出了文学改良的“八事”，其中的第三是“须讲求文法”。胡适说：“不讲文法，是谓‘不通’。”廖庶谦说：“《新著国语文法》是黎锦熙先生所编著的一部杰作。当民国八年五四运动的前后，我国的语文进程上起了一次极大的变革。这一次变革的主要特征是由文言的优势变成了白话的优势。当那个时候，主张白话的一方，在许多口号当中，提出了‘讲求文法’这一个口号。因此，对于白话文法的讲求，变成为当时语文改进上各种工作当中的一种基本工作。那时候，除了各学校开始教授文法以外，各地的语文讲习班都开列了白话文法这一科；出版界大家都赶印关于白话文法的各种著作。到了民国十三年，黎先生这本《新著国语文法》出版了。”“黎先生这一部文法书，在事实上已经变成了许多白话文法书籍当中的代表作。”①

新中国建立后，语法研究和语法教学进入了新阶段，它的显著特点是走出了大学和研究院，深入到广大的干部和工农兵当中去，成为他们提高语文水平的有力武器。1950年5月21日《人民日报》发表短评《请大家注意文法》。短评指出：“应当努力用正确无误的语言文字来表达正确无误的思想；应当把文法上的一切错误，从我们所有发表的文字中逐步地，最后是彻底地消灭掉。”1951年6月6日《人民日报》发表社论，社论指出“我们的学校无论小学、中学或大学都没有正式的内容完备的语法课程”，号召人们：“正确地使用祖国的语言，为语言的纯洁和健康而斗争！”《人民日报》在这一天开始连载吕叔湘、朱德熙合著的《语法修辞讲话》。作者说：“我们接受人民日报写稿的邀约的时候，我们的了解是要用这个讲话来帮助学习写文章的人解决一些实际问题：哪些格式是正确的，哪些格式是不正确的，某一格式怎样用是好的，怎样用是不好的。”“这个讲话的性质比较倾向于‘匡谬正俗’”。《人民日报》社论和《语法修辞讲话》的发表，很快在社会掀起了学习语法修辞的热潮。许多机关行政干部、部队政治和文化教育干部、编辑出版工作者、青年作家等等，纷纷举办各种不同类型的语法学习班。学习语法，在语言运用中讲究语法，成了一时的风尚。这种热潮很快就波及学校，有不少中学语文老师开始在语文课上讲授语法，所用的教材主要是张志公的《汉语语法常识》、吕叔湘的《语法学习》、曹伯韩的《语法初步》等。

1954 年初党中央决定在全国中学实行汉语、文学分科教学，责成人民教育出版社组织力量编写《汉语》和《文学》教科书。《汉语》课本讲授较为系统的现代汉语知识，其中语法占有很大的比重。汉语语法学存在着不同的体系，而在中学进行语法教学应当采用社会多数人容易接受的综合体系，于是人民教育出版社委托吕叔湘、张志公拟订教学用的语法系统。经过广泛征求意见，几次试教，多次修改，在 1956 年形成了《暂拟汉语教学语法系统》(简称《暂拟系统》)，然后就根据这一系统编写《汉语》课本的语法部分。1956 年秋季，在全国实行汉语、文学分科教学，开始使用《汉语》课本。中学的汉语教学采用了《暂拟系统》，许多高等学校中文系也采用了它，以便它们的毕业生可以方便地承担中学语法教学的任务。1958 年汉语、文学分科教学停止，恢复了统一的语文课。《汉语》课本不用了，语法知识改用练习的形式出现在一部分课文的后边。由于分科教学只进行了三个学期，试验停止后也没有进行总结，我们无法对试验的效果做出准确论断。据事后了解，有的学生认为语法教学给他留下了深刻印象，使他重视了如何正确使用汉语；有的学生则反映“难得很”“用不上”。针对“难得很”“用不上”，张志公提出了语文知识教学要“精要，好懂，有用”。这一时期党中央十分重视干部的语法学习，1958 年毛泽东主席主持制订的《工作方法六十条(草案)》里的第 43 条是：“学点文法和逻辑。”

“文革”期间语法研究和语法教学都受到很大的破坏，“文革”结束后逐渐恢复并得到了发展。1978 年教育部制订的《全日制十年制学校中学语文教学大纲（试行草案)》规定：“语文知识，包括语法、逻辑、修辞、写作知识和文学常识等。这些知识力求精要、好懂、有用。”1981 年 7 月在哈尔滨举行“全国语法和语法教学讨论会”，会议共同商定了《〈暂拟汉语教学语法系统〉修订说明和修订要点》。会后经过两年多的努力，反复修改，并经有关领导和顾问的审订，1983 年形成了《中学教学语法系统提要（试行)》(简称《提要》)。《提要》发表后，中学语文教学用的语法系统由《暂拟系统》改为《提要》。《提要》对《暂拟系统》做了两方面的重要修改：一方面是把词、短语、句子三级语法单位，改为语素、词、短语、句子、句群五级单位；另一方面是把短语的分类，由按结构改为按功能（《暂拟系统》把短语分为主谓短语、动宾短语等，《提要》分为名词短语、动词短语等）。这两方面的修改给语法教学增加了难度，“精要、好懂、有用”的要求没有能够贯彻，语法学习里的“难得很”“用不上”的问题没有得到有效的解决。

语法教学酝酿着新的改革，就在这时“淡化语法”论浮出了水面，1990年《语文学习》还就淡化语法的问题开展了讨论。1994年张志公在一次接受访谈时说：“上海《语文学习》让我谈过关于淡化语法的意见，我开宗明义就说，什么叫作淡化语法，淡化是艺术语言，语法是科学，淡化我不懂，人家实际上就是不要语法，不好意思这么说，就谈淡化。粗暴的说法就是废除语法，以至有人发狠说要‘扭断语法的脖子’，我在你们《语文建设》上写文章说，语法没有脖子，没法扭。语法现在处于这么一种现状，很不理想，主要就是在这几点上。”② 到了1997年，自《北京文学》开始的语文教学改革大辩论，包括语法知识在内的语文知识成了众矢之的。“淡化语法”论一时相当流行，就使语法教学的改革面临着非常困难的局面。“淡化语法”论不破除，语法教学根本无从谈起。

在“淡化语法”论成为时尚的时候，有的人走得更远些，认为学习语法不但无益反而有害，我们姑且叫作“语法有害”论。请看下面的言论：“现代汉语语法源于西语体系。语法专门家‘取西文律令以驭中文’，数十年来虽然它屡经改进，但它既不能包纳所有汉语，又不免烦冗啰唆。”“汉语追求简约，许多句子不用主语，甚至没有动词，甚至只有一堆名词，然而所写意象清楚明白，生动感人。名句‘鸡声茅店月’和‘枯藤老树昏鸦’等就是典型的例子。汉语又很少有‘的’的不休现象。请看：‘定睛看时，见一个人’，‘武二扒将起来看时’，‘等到天明，却再理会’，‘到次日早晨’，‘正进门，两个撞了个满怀’（《金瓶梅词话》）；再看：‘宝玉正欲走时’，‘春燕接着，揭开看时’，‘刚出了院门，只见袭人’（《红楼梦》）。这些语句，用一个‘时’字，不用‘的时候’，甚至只写明动作，连个‘时’字也不用，更不要说用‘的时候’和介词‘在’了；可是按照现代语法写作，非都一律用上什么介词、助词，把句子写成‘在……的时候’不可，弄得‘的’的连篇，非常啰唆。这正是现代汉语语法追求西化、强调形态变化造成的一个恶果。语法教学是这一恶果产生的催化剂，不可忽视它。”③文章举出的这些被作者认为是简约、生动感人的例子，其实都是合乎语法的，哪位语法学者说它们不合语法呢？古白话说“时”，到了现代白话说“的时候”，这是语言的自然发展。在现代白话文里，“时”和“的时候”两种格式都有用，要看用在什么语境。带有书面语气的常用“时”，带有口语语气的常用“的时候”。用“时”时，前面可以有“在”，也可以没有，而“……的时候”一般要有“在”。这都合乎语法规律，有什么可以指责的？作者认为只能说“时”，不能说“的时候”，如果说了“的时候”就是烦冗啰唆，这又有什么根据？亚东图书馆排印本《红楼梦》第七回有“若发了病的时候儿，拏出来吃一丸”，这是不是也烦冗啰唆？我们从这段文字举出的例证里，看不出语法有什么害处，看到的只是作者因为不懂语法而对语言的曲解。这个事例正好说明语法有用，只有语法才能对语言现象做出科学的分析。

语法到底有用还是没用？我们的回答是：当然有用。张斌说：“语法是语言的结构规律，它是客观存在的。例如，‘问题不能得到解决’不能写成‘问题不能得以解决’，‘问题得到解决’却可以写成‘问题得以解决’。如此等等，不外别同异、明正误。而同异问题和正误问题大都与语句的结构有关。”“值得注意的是，分析语句要注重说明语言所代表的事实，不能纠缠在术语上边，例如‘锅里有鱼’与‘鱼在锅里’不同，前一句的‘锅里’是有定的，而‘鱼’是无定的：后一句的‘鱼’却是有定的。这是事实的差别。至于句首的‘锅里’是主语还是状语，这是术语的问题。术语可以选择，事实却不能改变。不顾语言所表示的事实而专在术语上做文章，自然会得出语法无用的结论来。”④语法可以“别同异、明正误”，语法可以让那些“识其理，乃不能道其所以然”的人“道其所以然”，怎么能说无用呢？再看下面的句子：

(1) 尽管否定中医药的呼声一度沸沸扬扬，但是作为中医药的故乡人，我们对于中医药的了解又有多少呢？（《光明日报》2007年3月22日）

(2) 从“入亚”所想到围棋普及需要打天下（《北京晚报》2007年4月

29日14版头条的标题）

（1）“尽管”是连词，用在上半句，下半句常用“但是”等和它呼应；意思是承认甲事为事实，但是乙事不因为甲事而不成立。“尽管”后面既然是“否定中医药的呼声一度沸沸扬扬”，那么“但是”的后面说的应该是肯定中医药的意思，如“但是这并不能动摇广大民众对中医药的信任”。如果保留下半句，那么上半句就要改为“尽管我们中国是中医药的故乡”。（2）“从‘入亚’想到普及”，意思比较清楚，可是加了助词“所”就变了。因为助词“所”用在动词前面就组成为名词性的短语，“所想到”指的是“所想到的人或事物”，上半句的结构就被破坏了。懂得语法的人就可以避免这类语病。

在中学语文课里讲些语法，不是没有用处，而是大有用处。因为中学生的听说读写能力还不够，还需要提高，而这项任务只能由语文课来承担，不能交给别的课程。语文课要完成这项任务就不能没有语法。“淡化语法”论对语文教学已经造成了严重的伤害，学生在语文课学不到语法，离开学校后如果没有机会补习语法，那么就会留下终生的遗憾。许多有识之士多次发出呼吁，现在到了解决这个问题的时候了。温立三说：“语文知识是语文学习的基础，没有掌握基本的语文知识，就谈不上培养语感和形成技能，更不用说到创造性思维的培养。”⑤当前，包括语法知识在内的语文知识教学处在尴尬的境地。“旧的语文学科知识系统已被基本否定，而新的语文课程知识系统还有待建立，所以，眼前的语文课程的知识内容在语文教师那里是一笔糊涂账。合宜的语文能力必须要由适当的语文知识来建构，所以，语文学科课程知识体系的重新清理和建构不应该‘淡化’，应引起重视，而且亟待解决，但这是一个需要付出很大努力的艰巨课题。”⑥

我们不赞成“淡化语法”，主张要重视学校的语法教学，并不是看不到语法教学里存在严重的问题，也不是主张原封不动地去讲《提要》。我们要下功夫切实解决语法教学的改革问题。许多语言学家早已把语法改革的路指给了我们。桂诗春说：“传统教学法把语言作为知识来传授，并不能培养起学生使用语言的能力。”⑦胡明扬说得更明白：“中学语法教学的目的要求中学的语法课是一门实践课，可是现在的中学语法课是一门知识课。中学语法教学的目的是提高学生理解和运用语言文字的能力，可是现在中学语法课的实际目的是传授语法的理论知识。要改革恐怕就要在这些带根本性的问题上进行改革。"⑧这就是语法改革的关键所在。

附注

①廖庶谦《评黎锦熙的〈新著国语文法〉》，《中国文法革新论丛》第286—287页，商务印书馆1987年版。

②张志公《谈〈暂拟汉语教学语法系统〉》，《张志公语文自选集》下册第547页，北京大学出版社1998年版。

③杜常善《语言粗俗贫乏与语文教育理论》，《语文学习》1999年第2期第3页。

④张斌《对中小学语文教学的几点看法》，《语文建设》2002年第4期第19页。

⑤温立三《语文教学中的"度"》，《语文学习》2005年第6期第10页。

⑥李山林《"语文课程内容"略论》，《语文学习》2005年第2期第7页。

⑦桂诗春《应用语言学》第57页，湖南教育出版社1988年版。

⑧胡明扬《中学语法教学刍议》，《语文建设》1995年第4期第25页。

《语法修辞讲话》是我终生的老师

1951年上半年，我在天津第三中学读初中三年级。那一年教我语文的是著有《古书虚字集释》的裴学海先生。裴老师曾在清华国学研究院从名师深造，对语言学有深厚的修养。就在那个时候，《开明少年》杂志开始连载吕叔湘先生写的《语法学习》，裴老师就把吕先生的文章拿来在课堂上讲解。这是我第一次接触语法。那一年6月6日《人民日报》发表社论《正确地使用祖国的语言，为语言的纯洁和健康而斗争!》，同时开始连载吕叔湘和朱德熙两位先生合写的《语法修辞讲话》。也许是忙着升高中吧，我那时对这件大事并没有特别留意。《人民日报》每周用两个整版发表《语法修辞讲话》，《天津日报》等省市大报每周也用两个整版转载，一直持续到1951年年底。对报纸来说这是个很大的动作，不久就引起了我的注意，于是我就设法找报纸来阅读。阅读给我带来惊喜，原来语法修辞还有那么多的学问。那时我是中学生，家里没有报纸，学习《语法修辞讲话》也只能是断断续续的。1951年年底开明书店出版了《语法修辞讲话》前五讲的单行本——全书共六讲。我非常高兴，有了单行本学习就方便多了，可是没有钱，只好望书兴叹。天无绝人之路，正在那时我给天津的一家晚报写了篇小稿子，得到了13 000元的稿费——那是旧币，换成新币是1.3元，正好购买一至五讲的《语法修辞讲话》。我毫不犹疑地用这点钱买了书，这五本书就是我的宝贝。

1952 年又买了第六讲。有了书可以说是如饥似渴地读起来。那时我年龄小，知识不够，有些地方看不懂，可是多数地方还是能懂，似乎也能领略书中的要旨。那是第一次得知吕叔湘、朱德熙两位先生的大名，对他们佩服极了。1957 年暑期我考入了北大中文系，1959 年春季听朱德熙先生讲授现代汉语语法，1959 年下半年吕叔湘先生应邀来北大和我们语言班同学座谈，这才见到了吕先生。到北大后得知，《语法修辞讲话》这部书的出版，吕先生和朱先生得到了数量不菲的稿酬，而二位先生把这笔稿酬悉数捐献给国家，购买飞机大炮，支持抗美援朝。崇高的品格和深厚的学养，吕先生朱先生深深影响了我们这些年轻学生。

一转眼到了“文革”，那时我在北京女八中做语文教师，同时做班主任管理一个教学班。学校乱哄哄的，语文课不像语文课。学生学不到什么有用的知识，教师无休止地被“运动”，一天到晚也不知忙些什么。我很想看点书、研究点语文问题，可是哪有什么书，幸好我有一部完整的《语法修辞讲话》。大的课题没有能力做，于是我选了标点符号这个小题目试着做，唯一的参考书就是《语法修辞讲话》第六讲《标点》。经过很长时间的写作，终于写成了一本不足四万字的小册子，取名就叫《怎样使用标点符号》。体例和观点基本是《语法修辞讲话》的，不过稍加通俗化，例句主要选自毛泽东和鲁迅的著作，再有就是样板戏。书稿寄给了北京人民出版社，1974 年北京人民出版社作为《语文小丛书》的一种出版。那时是书荒，我的这样一本小册子第一版就印了 60 万册，后来又印了几次。这是“文革”期间我学习《语法修辞讲话》取得的一点小成绩。

“文革”结束后，1979 年中国青年出版社重印《语法修辞讲话》，重印本做了不多的修改。吕先生朱先生在《再版前言》里说：“修改的范围不大，主要是换掉一些例句。原来的例句大多数取自当时的报刊，现在有不少过时了。要彻底改变这种情况，显然是不可能，只能把少数非改不可的例句改掉。”修改工作是由北大中文系的教师做的。我把修订本买了来和第一版做对比，要看看都修改了哪些地方，弄明白修改的原因。我认真地做这件枯燥的事，对比了修改前后的几十条例句，慢慢悟出点修改的道理，但同时也感到改换后的例句有几条似有不妥。有的句子本身不够规范，有的句子和书中要论证的观点不能密合。我的看法对吗？不敢自信，于是我给吕先生写了封短信报告了我的疑问，并附上了修改前后的几组例句的对照。不久就收到了吕先生的回信。吕先生在信里说："得手教兼示《讲话》新版错误，感佩无已。""拙作措语时伤苟简，致劳寻绎，甚用歉惶。敢请严加批剔，倘有高见，不吝赐示，亟盼亟盼。"这封信后来收在《吕叔湘全集》第19卷第109页。这是吕先生对我的鼓励和鞭策。

"文革"结束后汉语言文字学获得了新生，1988年初我调入北大中文系做教师。这是工作的正常变动，我自然不想去打扰吕先生。可是有一天语用所的龚千炎先生见到我，说："前几天我见到了吕先生，吕先生问我苏培成调到哪里去了，还问我黄伯荣调到哪里去了。"这真是大出意料，像我这样一个普通教员的工作安排，还劳吕先生挂心！我赶忙委托龚先生见到吕先生时转达我的问候，祝吕先生健康长寿。附带说明那时黄伯荣先生已由兰州大学调往青岛大学。改革开放以来，我有机会多次见到吕先生朱先生，也曾不止一次登两位老师的门聆听教诲。我读了他们的几乎全部著作。在过去的几十年里，我有多位使我终生难忘的恩师，而吕先生朱先生是其中最重要的两位；在学习和工作的期间，我也读了一些语言文字学的著作，而《语法修辞讲话》是对我影响最大、使我终生获益的一种。时光无情，1992年朱德熙先生去世了，1998年吕叔湘先生也去世了，我永远失去了敬爱的师长。

半个多世纪以来，我从《语法修辞讲话》里学了些什么呢？首先是学习它的严谨求实的治学态度和准确顺畅的写作风格。《语法修辞讲话》对问题的分析极为深入中肯。它不做无根据的推论，不下绝对化的断语。言不轻发，言必有中。在写作上，它逻辑严密、结构严谨，深入浅出、平易近人。我禀赋平庸，但是记住吕先生朱先生的教导，老老实实地读书、认认真真地写作，尽力减少片面性。偶有所得也能感受到读书的快乐和人生的充实。

其次是学习它面向语文生活实际，努力解决实际语文问题的工作作风。语言文字学是实用科学，当前我们面临的语文问题很是不少：有的是涉及全局的，例如如何提高全民的语文水平，如何确定汉语汉字的发展方向；有的是偏重微观的，例如一个虚词如何使用，一个句式如何构成。这两类问题都应该受到重视。我以《语法修辞讲话》为榜样，从语文应用中发现问题，尽个人之所能寻找解决的途径，为社会服务，为民众造福。

第三是学习它极为丰富的语法修辞基础知识。例如《语法修辞讲话》讲到“和”“跟”“同”“与”这四个连词的用法时说：“这些都是用在联合成分中间的连接词。当然，一类之中既然有这么些个词，它们的用法和意味不会是完全一样的。‘和’‘跟’‘同’这三个都是现代口语里的词，用法相同：‘跟’字在北京话里用得比‘和’更多，‘同’字流行在华中一带，‘和’字最普通，文章里最常见。‘与’是从文言里继承过来的，它的意义和用法跟‘和’字等相同，因此一般文章里用得较少，但是文章的标题以及书名之类倒是用‘与’的比用‘和’的多，大概是因为它原来是文言字，显得庄重些。”这些知识很有用，要切实掌握。作为专业的语言文字工作者只读《语法修辞讲话》当然是不够的，可是没有它提供的知识作为基础也是不行的。

（《语言文字报》2011 年 8 月 31 日、9 月 7 日）

怎样辨析成语的误用

——赵丕杰著《成语误用辨析200例》序言

首都师范大学文学院赵丕杰教授的新著《成语误用辨析200例》（以下简称《辨析》）是一本兼有学术性和实用性的好书，它的出版值得祝贺。赵教授是我的学长，彼此相知多年。他要我在书的前面写几句话，谈谈对这本书的看法。我不避浅陋，下面就从成语应用研究的角度讨论一下《辨析》的特点和它做出的贡献。

汉语里的成语古已有之。例如“众口铄金”就出现在《国语·周语下》《战国策·魏策一》《邓析子·转辞》《晏子春秋·内篇谏上》等多部古籍里。《国语·周语下》：“故谚曰：众志成城，众口铄金。”《战国策·魏策一》：“臣闻积羽沉舟，群轻折轴，众口铄金，故愿大王之熟记之也。”这两条语料在“众口铄金”的前面标明了“谚”或“闻”，可见在当时已是广为流传。在中古汉语里，成语有了很大的丰富和发展。但是古人对成语的研究却开始得较晚。宋代无名氏著《释常谈》中收入了“鹬蚌相争”“文过饰非”“胶柱鼓瑟”等条目，可是还没有“成语”这个名称。清代钱大昕著《恒言录》开始设“成语”类，收入了“一败涂地”“花言巧语”。民国时期，成语的研究和著录进展不大，成果也不多。新中国建立后，成语的研究逐渐引起了学者的关注，发表了一些质量较高的研究论文，但是成语词典的编写和出版仍旧滞后，满足不了社会的需要。1958年暑假，北大中文系1955级语言班的同学集体编写了《汉语成语小词典》，用现代汉语解释成语的意义，并有显示用法的例句。用今天的眼光来看，那只是薄薄的一小本，算不了什么，可是在那时却是雪中送炭，出版后受到社会的欢迎。改革开放以来，成语词典的出版一改过去的贫乏状况，短短的几年间有了几十种，而且还有了全面考源、释义、引例的大型词典。有了这么一大批讲解成语的辞书，使得人们学习成语、查考成语方便多了，可是人们在使用中逐渐发现这些词典对用法却讲得不多，而用法恰恰是人们使用成语时遇到的重要问题。吕叔湘先生说："成语之妙，在于应用。"当前各种媒体里误用成语的现象比比皆是，成为汉语应用中亟待解决的问题。人们对现有的成语词典并不满足，期待着能有突出讲解成语用法的词典问世。《辨析》的出版正是适应了这种形势。

《辨析》与一般成语词典的显著不同就在于它不但解释了常用成语的意义，而且重点突出了成语的应用，分析了造成误用的原因，指明了避免误用的方法。造成成语误用的原因可以分为两大类。一类是使用者对成语的意义不了解，这当然会用错，可是一般成语词典对意义都有解释，查一查就能解决了。另一类是使用者虽然了解成语的意义，但是对成语的色彩，使用的条件、范围、对象等不了解，结果也会用错。遇到这类问题时去查阅现有的成语词典，常常得不到满意的答案。这些成语词典对这些方面不是完全不讲，就是语焉不详，而《辨析》恰恰是在这些方面做出了重要改进。讲用法当然不能不管意义，所以《辨析》是联系用法讲意义，重点在讲用法。它做了大量的调查研究，搜集了大批典范的和误用的例子，然后有的放矢地进行分析，得出有说服力的结论。《辨析》的每篇短文都包括两部分：前一部分是交代成语的语源，举出典范的用例分析成语的意义；后一部分是辨析常见的误用。我们知道许多成语的用法前人并没有做出过仔细的研究，所以《辨析》的分析具有开创性，这是难能可贵的。这就是《辨析》的特点和它对成语研究做出的贡献。

下面我们把《辨析》里有关避免成语误用的意见归纳为十个方面做一些介绍，供读者参考。使用成语时，注意这十个方面就一定会大量减少成语的误用。这十个方面的前三个在语文辞书里多有涉及，而后七个则鲜有论述。

一、准确理解成语用字的文言义

许多成语都有很长的历史，它的字有不少用的是文言义。如果用现代白话的意义来理解这样的字，必然要产生差错。例如“差强人意”的意思是“大体上还能使人满意”，可是经常被误解为“不能令人满意”。例如：“反腐斗争上投入了不少成本，花了不少力气……天天反腐时时倡廉，但效果却差强人意。”《辨析》指出：

所以如此，很可能是因为把“差强人意”中的“差（chā）”，同当“不好”讲的“差（chà）”混为一谈了。很多人把这条成语读成 chà qiáng—rén yì，便是证明。“差”是多音多义字，读 chā 时，在古汉语中有一个副词义，相当于“颇”“稍微”。例如《汉书·匈奴传下》：“从塞以南，径深山谷，往来差难。”宋·张实《流红记》：“有一脱叶，差大于他叶。”又如“差可”就是尚可，“差堪”就是还能够，“差愈”就是稍微胜过。“差强人意”中的“差”正是大体、稍微的意思。可见一个关键词理解错了，整条成语的意思便弄反了，可谓失之毫厘，谬以千里，不可不慎。

二、准确理解成语里关键词的含义

《辨析》以“首鼠两端”为例说明理解关键词的重要性：

理解这条成语的关键在“首鼠”二字。“首鼠”是双声联绵词，义同“踌躇”“犹豫”。“首鼠两端”就是犹豫于两者之间。有人没有弄清这一点，把“首鼠两端”误解为“言行不一”。其实这两条成语毫无共同之处。“言行不一”者，其行是真，早已确定无疑，其言是假，实为掩人耳目，根本不是犹豫于言与行之间难以决定。此类误用在媒体中并不罕见，例如：“当奥巴马与中国的握手还余温未散之时，美国国务院就在本月初发出消息说政府将开展新一轮对台军售行动。作为当今世界上的超级大国如此首鼠两端、朝三暮四，怎能不令世人惊讶。”行文中“首鼠两端”与“朝三暮四”连用，更足以说明作者确实是把“首鼠两端”误解为“言行不一”了。

三、弄清成语里包含的典故

有些成语来自典故，不明典故，成语的意义自然也难于明了。《辨析》在“举案齐眉”条指出：

“举案齐眉”这个成语语出《后汉书·逸民传》：“〔梁鸿〕为人赁舂，每归，妻为具食，不敢于鸿前仰视，举案齐眉。”说的是东汉人梁鸿受雇为人舂米，每次收工回来，他的妻子孟光都为他准备好饭食，把托盘举得同眉毛一样高，以示对丈夫的敬重（案：古代端饭菜用的矮脚托盘）。后遂用“举案齐眉”形容妻子敬重丈夫，泛指夫妻互敬互爱。……有人不了解“案”是什么，误以为不管什么东西只要举得同眉毛一般高，就叫“举案齐眉”。例如：“倘若选个日子海峡两岸，世界华人一起祭祖……大陆十三亿对岸二千万一起举案齐眉，共同纪念一个老祖宗，应该更有意义。”此例当然不会是说海峡两岸的同胞都是恩爱夫妻，似乎是想说“举‘香’（祭祖时点燃的香）齐眉”，或“举‘香案’（放置香炉的长桌）齐眉”。如果我猜得不错，那就是把“举案齐眉”用成“举X齐眉”了。

四、全面理解成语的结构，不要断章取义

《辨析》在“不绝如缕”条里指出：

“不绝如缕”原作“不绝如线”，语本《公羊传·僖公四年》：“夷狄也，而亟病中国；南夷与北狄交，中国不绝若线。”意思是就像只有一根细线连着，差一点就要断了。后来写作“不绝如缕”（缕：细线）。……理解“不绝如缕”的关键，是要弄清它所描绘的状态，既不是已断，也不是不断，而是将断未断，随时可断。……现在有些人根本没有读懂这条成语，错误地把它同“接连不断”“连绵不绝”“络绎不绝”混为一谈。例如：“进入21世纪以来，有关在外经商的中国人受到驻在国官方和民间双重侵害的新闻报道不绝如缕。”所以误用，是因为只看到“不绝”，而忽略了“如缕”。这种类型的误用，可以称之为“断章取义”，即只看到成语中某个字的意思，便误认为

是整个成语的意思，而所忽略的往往恰恰是最关键的字。

五、全面理解成语的意义，不要望文生义

《辨析》在“目无全牛”条里指出：“‘目无全牛’语本《庄子·养生主》：‘始臣之解牛之时，所见无非牛者；三年之后，未尝见全牛也。’……后因以‘目无全牛’比喻对事物的整体和各个组成部分之间的关系已经了如指掌，因而处理起来极为准确熟练。”《辨析》接着举出了误用的例子，如：“这种‘目无全牛’的‘零件主义’带来的恶果就是：作为市场最重要的主体的消费者却被忽视，产品设计缺少人性化，价格偏离产品价值本身，有的甚至出现严重的质量问题。”并分析说：“以上诸例的作者显然都没有弄懂什么叫‘目无全牛’，而是想当然地把它理解为只看到局部而看不到整体，只见树木不见森林，所以才把它同‘失于偏颇’‘支离破碎’‘以偏概全’‘零件主义’等等相提并论。这是典型的望文生义，是理解和运用成语的大忌。”

六、区分成语的褒贬色彩

许多成语带有明显的褒贬色彩，这种色彩是语言社会约定俗成的，个人不得随意改动。常见的误用是褒义成语用于贬义。《辨析》指出：“‘方兴未艾’也作‘方昌未艾’‘方盛未艾’。‘兴’‘昌’‘盛’都是兴旺、昌盛的意思。显然这是一条色彩鲜明的褒义成语，不能用于贬义。有人没有注意到它的感情色彩，不管什么事物正在发生、发展，都拿来使用，以致造成误用。请看例句：‘新流感方兴未艾，出现了第一个死亡病例，震撼全岛。’”也有的就是贬义成语用于褒义。《辨析》以“罄竹难书”为例分析说：“2006 年 5 月 20 日，陈水扁在一个公开集会上赞扬台湾志工（义工）的贡献时说：‘有很多我们的志工团体，不管是政府代表或者是民间企业帮忙等等，这些都是罄竹难书，非常感人的成功故事。’”“这条成语从它一出现，就带有明显的贬义色彩，尽管过去间或有人用于褒义，但发展至今，其为贬义成语早已约定俗成。因此陈水扁用来赞扬‘志工’，‘教育部长’杜正胜为之辩解，在台

湾立即引起轩然大波，传为笑柄，绝非偶然。……令人遗憾的是，类似陈水扁这样的误用至今在大陆依然时有出现。”

七、遵守成语的使用条件

每条成语在使用时都有一定条件，不过有的条件明显，有的条件不十分明显。对那些使用条件不十分明显的成语，人们容易用错。《辨析》在分析“投鼠忌器”这一成语时指出：

“投鼠忌器”的“鼠”是投掷的对象，比喻要打击的坏人；“器”是鼠身旁的器物，比喻打击对象身边的人，特别是他所依附的或无辜的人，但绝不是投鼠者自己。……之所以造成误用，同某些辞书释义不到位不无关系。例如《中国成语大辞典》把这条成语释为“比喻有顾虑，想干而不敢干”，《中华成语词典》释为“比喻做事有顾虑，不敢放手干”，既没有落实到“鼠”，更没有落实到“器”，这样就很容易对使用者造成误导。《现代汉语词典》比较好，释为“比喻想打击坏人而又有所顾忌”，落实了“鼠”，但还没有落实到“器”。《现代汉语学习词典》释为“比喻想打击坏人，又有所顾忌，怕会伤害别的无辜的人和牵涉别的事”，便比较准确了。

八、把握成语的适用范围

《辨析》在“济济一堂”条里指出：

理解这条成语关键在“济济”一词。《尚书·大禹谟》：“禹乃会群后，誓于师曰：济济有众，咸听朕命。”孔安国传：“济济，众盛之貌。”“众盛”就是人多气势大的样子。《现代汉语词典》把这条成语释为“形容许多有才能的人聚集在一起”，实为确诂。由此可见，“济济一堂”主要形容人才很多，扩大一点也可以形容人很多，但是绝不能形容事物很多。不恰当地扩大它的使用范围，就会造成误用。

《辨析》举出的误用的例子是：“各地的奇瓜异果，特色小吃济济一堂，市民大饱口福。”这个句子里“济济一堂”用来形容瓜果和特色小吃很多，是不恰当的。

九、认清成语的适用对象

《辨析》在分析成语“反戈一击”时指出：

理解和运用这条成语一定要注意，“反戈一击”的对象必须是自己原来所属的或拥护的一方，只有背叛了原来的营垒倒向敌对的一方，才有可能回过头来反戈一击。它同“反击”恰好相反，反击的对象是攻击过自己的敌对的一方，而不是自己的一方。现在有人没有弄清这一点，把“反戈一击”同“反击”混为一谈，以致造成误用。……下面句子里的“反戈一击”应该改为“反击”：“足球就是这样，你不进球，别人就会反戈一击。”

十、辨析近义成语

对同义词或近义词进行辨析，大家都很熟悉，而对于同义成语或近义成语的辨析，人们做的较少，《辨析》在这方面做了很多工作。《辨析》对“弹冠相庆”和“额手相庆”这两条成语做了比较，指出：

“额手相庆”同“弹冠相庆”只差两个字，但是区别恰恰就在这两个字上：“额手”的意思是双手合掌加额，是古人表示敬意或庆幸的习惯动作；而“弹冠”并非敲锣打鼓、手舞足蹈之类通常表示庆贺的动作，它具有特定的含义，即掸掉帽子上的尘土，准备做官。所以“弹冠相庆”表示的不是一般的“相庆”，而是因即将掌权或得势而“相庆”。有些人只看到“相庆”，而没有理解“弹冠”，以致把两条成语混为一谈。

《辨析》在另一个地方指出：

形容费尽心思的成语很多，如褒义的有“殚精竭虑”，中性的有“煞费苦心”“绞尽脑汁”“千方百计”，贬义的有“挖空心思”“费尽心机”等等。这些成语感情色彩不同，意思大同小异，可以根据不同的语境灵活选用，不要抱着一个“处心积虑”不放。多掌握一些近义成语，使用起来就会得心应手，左右逢源了。

总之，《辨析》这本书的出版有意义，作者付出的辛勤劳动有价值。从实用的角度说，它可以弥补当前成语词典释义的不足，帮助读者正确使用成语；从研究的角度说，作者重视成语的应用，并做了有益的探索，对成语的教学和成语词典的编写都有参考价值。不论是专业语文工作者还是其他方面的工作者，读读这本书都会有所得。

（《语文建设》2012 年第 2 期）

标点符号研究

一、中国古代的句读符号

标点符号指的是现代用在书面语中辅助文字记录语言的符号，在古代和它大体相当的是句读符号。汉语的古代书面语是文言文，文言文并不一定需要句读符号。特别是经典著作，一般不用句读符号。这样的文章是不便阅读的。为了传习的需要，古人也用了一些帮助分清语句结构的方法。《礼记·学记》:“一年视离经辨志。”郑玄注:“离经，句绝也。”大约每句完了后空一两个格。汉儒讲究章句，开始使用“句读”:语意已完的叫作“句”，语意未完而须停顿的叫作“读”。《说文·乚部》:“乚，钩识也。”段注:“钩识者，用钩表识其处也。”《说文·丶部》:“丶，有所绝止，丶而识之也。”前者可能就是“句”，后者可能就是“读”。到了宋代，馆阁校书开始使用旁加圈点的符号。“句”是圆圈或圆点，用于字旁;“读”是瓜子点，用于字间。直到清末，句用圆圈，读用瓜子点，或者句读一律用圆圈。这样的符号，对于文言文还勉强适用，因为文言文句式一般不长，结构比较简单;但是对于正在兴起的白话文，显然已经不够用了。鸦片战争之后，西方的标点符号开始传入中国，引起了人们的注意，“旧式标点于是到了与新式标点交代的时候了”。①

二、新式标点符号的萌芽

中国现代的语文改革，开始于清末的切音字运动（1892～1911）。切音字就是拼音字。切音字要使用一些符号，“以醒眉目，乃免混淆”②，但不是传统的句读符号，而是在西方标点符号影响下产生的新式标点符号。

1897 年，王炳耀在香港出版了《拼音字谱》，书中的“句义表”列出了 10 种标点符号：

（1）一读之号　，　（2）一句之号　.　（3）慨叹之号　！

（4）一节之号　。　（5）惊异之号　¡　（6）一段之号　ˇ

（7）诘问之号　？　（8）句断意连之号　：（9）释明之号　「」

（10）接上续下之号　—

1906 年，朱文熊在日本出版了《江苏新字母》，在《例言》列出了 7 种符号：

（1）读　，　（2）句　。　（3）问语　？

（4）感叹　！　（5）申说　—　（6）引用句　‘’

（7）注释　[{()}]

1906 年，卢戆章出版了《北京切音教科书》，书中有 15 种“记号”：

（1）句　。　（2）读　厶　（3）问　？

（4）节　8　（5）相连　·　（6）轻音　··

（7）人名　∠　（8）地名　×　（9）注释　（　）

（10）骇声　！　（11）引书　“　”　（12）相同　‖

（13）另者　。　（14）要语　ꝏ　（15）完止　|

切音字著作中使用的标点符号有三个来源：（1）借用，就是借用西方的标点符号，如，：；？！等。（2）沿用，就是沿用中国传统的句读符号，如。、等。（3）自创，就是自行创造的新符号，如厶×等。

三、新式标点符号的提倡

最早将西方的标点符号用于白话文中的是严复的《英文汉诂》(1904)。这是一本用汉语讲解英语语法的著作，书中大量使用英语的句子，自然要用西方的标点符号和横排。1909年，鲁迅和周作人合译的《域外小说集》出版。鲁迅在书前的《略例》中特别介绍了书中使用的4种西方标点符号：

！表大声，? 表问难，近已习见，不俟诠释。此他有虚线以表语不尽，或语中辍。有直线以表略停顿，或在句之上下，则为用同于括弧。

在五四新文化运动中，新式标点符号的提倡是和白话文的建设联系在一起的。那时主张要制定一套完备而实用的新式标点符号，并用于一切书面语中。率先在刊物上使用新式标点符号的是《科学》(1917)和《新青年》(1918)。随后，《太平洋》《新潮》《每周评论》《法政学报》等也相继采用。北京大学出版的《大学丛书》《大学月刊》等也多用新式标点，上海的《东方杂志》也有全用标点的文章。胡适、钱玄同、陈独秀、陈望道、鲁迅等著名学者，对新式标点符号的建立起了很大的作用。

1914年7月，胡适在美国康奈尔大学的留学日记中写道："我所作日记札记，向无体例，拟自今以后，凡吾作文所用句读符号，须有一定体例。"文中自拟了"直""矩""读""顿"等9种符号③。1916年，胡适在《科学》第二卷第一期上发表了《论句读及文字符号》，阐述了他创制新式标点符号的设想。文中有他拟定的标点符号11种：

(1) 住号　横行用(.)，直行用(。)

(2) 逗号　横行用(,)，直行用(、)

(3) 分号　横行用(;)，直行用(△)

(4) 冒号　横行用(:)，直行用(:)

(5) 问号　横直行皆用(?)

(6) 诧号　横直行皆用(!)

(7) 括号　横直行皆用(())

(8) 引号　横行用(‘’)及(“”)，直行用(「」)及(『』)

（9）不尽号　横行用（……），直行用（⋮）

（10）线号　横行则置线于字之下方，如‘拿破仑’，直行则置线于字之右侧，如‘秦｜楚｜’

（11）破号　用（。），所以示字音之读破者也横行用？直行用？

此后的三年中，他对自己的设计不断地进行增删改易，使之日臻完善，为1919年提出的《请颁行新式标点符号议案》奠定了基础。

钱玄同是五四新文化运动的闯将。在《新青年》第三卷第五号（1917年7月）的通信中，他就应用文的改良提出了十三事。其中的第八点是关于标点的。他说："无论何种文章（除无句读文，如门牌、名刺之类），必施句读及符号。（句读，如．，：；之类，或用。、：Δ亦可，符号，如（）『』，｜用于人名之旁，‖用于地名之旁之类。此事看似无关宏旨，其实关系极大。古书之难读误解，大半由此，符号尤不可少。）惟浓圈密点，则全行废除。"陈独秀立即表示赞成。在《新青年》第四卷第二号上（1918年2月），钱玄同提出了繁简两式的句读符号：

（甲）繁式　用西文六种符号……　，读　；长读　：冒或结　．或　。句　?问　!叹

（乙）简式　仍照以前用句读两号……　、读　。句

陈望道在1918至1921年间连续发表许多文章，较全面地论述了新式标点的意义、来历、效用、部类和用法，并提出了自己设计的方案。他在《标点之革新》（1918）中指出："盖中文旧式标点颇嫌太少，不足以尽明文句之关系。其形亦嫌太拙。当此斯文日就繁密之时，更复无足应用无碍也。则革新标点，其事又重且要于革新文字者矣。"他先后介绍、编制三套新式标点。第一套是1918年5月，介绍西文标点10种，见《标点之革新》。第二套是1919年10月发表《新式标点的用法》里的15种。第三套是1919年6月初稿、1920年3月发表的《点标类别表》，有标点16种。在标点的形式上，他主张"旁取西标"。他的研究对新式标点符号的形成起了积极作用。

《新青年》对新式标点符号的建设做出了重要的贡献。在1916年出版的第二卷上就率先"改良旧日不论句读一概用'。'的法子，为以'。'表句，以'、'表读"。从四卷开始（1918），有的文章就使用了西文的句读符号，

但是未能划一。于是在四卷二号发表了钱玄同提出的“繁简二式”的意见。经过一年多的试用，在1919年12月出版的第七卷第一号发表《本志所用标点符号和行款格式的说明》，列符号13种。

四、1919年的《请颁行新式标点符号议案》

经过不断的研讨和实践，新式标点符号逐渐成熟。1919年4月，马裕藻、周作人、朱希祖、刘复、钱玄同、胡适六人在国语统一筹备会第一次大会上提出了《请颁行新式标点符号议案》，大会议决通过。同年11月29日，胡适对《议案》又作了修正。1920年2月2日，北洋政府教育部发布第53号训令《通令采用新式标点符号文》批准了这一议案。

《议案》分为三个部分。第一部分是“释名”，指出：“本议案所谓‘标点符号’，含有两层意义：一是‘点’的符号，一是‘标’的符号。……旧有‘文字符号’‘句读符号’等名称，总不能包括这两项意义，故采用高元先生《论新标点之用法》一篇所用‘标点’两字，定名为‘标点符号’。”第二部分是“标点符号的种类和用法”，列出新式标点符号12种：

(1) 句号　。或．　(2) 点号　、或，　(3) 分号　；

(4) 冒号　：　(5) 问号　？　(6) 惊叹号　！

(7) 引号　『』「」　(8) 破折号　——　(9) 删节号　……

(10) 夹注号　（）〔〕　(11) 私名号　孔子

(12) 书名号　汉魏六朝百三家集

附录“旧式点句符号”两种：

(1) 圈号　。　(2) 点号　、

第三部分是“理由”，指出：“文字没有标点符号，便发生种种困难；有了符号的帮助，可使文字的效力格外完全，格外广大。”“因此我们想请教育部把这几种标点符号颁行全国，使全国的学校都用符号帮助教授；使全国的报馆渐渐采用符号，以便读者；使全国的印刷所和书店早日造就出一班能排印符号的工人，渐渐地把一切书籍都用符号排印，以省读书人的脑力，以谋教育的普及。”

《议案》的颁布标志着新式标点符号的产生，这对促进现代白话文的健康发展起了积极作用。它是清末以来对于标点符号研讨和实验的总结。它所制定的标点符号，就其主要的部分来说，一直沿用到现在。

中文是用传统的句读符号，还是用新式的标点符号？这个问题争论得很激烈。陈望道回答了这个问题："文章条理，是随时代和知识进步的。古代与俗人，文章不能有繁复的组织，所用标点也无须乎多。可是这少数的标点，在条理繁复到或一程度的文章里，便不能应用自如，就须增加或改良了。""这就是我们采用新式标点历史的理由。"④

制定新式标点符号，是借用西方的标点还是自创？对这个问题，陈望道认为"制定新式，不如采用西制；而采用西制，又当稍加厘定"⑤。在《标点之革新》中，他指出西式标点，其形"易约定"，"最妥适"，其法"易更张"，其例"易统总"，其用"易施行'。他认为自创的符号"光怪陆离"，"造之者一人，而欲人之从之者万人。苟非无可易者，其事最为难能。势将或为寂无影响，或致异说纷纭而已。"钱玄同在《新青年》第四卷第二号的通信中讲到："我们采用西号，碰着不适用于汉文的地方，自然应该变通办理。像西文引号的"" '‘，因为不适用于直行，就依日本改用『』「」，这就是变通办理的前例。"陈望道和钱玄同的观点，很快就得到了人们的赞同。拟订《请颁行新式标点符号议案》时，采用了这种原则，它"所主张的标点符号大致是采用西洋最通行的符号，另外斟酌中国文字的需要，变通一两种，并加入一两种"。

新式标点符号颁布后，它的使用范围逐步扩大，很快就由现代白话文扩大到古代白话小说。1920 年上海亚东图书馆开始出版由汪原放标点分段的中国古典文学名著《水浒》《儒林外史》《红楼梦》等，产生了很大的影响。胡适在为标点本《水浒》所写的序言里说：这部书"一定要成为新式标点符号的实用教本"，"在教育上的效用一定比教育部颁行的新式标点符号原案还要大得多"。⑥

五、关于新式标点符号的论争

推行新式标点符号，和其他语文改革一样，也遇到了重重阻力，正如鲁迅所说，“单是提倡新式标点，就会有一大群人‘若丧考妣’，恨不得‘食肉寝皮’”。⑦ “《新青年》用新式标点符号，是从民七，四卷一号起的，这是中国直行汉字而用新式标点符号排印的第一本书，出版时，许多人一见就哈哈大笑，以为怪物。”⑧复古派的代表林琴南竭力反对白话文，同时也竭力反对标点符号。在他的翻译著作中宁肯使用“此语未完”，也不肯使用省略号。在20世纪20年代的文言复古思潮中，标点符号遭到了一些人的攻击。1924年4月出版的《心理》杂志第三卷第二号上，发表了一篇《新诗人的情绪》，对当时出版的一些新诗集里的惊叹号做了统计，说这种符号“缩小看像许多细菌，放大看像几排弹丸”，认为多用惊叹号的白话诗都是“亡国之音”。⑨还有人写文章说：新式标点“点撇连篇，似非所以清眉目之道”。⑩这些错误言论自然要受到批评。郭沫若在《正标点》一文中指出：“自‘五四’以来，我们也采用西式标点了，这是应有的一步改进。假使孔夫子再生也是要走这一步的，虽然有些迂腐小儒一直到现在都还在反对。你们在反对，你们指得出别人的坏处吗？哼，事实上连人家的用法都还全然不懂，只是抱残守缺，故步自封，你们真不怕孔夫子拿拐杖来打你们的腿！”⑪

六、教育部的《划一教育机关公文格式办法》及国民政府的《训令》

黎锦熙在《国语运动史纲》里说：“《标点符号案》原分新旧两式，在民八（1919）已由教育部公布，一直到民十七（1928）十年之间，除国语会自办公文或由部转行照加标点外，一属部中口气，便予取消；教部且然，其他行政机关更不用说。民十七以来，中央党部和教育机关的公文，白话偶一有之，标点行用稍广；但各部会各地方官厅的新旧文牍老夫子仍是故步自封。”在社会舆论的压力下，1930年教育部公布《划一教育机关公文格式的办法》，规定：“公文句读，为免除误解，便于阅览起见，一律加用标点。惟所用标点，以下列各种为限。”

（1）顿号　、　（2）逗号　，　（3）支号　；

（4）综号　：　（5）句号　。　（6）问号　？

（7）祈使或感叹号　！　（8）提引号　「」

（9）复提引号　『』　（10）省略号　……

（11）破折号　——　（12）专名号　____

（13）书名号　﹏﹏﹏　（14）括弧　（　）

1933年7月，行政院训令所属：“公文应采用简单标点，各部会定8月1日起实行，各部会附属机关定9月1日起实行。”并颁发《简单标点办法》3条，规定了7种符号。

1933年10月2日，国民政府发布第500号《训令》，内称：“本府为求全国各机关一律推行，以免彼此参差起见，经饬由文官处召集本府直辖各机关人员，会同商定，先采用行政院现行之七项符号。”“着于明年一月一日起，一律实行。”附《标点办法举例及行文格式》，其中的7项符号如下：

（1）逗号　，　（2）句号　。　（3）提引号　「」

（4）复提引号　『』　（5）省略号　……

（6）专名号　____　（7）括弧　（　）

“像这样简单明了的标点，自应不学而能；但据调查，各地方机关的公文，有许多还是标点得一塌糊涂的！”[12]

上述几个文件表明，当时的政府对标点符号并没有真正重视。在教育部的《办法》中，不叫“标点符号”，仍叫“句读”。1920年《训令》批准的标点有符号12种，1930年变为14种，1933年又变为7种；在名称和形式也不完全相同。政令这样不一，下属怎么执行？

七、1951年的《标点符号用法》

新中国建立后，政府十分重视语言文字的规范化工作。1951年9月，中央人民政府出版总署公布了《标点符号用法》，有标点符号14种：

（1）句号　。　（2）逗号　，　（3）顿号　、

(4) 分号 ；　(5) 冒号 ：　(6) 问号 ？

(7) 感叹号 ！　(8) 引号 『』　(9) 括号 （ ）

(10) 破折号 ——　(11) 省略号 ……　(12) 着重号 .

(13) 专名号 ____　(14) 书名号 ﹏﹏

同年 10 月 5 日，中央人民政府政务院发布《关于学习标点符号用法的指示》，指示指出：“目前全国各政府机关文件和各种出版物的稿件所使用的标点符号，混乱很多，往往有害文意的正确表达，并使领导机关在审阅这些稿件时，不得不费很多时间来做技术性的校正工作。”“为了解决这个问题，中央人民政府出版总署已于九月间公布《标点符号用法》，作为统一标准。务望全国各级人民政府机关处理文件人员、各报刊出版机关编辑人员、各学校语文教员和学生，一律加以学习，务使今后一切文件和出版物，均按该件规定，统一标点符号的使用。”之后，在全国出现了学习标点符号的热潮，标点符号的知识得到了普及。

20 世纪 50 年代出版的讲解标点符号的书籍有六十多种，发表的论文、杂谈数百篇。这一时期的论著不仅数量多，而且质量高。吕叔湘、朱德熙的《语法修辞讲话》第六讲《标点》（开明书店，1952），徐世荣的《标点符号讲话》（大众出版社，1952），张拱贵的《标点符号的理论实践》（东方书店，1954），周振甫的《标点符号用法例解》（中国青年出版社，1954），代表了这一时期标点符号研究的水平。

八、1990 年的《标点符号用法》

到了 20 世纪 80 年代，中国已经进入了改革开放的新时期，标点符号的用法也有一些发展。为了加强标点符号使用的规范，因此需要对 1951 年的规定做些修改。1987 年，由国家语委下达修订任务，由语言文字应用研究所牵头组成课题组负责修订，到 1990 年修订完毕。1990 年 3 月，国家语委和新闻出版署联合发布修订后的《标点符号用法》。这次修订的内容主要有：增加了连接号和间隔号；简化了说明；更换了例句；针对书写排印由直行改为横行，某些讲法也做了改动。

为了帮助各界正确使用1990年《标点符号用法》，修订组还编写了《〈标点符号用法〉解说》一书，由语文出版社出版。这本书对《标点符号用法》做了解释和补充。在1990年《标点符号用法》公布后，各地出版了一批解释性的著作，主要的有：凌远征等编著的《最新发布标点符号用法例解》（辽宁教育出版社，1990），苏培实《标点符号用法讲话》（原子能出版社，1990；湖南出版社，1995修订版），宋建民、张雪梅编著《新修订〈标点符号用法〉分析与练习》（测绘出版社，1990），吴邦驹著《标点符号的用法》（学苑出版社，1990），苏培成《标点符号实用手册》（中国社会科学出版社，1994；语文出版社1998，修订本）。

1990年《标点符号用法》经过少许改动，成为国标本《标点符号用法》（GB/T15834—1995），1995年12月13日由国家技术监督局发布，1996年6月1日实施。

九、百年来标点符号研究的小结

一百年来，由政府公布的标点符号用法有四个，就是：1919年的《请颁行新式标点符号议案》、1930年的《划一教育机关公文格式办法》、1951年的《标点符号用法》和1990年修订的《标点符号用法》。比较这四次颁布的方案，得到以下的认识：

（一）种类　1919年是12种。1930年是14种，把点号分为逗号和顿号，从引号中分出复提引号。1951年是14种，把复提引号并入引号，又增加了着重号。1990年变为16种，增加了连接号和间隔号。

（二）名称　1．“!”这种符号，1919年叫惊叹号，1930年叫祈使或感叹号。1951年就叫感叹号。1971年版《新华字典》叫作感情号。1990年采用吕叔湘先生的意见，改为叹号。2．夹注号1951年以后改为括号。3．删节号改为省略号。4．私名号改为专名号。

（三）形式　多数标点只有一种形式，但是为了适应书面语的复杂情况，有几种标点多于一种形式。在多种形式中，有一种是基本形式，其他的是辅助形式。例如，句号里的“。”是基本形式，而“.”是辅助形式，一般在科技文献中使用。引号、括号、连接号、书名号都有多种形式。

（四）定义和用法

1. 句号定义　1919年句号的定义是“凡成文而意思已完足的，都是句。每句之末，须用句号。”1951年基本沿用这个定义，改为：“句号表示一句话完了之后的停顿”。可是，带有不同语气的句子，句末的点号不同，并不是都用句号。1990年改为：“句号表示陈述句末尾的停顿”“问号表示疑问句末尾的停顿”“叹号表示感叹句末尾的停顿”，这样的改动提高了定义的科学性。

2. 逗号的定义　1919年对点号（逗号）没有单一的定义，只是列举了七点用法，然后指出：“以上七种，不过略举点号的重要用法。论点号最精细的莫如高元先生的《新标点之用法》，可以参看。”1990年，找到了概括的表述：“逗号表示句子内部的一般性停顿。”关于“一般性”的含义，《〈标点符号用法〉解说》做了解释：“句子内部的点号有四种，就是逗号、顿号、分号、冒号，其中顿号、分号和冒号都有专门的用途。这样，在句内需要使用点号时，凡是不适合使用顿号、分号或冒号的地方，就都可以使用逗号。从这个意义来说，逗号表示的是句子内部的一般性停顿。”在1995年的国标本，可能受体例的限制，又把这个概括的表述去掉了。

3. 分号的用法　1951年规定：“分号表示一句话中间并列的分句之间的停顿。”1990年改为：“分号表示复句内部并列分句之间的停顿。”两者基本一致，没有实质性的修改。为了适应复句的复杂情况，1990年又补充说：“有时，在非并列关系的多重复句内也用分号。”近年来，不断有人提议修改分号的定义。有人主张改为：“分号表示一句话中间大于逗号的停顿，常用在单句的并列成分或复句的分句之间。”这是要扩大分号的使用范围。这样修改对于分清语句的结构没有好处。

4. 连接号的用法　连接号和英文的 hyphen 相似。《语法修辞讲话》不叫连接号，叫连读号，只承认半字线的一种。“在欧洲文字里，连读号的主要用处是表示某一类型的复合词（合两个词为一个词）。我们现在的文字根本不在词和词中间留空白，当然用不着连读号。只在专名和专名结合的时候用得着。”书中又说：“连读号在一般书刊里常印成一长划，跟破折号没有区别。也许是因为短划不显，如果不能改过来，那就只能算作破折号的另一种用法。我们认为这两种符号的基本作用不同，破折号是‘断’，连读号是‘连’，假如技术上没有特殊困难，还是有分别好些。”1990 年的《标点符号用法》采取了谨慎的做法。只规定了一字线（—）为基本形式，“连接号的作用是把意义密切相关的词语连成一个整体”；浪纹为辅助形式，“一般用来连接相关的数字”，为以后进一步规范留有余地。1995 年的国标本比较轻率。在一字线（—）这个基本形式外，同时承认了长横（——）、半字线（-）和浪纹（～），而在用法上没有做出必要的区分，混同了破折号和长横连接号。

附　注

①陈望道《新式标点》，《陈望道语文论集》第 50 页，上海教育出版社 1980 年版。

②劳乃宣《京音简字述略》。转引自高天如《中国现代语言计划的理论和实践》第 74 页，复旦大学出版社 1993 年版。

③岳方遂《新式标点符号史论（上）》，《兰州大学学报》1994 年第 2 期第 117 页。

④陈望道《新式标点》，《陈望道语文论集》第 49—50 页，上海教育出版社 1980 年版。

⑤陈望道《点标论第二》，《陈望道语文论集》第 22 页，上海教育出版社 1980 年版。

⑥王中忱《亚东本和汪原放的标点》，《中华读书报》1998 年 10 月 21 日。

⑦鲁迅《忆刘半农君》，《鲁迅全集》第 6 卷第 55 页，人民文学出版社 1956 年版。

⑧黎锦熙《钱玄同先生传》，《钱玄同年谱》）170 页，齐鲁书社 1986 年版。

⑨《鲁迅全集》第 1 卷第 541 页，人民文学出版社 1956 年版。

⑩岳方遂《新式标点符号史论（下）》，《兰州大学学报》1994 年第 3 期第 105 页。

⑪凌远征《标点符号推行小史》，《语言教学与研究》1986 年第 3 期第 155—156 页。

⑫黎锦熙《国语运动史纲》第 390 页，商务印书馆 1934 年版。

参考文献

陈浩元 1998《连接号的形式与规范使用》，载《语文建设》第 12 期。

高东升 1995《连接号的用法》，载《语文建设》第 1 期。

高天如 1993《中国现代语言计划的理论和实践》第二章，复旦人学出版社，上海。

凌远征 1986《标点符号推行小史》，载《语言教学与研究》第 3 期。

苏培成 1990《标点符号的规范化问题》，载《语文建设》第 4 期。

1996《新中国标点符号规范述略》，载《语文建设》第 1 期。

1999《标点符号实用手册》（修订本），北京，语文出版社。

袁　晖 1994《标点符号词典》，太原，山西人民出版社。

岳方遂 1994《新式标点符号史论》（上）（下），载《兰州大学学报》第 2～3 期。

中华人民共和国国家标准 1996《标点符号用法》（BG/T 15834—1995），中国标准出版社，北京。

（《中国语言学百年丛论》，北京语言大学出版社 2004 年版）

圆点句号的存或废

句号是标点符号里的主要符号，西文的句号是小圆点，中文的句号是小圆圈。这早已成为社会的共识，不必多谈。在中文里，句号的形式除了小圆圈之外，还有小圆点，这也是传统。为什么在汉语标点符号里还要有圆点句号呢？这是由汉语书面语表达的需要而产生的。汉语里圆圈句号来自古代的句读号，和汉字配合使用十分合适。可是在一些科技著作中，圆圈句号容易和拉丁字母 o 或阿拉伯数字 0 相混，特别是当 o 或 0 处在下标位置的时候。为了避免这种相混情况的发生，于是在科技著作里，人们常常使用圆点句号来代替圆圈句号。

1919 年 4 月，国语统一筹备会第一次大会议决的《请颁行新式标点符号议案》里规定的句号形式是“。或·”。新中国建立后继承了这个传统。1951 年 9 月 26 日，中央人民政府出版总署公布的《标点符号用法》中规定：“句号还有圆点儿的一种（·），用的人很少，为的是印刷、书写的功夫差一点，就容易跟旁的符号相混。”1990 年 3 月 22 日，国家语委和新闻出版署联合发布的经过修订的《标点符号用法》规定：“句号还有另一种形式，即一个小圆点（·），一般在科技文献中使用。”1995 年 12 月 13 日，国家技术监督局批准、发布的中华人民共和国国家标准《标点符号用法》（GB/T15834—1995）的 4.1.1 规定：“句号的形式为‘。’。句号还有一种形式，即一个小圆点（·），一般在科技文献中使用。”

2005年年底，国家语委科研规划处为修订GB/T15834—1995《标点符号用法》国家标准立项，项目名称为“标点符号用法规范修订”。不久前，我读到了《标点符号用法》课题组拟定的《〈标点符号用法〉（送审稿）标准文本》和《〈标点符号用法〉（修订）研制报告》。这两份文件废除了圆点句号，只承认圆圈句号。《研制报告》说：“原《标准》指出，句号有小圆圈和小圆点两种形式。但根据对大量实际语料的观察，小圆点句号只在西文的行文中使用，在汉语行文中通常并不使用；同时，小圆点在西文中功能很多，如小数点、缩略词标志等，采用小圆点作为句号会给文本的自动处理带来极大不便。为此新《标准》将小圆点的句号用法予以取消。”从这段说明里我们知道，新《标准》取消圆点句号的理由有两条：一条是“根据对大量实际语料的观察，小圆点句号只在西文的行文中使用，在汉语行文中通常并不使用”；另一条是“小圆点在西文中功能很多，如小数点、缩略词标志等，采用小圆点作为句号会给文本的自动处理带来极大不便。”我认为这两条理由都难以成立，由此得到的取消圆点句号的结论也不正确。

为了了解当前出版物里圆点句号的使用情况，不久前我特意到北京中关村图书大厦的科技图书部，随意翻看那里陈列的图书，就发现使用圆点句号的图书不是个别的，而是具有一定的普遍性。下面列出的使用圆点句号的几种图书，是我随意翻阅展台上陈列的图书时记下来的：

《高等数学引论》，华罗庚著，高等教育出版社2009年2月版。

《数学的神韵》，张景中著，科学出版社2010年4月版。

《数学史概论》（第二版），李文林著，高等教育出版社2000年8月版。

《近代电磁理论》（第二版），龚中麟著，北京大学出版社2010年5月版。

《力学》（物理类），舒幼生著，北京大学出版社2005年9月版。

《哈里德大学物理学》（上、下），（美）哈里德著，机械工业出版社2009年2月版。

在另一家书店里，我还看到人教社出版的高中《数学》课本，使用的也是圆点句号。

从上述事实可以看出，首先圆点句号在当前的出版物里十分活跃。如果我们看不到这个事实，贸然决定取消圆点句号，上述使用圆点句号的合格图书将被判定为“不合格”图书，图书的作者和出版者将会抵制《标点符号用法》的推行。国家颁行的语文规范标准必须有群众基础，如果失去了群众基础，再好的标准也无法推行。其次，句号是标点符号，与“小数点、缩略词标志”的小圆点有本质上的不同，不可混为一谈。数学里的小数点不是标点符号，中文里的缩略词也不用小圆点。文本的自动处理软件如果连标点符号和非标点符号都分不清，这样的自动处理系统根本就是不合格产品，无法使用。

修订语文规范是一件十分严肃的事情，一定要避免主观随意性。1990年和1995年发布的《标点符号用法》是比较成功的规范，不需要做大的修订。修订《标点符号用法》不能割断历史，从1919年使用至今的圆点句号，在知识界有广泛的基础，不能随意改动。如果轻率地取消了圆点句号，必然造成标点符号使用的混乱，引发社会的反弹。还要说明，我们从《〈标点符号用法〉（送审稿）标准文本》里发现的修订不当的地方还不止圆点句号这一处，其他问题容后再谈。

（《语言文字周报》2011年2月2日）

规范地使用汉语汉字
——蔡维藩著《报纸常见语文差错1000例》序言

语言文字是人类最重要的交际工具，也是社会发展的必不可少的工具。为了使语言文字充分地发挥它的作用，就必须规范地使用语言文字，而不能背离规范各行其是。我国实行改革开放政策将近三十年，连续多年GDP增长率以两位数增长，综合国力不断提高，国际影响不断扩大。当前全国人民正在齐心协力为把我国建设成为富强、民主、文明、和谐的社会主义现代化国家而努力奋斗。在这样的形势下，规范地使用汉语汉字具有重要意义。这是因为国力的高低不但要看硬实力，而且要看软实力。硬实力主要指资源、经济、科技、军事方面的实力，而软实力主要指文化影响的强弱和国民素质的高低。发展硬实力离不开规范的语言文字，因为如果没有语言文字及时、准确的沟通，生产就几乎无法进行，军事斗争也很难取得胜利；而发展社会主义的先进文化，全面提高国民的素质，大量培养优秀的建设人才，与语言文字的规范使用更是密不可分。因此我们可以说汉语汉字的使用是否规范，在一定程度上关系到我国经济发展的快慢和社会主义现代化建设的成败。还要看到，信息化和全球化是当今世界发展的两大趋势，为了适应这种趋势，我国必须扩大汉语汉字的国际影响，增强它们在虚拟空间的竞争力和话语权，为此也必须提高汉语汉字的规范化程度。

上面说的是新形势对汉语汉字的规范使用提出的期待和要求，再来看汉语汉字目前使用的状况：一方面是汉语正在沿着规范、丰富、发展的方向前进，汉字的四定（定量、定形、定音、定序）有了不同程度的提高；另一方面是使用中的不规范问题也相当严重，不容忽视。中央电视台 2006 年春节联欢晚会屏幕上出现的汉字差错多达 28 处，把“神舟”错成“神州”，把“搅和”错成“搅合”等等，造成的影响是很不好的。2006 年下半年“全国报刊逻辑语言应用病例有奖征集活动”组织委员会，聘请“挑错能手”对 2006 年 7 月 14 日出版的 24 种大报进行编校质量检查，结果发现这些报纸都存在着汉语汉字使用的不规范问题，例如在某大报的 1 至 8 版发现的病例就多达 80 处。是什么原因造成了这些问题呢？从大的方面说，改革开放以来汉语变化很快，有些需要规范的问题一时来不及规范，出现了规范真空。再加上近些年来社会上出现了“英语热、汉语冷”的现象，不少人忽视了汉语的学习和使用。政府主管部门应该从政策上做出调整，及时扭转这种偏向。从个人来说，专职从事语言文字工作的人员，例如媒体的采编校人员，其中有些人规范使用汉语汉字的水平还有待提高，从事语文工作的责任心、敬业精神还有不足。为了改进这种现状，有关部门要对专业人员的语文素质提出要求，并且组织必要的培训与考核，对不胜任工作的人员要做出调整。提高全民汉语汉字规范使用水平的根本办法，是切实加强中小学汉语汉字基础知识和基本能力的教学，其中还包括写字教学，使毕业生在汉语汉字使用上达到合格的要求。我们相信，只要领导重视，措施得力，汉语汉字使用水平下滑的问题会逐步得到解决。从上述现状中可以看出，蔡维藩先生编著的《报纸常见语文差错 1000 例》的出版具有很强的现实意义。这本书用大量的实例揭示了当前在语言文字使用中存在的问题。这不但对报纸的采编校人员有帮助，对从事语文教学和语文研究的人员，以至一切关心祖国语文的各界人士都有参考价值。当然，提高全民规范使用汉语汉字的水平，不能单靠语病分析这一类著作，但是这一类著作针对性强，深入浅出，比较容易被广大民众所接受。

蔡维藩先生热爱祖国语文，几十年来始终关注祖国语文的规范使用。1978 年 6 月 29 日的《人民日报》发表了蔡先生写给《人民日报》编辑部的信和蔡先生写的《正确使用祖国语言，认真改进报纸文风》的文章。在信和文章里，蔡先生就当时《人民日报》存在的语文差错提出了中肯的意见，《人民日报》对蔡先生的批评表示感谢和接受。这件事给我留下了深刻的印象。2005 年秋，我收到了蔡先生惠赠的两本评改语病的著作《咬咬〈咬文嚼字〉》和《鸡蛋里面挑骨头——给三大报寻个错》，读后很受教益。2006 年 5 月底，中国逻辑与语言函授大学与中国语文现代化学会、中国编辑学会等团体联合发起“全国报刊逻辑语言应用病例有奖征集活动”，蔡先生大力支持这个活动，积极提供报刊逻辑语言应用病例，最后荣获一等奖。在这个时期，蔡先生还集中精力检查了 6、7 两个月的《人民日报》和《光明日报》，从中发现了病例一千多条。对这些病例，蔡先生逐条做了分析，最后编成了《报纸常见语文差错 1000 例》这本著作。承蒙蔡先生不弃，在该书出版前把书稿给我阅读学习，嘱我写序。我粗略地读了蔡先生的书稿，获益良多。例如新华社曾经公布过第一批新闻报道禁用词，这在读蔡先生的文稿以前，我是不知道的。蔡先生对评改报刊语病极为重视，坚持几十年，锲而不舍，表现出对祖国语文的热爱与执着，这使我深受感动。蔡先生不但对汉语汉字的规范应用素有研究，而且对语文之外的百科知识也有广泛的涉猎，深厚的积累。因此蔡先生对报刊语病的评改，能够一语中的，令人信服。汉语汉字的规范问题比较复杂，报纸的文章涉及的方面很广。我虽然不敢说这本书里的每条评改都确切不移，但是依我浅见，绝大多数的评改都能做到言之成理、持之有故。读者对书中个别条目，可能会有不同的意见，这可以通过研究讨论最终取得一致。

总之，蔡先生的这本著作的出版切中时弊，对于提高汉语汉字的规范使用水平具有重要的参考价值。

（《报纸常见语文差错 1000 例》，广西科学技术出版社 2008 年版）

汉字前进的目标：规范、易学、便用

一、为什么要研究汉字前进的目标

（一）文字是人创造的，文字的创造和使用是社会现象

文字在被创造出来之后，沿着自身的规律演变。人们可以利用文字自身的演变规律引导它向适合人们需要的方向发展，造福人类社会。文字发展的方向也就是文字前进的目标。人们可以创造文字，也可以影响文字的发展。世界上各种文字在不同的程度上都可以受使用者的影响，汉字也不例外。我们可以利用汉字自身的规律，积极引导汉字向着有利于社会发展的目标前进。

新中国建立60年来，汉字的前进目标问题并没有得到认真的研究。新中国成立之初，毛泽东主席指示："文字必须改革，要走世界文字共同的拼音方向。"直到1986年全国语言文字工作会议举行以前，毛泽东的话是"最高指示"，但是这个"最高指示"并没有经过详细的论证，也没有制订出可以操作的路线图。所以周有光先生说："过去一再宣传毛泽东的指示，'文字必须改革，要走世界文字共同的拼音方向'。'文化大革命'以后，没有人再谈了。其实，谈不谈都是一样，因为它是一句空话。"①

"文化大革命"结束后，"走世界文字共同的拼音方向"不再成为政府的

文字政策，汉字的研究获得了活力。那个时候社会用字存在着比较严重的混乱现象。为了解决这个问题，政府强调了汉字的规范化。实现汉字规范化不但成了政府工作的目标，自然也成了许多汉字研究者关注的新热点，而汉字前进的目标是什么仍旧没有解决。现在到了该解决这个问题的时候了。21世纪的第一个十年就要过去了，剩下还有90年。在未来的90年里，汉字向什么方向发展，或者说我们希望它变成什么样子，探讨一下这个问题是有现实意义的。

（二）研究汉字前进的目标，离不开国家和社会发展的总目标

就整个国家的发展来说，时代赋予我们的使命是把中国这个文明古国变为文明今国，追赶发达国家，尽快实现政治、经济、教育、文化、军事等全面的现代化，其中自然包括语文生活的现代化。汉字和汉字研究要为实现这个总目标服务。为此，我们既要回顾过去，看看自清末以来汉字是向着什么方向发展的，同时也要展望未来，明确今后汉字前进的目标。

正在崛起的中国，对汉字提出了要求，这个要求也就是汉字前进的目标。为了认清这个目标，我们要明确汉字在社会生活中的地位，也就是汉字所承担的使命。我们认为，在可以预见的未来，汉字将是我国唯一的法定文字。汉语拼音不是文字，只是辅助汉字的工具。因为汉字是唯一的法定文字，在国内，汉字仍将是语文教育的重要内容。要教育年轻的一代切实掌握汉字，首先是常用字，做到会读、会写、会用。这也就是义务教育必须实现的目标。在应用层面，要研究汉字应用中存在的各种实际问题，并积极加以解决。在国际，汉字要走出中国进入世界，积极开展对外汉语汉字教学。由于汉字是语素文字，使用拼音文字的欧洲人、美洲人学习汉字非常困难。我们必须设法降低学习的难度，使汉字的学习变得比较容易。要使汉字成为沟通中外的文化桥梁，扩大汉字的应用领域，提高汉字的影响力。还要看到，人类社会已经进入信息网络时代，西方的字母文字在信息网络方面比汉字占有优势。我们要奋起直追，大力发展汉字的信息处理技术和网络传播技术。古老的汉字和当代先进的科学技术相结合，其意义将是极为重大，将推动中国加速实现全面的现代化。

一百多年的语文改革，在相当的程度上改变了我国人民语文生活的面貌，使当今的语文条件大体适合社会发展的需要；可是面向中国未来的发展，汉字的现状和它所承担的历史使命之间仍有很大的差距。要看到这个差距，承认这个差距，才能设法缩小这个差距。为了缩小这个差距，首要的是必须明确汉字前进的目标。

二、汉字前进的目标是规范、易学、便用

《国家通用语言文字法》第六条规定："国家颁布国家通用语言文字的规范和标准，管理国家通用语言文字的社会应用，支持国家通用语言文字的教学和科学研究，促进国家通用语言文字的规范、丰富和发展。"这一条里提出的国家通用语言文字的前进目标是规范、丰富和发展。我们认为作为交际工具的语言和文字，既具有共同点又具有不同点，所以在研究语言文字前进的目标时，应该是把语言和文字分开来讨论。根据我们的认识，汉语的前进目标是规范、丰富、发展，汉字的前进目标是规范、易学、便用。

（一）关于规范

汉字必须有规范，没有规范就不能成为交际工具。中国在古代就有了比较明确的汉字规范。秦统一六国时期实行的书同文字的政策，就是用秦小篆统一全国的汉字。刊刻石经、推行字样，是规范汉字的重要手段。到了现代，汉字规范意识有了进一步提高。特别是信息处理技术和网络传输技术的出现，对汉字规范有了新的要求。为了适应这种形势，国家主管部门先后颁布并推行了多项汉字规范标准，起到了积极的作用。规范是一种限制，它限制的是那些不合规范的成分，目的是使规范的成分得以顺利的推行。

使用规范汉字的水平是一个人语文能力和语文素养的基本表现。掌握规范汉字不是先天的本能，而是要靠后天的习得。由于电脑应用的日益广泛，人们书写汉字的机会减少，提笔忘字的现象有所增加。弥补的办法是加强基础教育里的汉字教育，切实打好汉字基础，使学生从小就养成使用规范汉字的良好习惯。要有一张切合实用的《规范汉字表》，但是只有一张《规范汉字表》并不等于已经实现了汉字的规范化。规范汉字的制订和实施离不开语文教育。规范汉字的传习主要靠中小学的汉字教学，学生通过语文学习要掌

握常用的规范汉字，要做到会读会用，为走向社会后正确使用汉字打下基础。

我们在加强汉字规范的同时，还要注意到语言文字是活的东西，经常处在发展变化之中。规范不应该限制汉字的发展，而应该是促进汉字沿着理想的道路发展。规范也不应该都是一刀切的，而应该是有层次的。对字形和字音的规范应该比较严格，而对于字义的规范则相对宽松。对于汉字的使用具有示范意义的部门和个人，执行规范必须严格；对于不具有示范作用的个人应用，应以加强教育、引导为主。汉字的规范不是一成不变的，而是要根据实际情况，适时做出必要的调整。汉字的规范一定要以人为本，多为使用者着想，使他们易于学习、易于使用，而不要过分烦琐、过分苛细，成为使用者的束缚。汉字作为语素文字，特点是字数繁多、结构复杂，缺少完备的表音系统。学习和使用这样的文字本来就比较困难，如果再加上过多过细的规定和限制，使人们动辄得咎，把汉字的使用视为畏途，并不会取得好的效果。语言文字的使用直接关系到亿万民众，规范汉字的推行要充分发挥行政手段的作用，可是行政手段要发挥作用，必须遵循约定俗成的原则。如果违背了约定俗成原则，也就是背离了广大民众的使用习惯，行政手段往往也难以奏效。例如《普通话异读词审音表》规定，“树荫”和“林荫道”的“荫”要去掉草字头，写作“树阴”和“林阴道”。这一规定并不合理，民众也不接受，至今并没有得到推行。解决的办法是到适当时期，修改原有的规范。

要防止语文生活中的“洁癖”。近一个时期，有人认为英语正在深度侵入汉语，威胁中国的语言安全和文化安全。“倘若国家再不重视英语侵入汉语的问题，再不采取有力措施制止汉英混杂蔓延，若干年后，汉语将变成汉英混杂、不汉不英的语言。汉语不再是单独能够表情达意的语言体系”。这种断言是没有根据的，是语言“洁癖”的表现。崛起的中国要走向世界，离不开英语。我们要学习英语，让英语为我所用，根本谈不上什么英语“入侵”。汉语文中出现了字母词，是中外语文交流的产物，首先要看到它的积极一面。当然，如果字母词用得过多过滥，妨碍阅读，应该适度加以控制，但是不存在“威胁中国的语言安全和文化安全”的问题。语言的特点本质是它的基本词汇和语法结构，字母词的增加不会改变汉语的基本词汇和语法结构，汉语也不会变成不汉不英的语言。“水至清则无鱼”，绝对纯净的语言是不存在的。不要让语文规范变为语文的“洁癖”，语文“洁癖”妨碍中外文化的交流，妨碍语文的发展。

（二）关于易学和便用

文字是人们经常使用的交际工具，趋易避难是文字演变的基本规律。作为语素文字的汉字，字数繁多，结构复杂，缺少完备的表音系统，这是汉字与生俱来的痼疾。变难学难用为易学便用，贯穿在汉字发展的整个过程中。字数的减少、笔画的减少、结构的简化，都是汉字趋易避难的表现。在古代，社会发展缓慢，文字掌握在少数人的手中，再加上保守思想的抵制，趋易避难的演变比较缓慢。到了现代，社会发展很快，文字的使用十分频繁，难学难用的汉字在一定程度上阻碍了教育的发展和社会的进步，改革汉字的呼声不断出现就是很自然的事。把规范作为汉字前进的唯一的目标是不妥当的，因为规范的汉字如果十分复杂、十分繁难，并不适应社会的需要。因此除了规范外，汉字还必须易学、便用。

汉字的现代化就是要实现汉字的学习和应用的高效率，易学、便用可以提高汉字学习效率和使用效率，所以也是汉字前进的目标。一个时期以来，政府有关语文工作的部门只知道重视汉字规范，以为规范越多越好，把制订规范和推行规范当作语文工作的唯一内容，这是不妥当的，也不符合国家语文工作的方针政策。我们不否认规范的重要性，但是不赞成语文工作只有规范一项内容。和语文规范工作同样重要的，至少还应该包括语文改革。对汉字来说，实现汉字的易学、便用正是汉字改革要达到的目的。不重视汉字的易学、便用，只强调规范，就会脱离使用汉字的实际。规范重在实用，着重在管住社会用字的基本方面。

三、如何实现汉字的规范、易学、便用

要实现汉字的规范、易学、便用，主要的方法就是大力促进汉字的四定——定量、定形、定音、定序。四定不是新提出的构想，它的提出有了相当长的时间，并且已经取得了不少成果。四定不是僵死的，而是发展的。这

里我们谈一谈当前实现四定要注意的一些问题。

（一）**定量**

造成汉字难学、难用的重要原因之一是字数繁多，而且字数无定。解决这个问题的有效措施，是限制并适当减少汉字的字数。汉字历代积累下来的总字数，多达七八万。我们既没有必要也没有可能掌握这么多的字。对汉字要实现分级定量。

首先，要把全部汉字区分为现代汉字和文言古语用字。粗略地说，现代汉字是现代白话文用字，字数大约有一万个左右，其余的是文言古语用字。对绝大多数的民众来说，只学习现代汉字就够了，不需要学习文言古语用字。只有那些需要研读古籍的专家学者才有必要学习文言古语用字。不应该把专家学者需要学习的那些文言古语用字，扩大到一般民众身上，加大他们学习汉字的负担。

其次，要把现代汉字分为通用字与罕用字，罕用字也就是生僻字。通用字就是现代出版印刷用字，也就是现代中文信息处理用字。1988 年 3 月，国家语委、新闻出版署联合发布的《现代汉语通用字表》有通用字 7 000 个。近年来字量研究得出的结论是通用字的数量还可以减少，大约有 6 500 字就够用了。10 000 个现代汉字，除去 6 500 个通用字，其余的 3 500 字是罕用字，包括现代方言字和人名地名字。这类字使用频率极低，一般民众不必掌握。偶尔要用到的时候，查查字典词典也就解决了问题。方言字只为方言地区的民众服务，不具有全民性。只有当该方言字记录的方言词被普通话所吸收，该方言字才有可能变为全民使用的规范字。人名地名用字中除了通用字外，还有大量的罕用字。我们要引导社会在人名地名中尽量使用通用字，不用或少用罕用字。因为人名地名用字的本质是社会的而不单纯是个人的，减少人名地名用字里的罕用字，是汉字生活现代化题中应有之义。不能因为某几个个人的名字里用了生僻字，全民就都来学习这几个生僻字，让多数服从少数。反过来应该动员起了生僻字名字的人改换名字里的生僻字。这样做不但有利于社会，而且也有利于他个人。“文化大革命”前，政府曾经把部分生僻地名用字改为常用字，如把“盩厔”改为“周至”、把“于阗”改为“于田”、把“鳛水”改为“习水”，这种做法是正确的。“文化大革命”

后，这种做法受到质疑。有人提出地名包含文化，不宜轻易改动。我们十分重视地名里的文化因素，但这并不等于不要改换那些生僻的地名字。从历史说，不少地名都发生过改换，有些还改换了不止一次，这并没有使地名文化受到损害。

再次，把通用字分为常用字和非常用字。1988 年 1 月，国家教委和国家语委联合发布的《现代汉语常用字表》，表内有常用字 3 500 字。通用字内除去这 3 500 个常用字就是非常用字。通过九年义务教育，中小学生要熟练掌握这 3 500 个常用字。一般的出版物要尽量使用这3 500 个常用字。如果能把社会用字基本限制在 3 500 个常用字的范围内，汉字的使用效率必然有所提高。

分级定量是限制汉字字数的好办法。有人怀疑这样做会不会限制汉语的发展，我们认为只要措施得当，就可以做到词汇增加而用字不增加。下面是几部重要著作使用的不同单字的数量：

孙中山《三民主义》，2 134 字

毛泽东《毛泽东选集》，2 981 字

叶圣陶《倪焕之》，3 039 字

老舍《骆驼祥子》，2 413 字

曹禺《雷雨》《日出》《北京人》，2 808 字

赵树理《三里湾》，2 069 字

可见，使用 3 500 个不同的单字是可以写出传世的优秀著作来的。

一般民众学习汉字的重点在常用字，不在非常用字。在面向社会公众的出版物中，如果出现了 3 500 个常用字以外的字，可以加上简要的注音和释义。2009 年 8 月公布的《通用规范汉字表（征求意见稿）》，在通用字外增加了一千多个罕用字，这和汉字前进的目标是不一致的。

（二）定形

为了使汉字规范、易学、便用，在字形方面采取的重要措施就是推行简化汉字。文字的简化不是汉字独有的现象，世界上许多文字在发展过程中都出现了简化现象。作为语素文字的汉字，自古以来就存在着数量繁多的异体。一组异体字里面，如果笔画有多有少，笔画少的就是简体，笔画多的就

是繁体。从这个意义说，汉字在甲骨文时代就有了简体和繁体。陈炜湛说："汉字历史源远流长，从其萌芽状态算起，迄今已有六千年，从甲骨文算起，前后演变也有三千二百多年。若从汉字繁简演变的角度考察，则汉字简化的历史也极悠久，同样可追溯到甲骨文时代。易言之，汉字简化实始于商代，始于甲骨文。"② 在中国古代，笔画繁多的传承字被当作正体，笔画简单的简体字被看作俗体。到了民国时期，随着社会思潮的转变，产生了汉字简化运动，要求把简体俗体定为正体，取代传统的正字。这种要求到新中国建立以后变为了现实。国务院于1956年1月公布《汉字简化方案》，包括515个简化字和54个可以用于类推简化的偏旁。1964年扩大了可以类推简化的偏旁范围，公布了《简化字总表》。1986年重新发布《简化字总表》收简化字2 235字。自1956年开始推行简化汉字算起，经过半个多世纪的努力，简化字已经被广大民众所接受。据2004年发布的中国语言文字使用情况调查得到的数据，平时主要写简化字的占被调查人口的95.25%，主要写繁体字的只有0.92%，简繁两种字体都写的占3.84%。根据这种状况，我们认为汉字已经进入了简化字时代。

汉字简化采用的方针是"约定俗成，稳步前进"。这个方针有利于简化字的推行，使得简化字的推行基本顺利；可是到了最近几年，社会上出现了要求恢复繁体字的思潮。在2008年的全国政协会议上，文艺界21位政协委员联名提出提案，建议"小学增设繁体字教育"。到了2009年上半年，要求恢复繁体字的思潮达到了高峰，先后有三波：（1）2月2日新浪网发表署名老愚的博客，题目是《季羡林老人谈国学》，文中传达了季羡林先生的意见，认为"汉字简化及拼音化是歧途"。（2）3月举行的全国政协会议上，潘庆林委员提议在十年左右的时间内，分批地停止使用简体字，恢复使用繁体字。（3）4月16日《南方周末》发表朱大可的文章《汉字革命和文化断裂》，认为推行简体字使"文脉承继链索的断裂，为'文革'的大规模爆发奠定了文化基础"。纵观这些反对简化字的言论，它们提出的理由都是不能成立的。汉字在几千年来发展的总趋势是由繁趋简，汉字简化适应了这种总趋势。汉字简化并不影响对传统文化的继承，说简化字毁灭了中华文化是危言耸听。通过媒体的传播，这些言论在社会上引起了一定的反响，但是广大民众对简化字的看法非常稳定，没有受到影响。

简化字本身有没有缺点呢？世界上就没有十全十美的事情，汉字简化也有某些缺点，但从总体上说，汉字简化利大于弊。对于个别简化不好的字到适当的时候可以修改，对极少数字也可以考虑恢复原有的繁体。简化字推行了半个世纪，为什么到了近年来受到质疑呢？这不是简化字本身出了什么问题，而是社会思潮发生了变化。朱大可在《汉字革命和文化断裂》一文的开头就说："新文化运动的一项重要后果，就是引发了现代性崇拜和革命狂想。"否定五四新文化运动，反对现代化的进程，那不是要把改革开放的中国社会拉回到五四以前的状况去吗？2009 年 4 月 16 日的《南方周末》还发表了麦天枢的文章，题目是《终将要回归繁体字?》。大多数民众对这种看法并不认同。我们还要看到，近年来出现的反对简化字的思潮中，有的文章不是研究学术，而是通过反对简化字宣传某种政治观念。

汉语书面语里存在一批异形词，如"毕恭毕敬"和"必恭必敬"、"发人深省"和"发人深醒"。2001 年 12 月 19 日，教育部和国家语委公布了《第一批异形词整理表》（GF 1001—2001），表内包括 338 组异形词，给出了每组异形词的推荐使用词形。整理异形词有利于提高汉语书面语的规范化程度，属于汉字规范化的内容，应该得到支持。

（三）定音和定序

在定音方面，已经做的主要是审订异读词的读音，适当减少普通话里的轻声和儿化。在定序方面，汉语拼音音序已经得到广泛的使用，成为字序的主流。2009 年公布的《汉字部首表》（GF 0011—2009）和《GB13000.1 字符集汉字部首归部规范》（GF 0012—2009），从学术上说还比较粗糙，不够完善，需要适时修订。

（四）汉语拼音

汉语拼音不是代替汉字的拼音文字，只是辅助汉字的文化工具。我们要重视发挥汉语拼音的作用。近年来，在小学语文教改中，以减负为名减少了汉语拼音教学的时数，降低了汉语拼音教学的要求。这种做法是只看眼前、忽略长远，并不妥当。

附注

①周有光《中国语文纵横谈》第 214 页，人民教育出版社 1992 年版。

②陈炜湛《汉字简化始于甲骨文说》第 282 页，《语文现代化论文集》，商务印书馆 2002 年版。

（《信阳师范学院学报（哲学社会科学版）》2011 年第 1 期）

试论汉字的理据性

一、汉字的理据性和理据度

文字是记录语言的符号系统，文字的基本符号与它所记录的语言基本单位之间要建立一定的联系。因为语言单位是语音和语义的结合体，所以文字的基本符号要透过语音和语义与语言的单位建立联系。一个文字符号凡是能和语音或语义有联系的就叫有理据，凡是没有联系的就叫无理据。文字的理据就是字理。有理据的文字学习和使用比较容易，无理据文字学习和使用不很容易。

文字的性质不同，理据的表现方式也不同。在用拼音文字的语言里，凡是能够表达语音的字母就是有理据，不能表达语音的字母就是没有理据。例如英文的 light，其中的 l 读［l］，i 读［ai］，t 读［t］，这几个字母有理据，而其中的 g、h 不表音，就是没有理据。汉字是语素文字，一个个汉字记录了汉语里的一个个语素。记录之后，语素的音义就成了汉字的音义。从形体上说，汉字是由字符组成的。由一个字符组成的字是独体字，由两个或两个以上字符组成的字是合体字。按照表达理据的需要，字符凡是能够表达整字的读音或意义的就是有理据，否则就是没有理据。可见，汉字的理据指的是汉字字符的表音、表意功能。根据这个观点，汉字的字符可以分为三类，就是音符、意符和记号。凡是和整字在读音上有联系的是音符，和整字在意义上有联系的是意符，和整字在读音和意义上都没有联系的是记号。字符和整字在读音上有联系指的是和整字声韵调相同或声韵相同。例如“沐”的意思是洗头，其中的“木”是音符，“水”是意符；“锐”的意思是快或尖（指刀枪的锋刃），其中的“金”是意符，“兑”是记号。

为了把汉字的理据量化，我们提出了理据度这个概念。我们所说的理据度指的是音符、意符在全部字符里所占的比例。世界上一切实用的文字都是有理据的，不同文字的理据有强有弱，同一种文字在不同发展阶段的理据也可能有强有弱。为了把理据加以量化，我们参考形声字形旁表义度的计算方法提出了汉字理据度的计算公式，就是：实际具有的理据值÷可能具有的最大理据值=理据度。用这个公式可以确定一个字的理据度，也可以确定一个字集的理据度。①

二、汉字理据度的测查

（一）甲骨文的理据度

现在我们能看到的成批古汉字是殷商时期的甲骨文。甲骨文是比较成熟的汉字，它所用的造字法主要是表意和表音，也保留了一些象形，同时还大量使用了假借。现在我们所有的有关甲骨文理据的知识是现代人的认识，这种认识不能等同于殷商时代人的认识。在这种条件下，我们无法计算出甲骨文的理据度。“其于所不知盖阙如也”，也只能如此，勉强去做没有任何好处。

（二）隶变对理据度的影响

由匀圆的小篆演变为方折的隶书叫隶变。隶变是汉字字体的演变，它对汉字的结构自然有影响，所以隶变会影响汉字的理据度。研究这种影响是十分有意义的。我们的测查，隶变前的字形采用大徐本《说文》的作字头的小篆，也含有少量作字头的古文和籀文。对字形的分析全照《说文》，即使《说文》分析错了的也不去改动，因为它反映了汉代学者对这些字的结构的认识，而且这样做并不影响我们的研究。隶变后的字形我们跳过了隶书而用楷书，这样做只是为了印制的方便。因为隶书和楷书在结构上虽不全同，但是相差并不多，用楷书作为研究对象不会影响测查的结果。

我们选取《说文》卷十二上下的字头作为测查对象，共有字头780字。其中有两个字《说文》注明“阙”，实有有分析的字头778字。每个字赋值10，共计为7 780。对楷书的字形，凡是能反映出构字理据的赋值为10，只能反映部分构字理据的赋值为5，完全不能反映构字理据的赋值为0。例如，小篆“手”作“”，像人手有五指的形状，赋值为10；楷书手的字形与小篆虽然不同，但是它的表音表意功能没有变，每个字仍赋值为10。小篆“开”作“”，是从“門”从“幵”的会意字，赋值为10；楷书“開”，“幵”变为“开”，失去了表意功能，赋值为0，但“門”是意符，有表意作用，所以楷书“開”赋值为5。小篆“更”作“”，是从攴、丙声的形声字，赋值为10；隶变后变为“更”，“丙”和“攴”都看不到了，“更”成为独体字，无法说明它的构字理据，赋值为0。我们就这样给隶变后的楷书字赋值。结果是赋值为10的有601字，得到的值是6 010；赋值为5的有161字，得到的值是805；赋值为0的有16字，得到的值是0。三项合计为6 815。6 815除以7 780＝87%。这就是说隶变前小篆的理据度是100%，而隶变后楷书的理据度变为87%，减少了13%。

（三）**现代汉字的理据度**

传统的六书理论并不能完全适用于现代汉字。我们根据汉字的字符理论，把现代汉字分为六类，起名叫作“新六书”。这六类就是：

1. 会意字，如伐，表示用戈砍人头，戈和人都是意符。

2. 形声字，如懊，表示烦恼、悔恨，忄是意符，奥是音符。

3. 半意符半记号字，如思，表示想、考虑，心是意符，田是记号。

4. 半音符半记号字，如球，指圆形立体物，求是音符，王（玉）是记号。

5. 独体记号字，如木。甲骨文木作，像树木的样子；到了楷书，木上部的枝杈变为一横，不再象形，成为记号。

6. 合体记号字，如鹿。甲骨文鹿作，像鹿的样子；到了楷书变为

“广”和“芘”，不再象形，成为记号。

会意字和形声字是有理据字，每个字赋值是 10；半意符半记号字和半音符半记号字是半理据字，每个字赋值是 5；独体记号字和合体记号字是无理据字，每个字赋值是 0。同音代替的简化字赋值为 5。根据这种分类和赋值，我们统计了《新华字典》（1987 年重排本）里的“又、冫、刂、鱼”四个部的部内字，共 203 字，最后得到的理据度是 67％②。这可以看作现代汉字的理据度。

（四）汉字简化对汉字理据度的影响

汉字简化不但减少了一批字的笔画数，而且有不少字也改变了结构，自然会影响这些字的理据度。我们使用上一段测查现代汉字理据度的方法，测查了《简化字总表》第一表里的繁体字和简化字，分别得到它们的理据度。

简化前共有繁体字 364 字，其中：

理据度为 10 的，有 189 字，理据度的值是 1 890

理据度为 5 的，有 125 字，理据度的值是 625

理据度为 0 的，有 50 字，理据度的值是 0

上述 364 个繁体字的理据值共 2 515，而 364 个字的最大理据值是3 640，二者相除得到的理据度 69％。

简化后共有简化字 350 字，其中：

理据度为 10 的，有 92 字，理据度的值是 920

理据度为 5 的，有 163 字，理据度的值是 815

理据度为 0 的，有 95 字，理据度的值是 0

上述 350 个简化字的理据值共 1 735，而 350 个字的最大理据值是 3 500，二者相除得到的理据度 49％。

比较上述测查的结果，得到的结论是简化字比繁体字的理据度减少了 20％。

三、理据度的降低和提高

语言和文字作为交际的工具，既有稳定的一面又有变动的一面。在语言文字发生变动时常会影响文字的理据度，但是也有一些字的理据度保持不变。例如：

泪　《玉篇·水部》："淚，涕淚也。"《集韵·至韵》："淚，目液也。"淚是形声字，从水戾声，后改为泪。《字汇·水部》："泪，与淚同，目液也。"从目从水，会意。淚和泪的理据值都是10。

油　《说文·水部》："水。出武陵孱陵西，东北入江。从水，由声。"现代"油"主要用作油脂的油，依旧是从水由声的形声字。水名的油和油脂的油理据值都是10。但是更多的字它的理据度有变化，有的降低，有的提高。

（一）**理据度的降低**

1. 汉语语素的意义有变化而纪录这个语素的汉字的字形没有发生相应的变化，字形和字义脱节，造成理据度降低。例如：

聘　《说文·耳部》："聘，访也。从耳，甹声。"本义是访问。《吕氏春秋·季春》："勉诸侯，聘名士，礼贤者。"徐锴《系传》："聘，访问之以耳也。"耳是意符。聘由访问引申出聘请。《孟子·万章上》："汤使人以币聘之。""聘"里的"耳"不表意，成为记号。

诛　《说文·言部》："诛，讨也。从言，朱声。"本义是声讨。言是意符。诛由声讨引申为杀戮。《孟子·梁惠王下》："闻诛一夫纣矣，未闻弑君也。""诛"里的"言"不表意，成为记号。

2. 文字的假借。假借的条件是本字和借字音同或音近。例如：

纳　《说文·糸部》："纳，丝湿纳纳也。从糸，内声。"假借为内，表示入。《庄子·刻意》："吹呴呼吸，吐故纳新。"纳表示吸入，其中的"糸"不表意，成为记号。

诞　《说文·言部》："诞，词诞也。从言，延声。"本义是说大话，说虚妄不实的话。《史记·扁鹊仓公列传》："先生得无诞之乎？何以言太子可生也。"假借义表示生育。后世主要用它的假借义。《后汉书·襄楷传》："昔文王一妻，诞致十子。""诞"里的"言"不表意，成为记号。

3. 字形发生了改变，改变了原来的结构。例如：

贵　小篆作。《说文·贝部》："贵，物不贱也。从贝，臾声。"在楷书

“贵”里，“臾”变为“⺊”，不表音，成为记号。

细　小篆作。《说文·糸部》：“细，微也。从糸，囟声。”隶变后“囟”讹变为“田”，田不表音，成为记号。

4. 合并意符，使原有的意符不再表意，成为记号。例如：

肉和月合并。作为偏旁，小篆月作，肉作，二字形近。到了隶楷，肉并入月。肝、肾里的“肉”变为“月”不表意，成为记号。

艹和卝合并，卝并入艹。小篆、上部本来不是艹，而是卝。读huán，指猫头鹰，读jiū，指鸟名。楷书萑、舊里的“艹”不表意，成为记号。

5. 汉字简化。

鄧简化为邓。“登”表音，而“又”不表音，成为记号。

聲简化为声。聲是形声字，从耳，殸声。而组成简化字“声”的“士”“尸”既不表音也不表意，成为记号。

（二）理据度的提高

1. 把记号改为意符。例如：

砲　冷兵器时代的砲是抛石机，意符是石。到了热兵器时代，砲改用火药，意符石已经不再表意，成为记号。后来用火取代了石，产生了炮。炮是形声字，从火包声。火是意符。

韈韤　古代的袜子是用牲畜的皮革缝制的，所以从革或韦，革、韦是意符。后来袜子改为用棉线织成，意符革、韦成为记号。后来把革、韦改为衤（衣），变成了襪，简化为袜。襪、袜的“衤”是意符。

2. 给假借字增加意符，成为形声字。例如：

辟　《说文·辟部》：“辟，法也。”假借为邪僻的僻。《孟子·梁惠王上》：“苟无恒心，放辟邪侈，无不为已。”其中的辟无理据。辟加意符人组成僻是形声字，从人辟声，有理据。

3. 有的字用于假借，失去理据，十分流行而本义罕用。常在本字上增加意符，组成形声字，表示本义。例如：

莫　《说文·茻部》：“莫，日且冥也。从日在茻中。”本指暮，借为代词后，另外增加日组成暮。暮是形声字，从日莫声，指旦暮的暮。

然 《说文·火部》："然，烧也。从火，肰声。"本指燃烧，借为连词后，另造加火的燃。燃是形声字，从火然声，表示燃烧。

4. 汉字简化时，把无理据字符改为有理据字符。例如：

繁体字"態"里的"能"是记号，简化为态，成为形声字，从心太声。

楷书"衆"是无理据字，简化为众是由三个人组成的会意字，有理据。

四、结语

汉字是辅助汉语的重要交际工具。它不但在历史上发挥了重要作用，在现实生活中也是不可缺少的工具，在可以望见的未来还要继续使用下去。作为语素文字的汉字既有优点又有缺点。汉字的优点主要有：和汉语的特点基本适应，是形音字的统一体，具有较强的超时空性；汉字的主要缺点是：字数繁多，结构复杂，缺少完备的表音系统。人们对文字工具的要求是易学便用。为了使汉字做到易学便用，我们要发扬它的优点，克服它的缺点。如何克服汉字的缺点呢？字数繁多，是语素文字从生下来就有的问题，不可能完全解决，只能适当解决。可行的解决办法是减少异体字，实现汉字的分级定量。分级定量首先要区分活字和死字，现代汉字是活字，文言古语用字是死字。在现代白话文里要适当限制文言古语用字的使用。其次要区分现代通用字和罕用字，适当限制罕用字的使用。简化汉字，适当合并形近的字符，是缓解结构复杂切实可行的办法。充分发挥汉语拼音的作用，推行难字注音，可以缓解缺少完备表音系统带来的困难。除了这些方面外，努力提高汉字的理据度也是发扬汉字优点、克服汉字缺点的一个方面。

汉字的形体包括字体和字形两个方面。研究汉字理据的着眼点在字形，而不在字体。从字体来说，甲骨金文带有明显的象形性。甲骨文的"目"像横置的眼，"目"下加"人"成为"见"。"臣"像像竖置的眼。到了小篆整齐化，虽然保留了匀圆的线条，象形程度已经降低。隶变之后，小篆匀圆的线条改为隶书平直的笔画，距离象形更远，但是从字的结构说，隶书楷书与小篆相比改动并不大，对于理据的影响也不明显，理据度只降低了13%。

正因为隶变对理据的影响不很大，相反字体的改进对汉字的学习和应用带来的方便十分明显，所以受到社会的欢迎，取得了成功。再来看 20 世纪 50 年代的汉字简化。汉字简化并没有改变汉字的字体，汉字用的依旧是楷书，改变的主要是字形。16 画的“龍”简化为 5 画的“龙”，效果十分明显；而存在的问题主要的就是降低了汉字的理据度，理据度减少了 20%。笔画减少了自然容易书写和阅读，可是理据度降低了，又给学习和使用增加了困难。繁体字“農”虽然笔画多，但是容易分解为“曲、辰”，简化字“农”笔画少了，但不便称说不便分解。用同音代替的方法简化汉字，既减少了笔画数又减少了字数，可是降低了汉字的理据度。“衣、依、医”三个字，人们单看字形就能分清它们的意义，衣是衣服的衣、依是依靠的依而医是医生的医。同音代替的简化字就做不到这一点。简化字“不干”不依靠语境就无法分清是“不幹”还是“不乾”。由于简化，一些常用字改变了结构，削弱了字形和字音字意的联系，这不能不影响到汉字教学的效率。

汉字经过几千年的演变发展到现在，它的理据度只有 60%左右，并不够高。这个数字说明现代汉字中有差不多 40%的字，字形和字音字义的联系要靠死记。这对学习和使用都造成许多困难。能不能设法提高它的理据度，以提高学习和使用的效率？很难。汉字有几千年的历史，有丰富的历史文献，在社会上有深远的影响。汉字的构字体系不宜轻易改动。可是要减少笔画，往往要改动字的结构。20 世纪 50 年代对汉字的简化，只是局部的调整，至今反对的声音依旧强烈。这里面并不排除习惯势力和各种其他因素的影响，但是只从理据度方面看就有一些值得研究的问题。

提高汉字的理据度也就是提高汉字学习和使用的效率。多年前就有学者提出了“新形声字”的设计，但是这种设计很难推行。主要有两个原因，一个是用这套新形声字来记录现代白话文并不方便，二是用来阅读古籍也不适用：两面都不讨好。现在能做而且是必须做的，就是在汉字的整理和简化时，要注意保护汉字的理据度，尽量使它不降低，最好能有提高。其实这个问题裘锡圭先生早就说过了。他说：“我们衷心希望在今后的汉字整理工作中，不要再破坏字形的表意和表音作用，不要再给汉字增加基本结构单位，不要再增加一字多音现象，不要再把意义有可能混淆的字合并成一个字。”③

我们就用裘先生的这些话作为本文的结语。

附注

①费锦昌、孙曼均《形声字形旁表义度浅探》，《汉字问题学术讨论会论文集》第 60 页，语文出版社 1988 年版。

②苏培成《现代汉字学纲要》(增订版) 第 107 页，北京大学出版社 2001 年版。

③裘锡圭《从纯文字学角度看简化字》，《语文建设》1991 年第 2 期。

(《汉字与汉字教育国际研讨会论文集》，中华书局 2013 年版)

现代汉字研究

一、现代汉字和现代汉字学

（一）现代汉字

“现代汉字”这个术语早在20世纪50年代初就出现在语言学的文献上。丁西林在《中国语文》1952年8月号和9月号上发表了《现代汉字及其改革的途径》，他所说的“现代汉字”是指“目前所通行的汉字”。1952年9月，黎锦熙著《学习苏联“现代俄语教学大纲”试拟的“现代汉语”教学大纲》，在“汉语文字学”部分列出有“现代汉字‘一字多体’的统计和划一的‘正体字’的认定”。①王尔康在《厦门大学学报》1961年第2期发表了《试论现代汉字的结构及其简化规律》，认为“现代汉字是记录现代汉语的工具”。“文革”结束后，周有光在《语文现代化》第2辑（1980）上发表了《现代汉字学发凡》，明确地提出了要研究“现代汉字”。在《辞书研究》1984年第4期上，周有光发表了《现代汉语用字的定量问题》，指出：“古今通用的和现代通用的汉字归入现代汉字，文言古语用而规范化的普通话不用的汉字归入文言古语专用字，这就是汉字断代。”“现代汉字应当以什么时候作为‘现代’的起点呢？‘五四’（1919）是白话文成为正式文体的开始，应当以‘五四’作为现代的‘起点’。”自此之后，“现代汉字”这个术语逐渐流传开来，它所指的是现代汉语用字，也就是现代白话文用字。

（二）现代汉字学

自 20 世纪初期，随着现代汉语的逐渐形成，现代汉字的研究也开始了。新中国建立以后，对汉字进行了大规模的简化和整理，其间无不伴随着现代汉字的研究。中文信息处理技术的发展，有力地促进了现代汉字的研究。1980 年周有光发表了《现代汉字学发凡》，明确地提出了建立现代汉字学的主张。他说："研究汉字的发展和问题的学问，称为'汉字学'。汉字学分三部分：一、历史汉字学，二、现代汉字学，三、外族汉字学。""现代汉字学研究现代汉字的特性和问题，目的是为今天和明天的应用服务，也就是为四个现代化服务，减少汉字在现代生活中的不方便。'现代汉字学'是个新名词、新事物。它播种于清末，萌芽于'五四'，含苞于'解放'，嫩黄新绿渐见于今日。"高家莺、范可育在《上海师范大学学报》1985 年第 4 期发表了《建立现代汉字学刍议》，指出："研究现代汉字，建立现代汉字学是十分必要的，是符合目前人们学习和应用汉字的需要的，是适应当今社会文化发展和现代科技革命需要的。"

自 1980 年周有光的论文发表至现在才二十余年，现代汉字学得到了众多的语言文字学者的认同，在社会上逐渐产生了影响。近年来出版的、有关现代汉字研究的通论性著作有五种：（1）张静贤著《现代汉字教程》（时代出版社，1992），（2）高家莺、范可育、费锦昌合著《现代汉字学》（高等教育出版社，1993），（3）苏培成著《现代汉字学纲要》（北京大学出版社，1994），（4）尹斌庸、John S. Rohsenow（罗圣豪）合著《现代汉字》（英文本，华语教学出版社，1994），（5）李禄兴《现代汉字学要略》（文津出版社，1998）。与此同时还出现了一批质量较高的学术论文。

二、字量研究

（一）现代汉语用字全表的研究

周有光著《现代汉语用字的定量问题》深入地讨论了现代汉语用字全表的问题。他指出："整理汉字的一项基本工作就是清点汉字的家底，编出一份现代汉语用字全表的清单来。”“得到一个现代汉语的‘用字全表’是汉字计量学研究的最根本的一步。”“区分古今是‘定量’的基本要求。”“‘定量’要定‘总量’，要得到一个‘用字全表’。什么是‘全’？能不能‘全’？要想一步达到百分之百是不可能的。可能的办法是步步逼近，‘逐步逼近’百分之百。‘现代汉语用字表’的草稿要在实践中检验、复查、补充、订正，最后达到‘最佳逼近’。‘全’就是‘最佳逼近’。”

（二）**汉字效用递减率**

从存在的状态来考察，汉字可以分为两类，就是储备状态的字和使用状态的字。储备状态的字是静态的字，指字典里的字；使用状态的字是动态的字，指出现在文章里的字。字频统计的对象是使用状态的字。在字典里每个字构成一个条目，地位是相等的；文章里的字，出现频率不同，有的甚至非常悬殊。根据《现代汉语频率词典》中的《汉字频率表》，“的”出现 75 306 次，频率为 4.164 89%，而“乾、蔷、薇”等 400 多字，每个字只出现一次，频率均为 0.000 11%。按照降频排列，前 100 个字的累计频率是 47.335 84%；前 2 418 字的累计频率 99.000 23%。

由于每次字频统计所用的语料和所用的方法不尽相同，得出的结果也有差异。周有光对各家统计的结果进行分析归纳，抽象出汉字出现频度不平衡规律，也叫汉字效用递减率。这个规律可以表述为：最高频1 000 字的覆盖率大约是 90%，欠缺率 10%。以后每增加 1 400 字，欠缺率减少 9/10，只有原来的 1/10。根据这个规律，我们可以知道：(1) 汉字常用字非常集中。字频统计中前 2 400 字，覆盖率高达 99%。(2) 字频统计中序号在 6 600 以后的字，不管有多少字种，总的覆盖率不超过 0.001%。根据这个规律，可以实现现代汉字的分级定量。列表如下：

字种数		增加字数		合计字数	覆盖率	欠缺率
1 000				1 000	90.000%	10.000%
1 000	+	1 400	=	2 400	99.000%	1.000%
2 400	+	1 400	=	3 800	99.900%	0.100%
3 800	+	1 400	=	5 200	99.990%	0.010%
5 200	+	1 400	=	6 600	99.999%	0.001%

（三）通用字的研究

现代汉字通用字的研究已经有了几十年的历史。自 20 世纪 60 年代以来，正式公布的字表有四个：(1)《印刷通用汉字字形表》(1965) 收 6 196 字。(2) GB2312—80《信息交换用汉字编码字符集·基本集》(1980) 收 6 763 字。(3)《标准电码本（修订本）》(1981) 收 7 080 字。(4)《现代汉语通用字表》(1988) 收 7 000 字，其中包括 3 500 个常用字。在这四个字表中，《现代汉语通用字表》社会影响最大，但是它还有不足。苏培成著《方兴未艾的现代汉字学》(《语文建设通讯》1997 年第 1 期) 指出：《现代汉语通用字表》所收的字应该是现代汉字，它一方面要排除文言古语用字，另一方面又要排除现代方言用字。其次，通用字又是和罕用字相对待的，它要排除罕用字。而《现代汉语通用字表》有 400 多个文言古语用字，如“嗌犴夔邶跸狴襞”；还有少数方言字，如“俺汆浜爿垡凼”；还有一些罕用字，如“砕孳炅”。这些字都应该去掉，通用汉字的字数还可以减少。

三、字形研究

（一）字形的分解研究

传统的分析汉字字形的理论是“六书”，但是它不完全适用于分析现代汉字。经过多年的研究，现在已经形成了一套分解现代汉字字形的方法。这种方法可以叫作部件分析法，部件拆分是字形分解的关键。

部件也叫字根、字元、字素。杜定友提出：“字根是汉字最小的单位，所有的汉字都是由字根组成的。”(《字根研究》，载《文字改革》1961 年第 2 期) 张普给部件下的定义是：“一个合体汉字按一定的切分原则切分后所得的各部分。”(《汉字部件分析的方法和理论》，载《语文研究》1984 年第 1 期) 傅永和认为：“部件是构成合体字的最小笔画结构单位，其下限必须大于基本笔画，上限小于复合偏旁。从功能上看，部件并不一定具有音、义；从存在形式看，它是一个独立的书写单位，不管笔画多么复杂，凡是笔画串联在一起的，都作为一个部件看待。”(《汉字的部件》，载《语文建设》1991 年第 12 期) 晓东对此提出了不同的看法，她提出来的部件定义是：“一个汉字中，由两笔以上（含两笔）笔画组合而成的、相对独立的最小笔画结构块。（“最小”指的是不能再切分，如果再切分就会得到笔画。）”（《也谈部件定义》，《语文建设》1993 年第 6 期）苏培成提出的定义是：“部件介于笔画和整字之间，它大于或等于笔画，小于或等于整字。”部件大于笔画、小于整字是常态，等于笔画或等于整字，是特例，是有条件的。（《现代汉字学纲要》，第 63 页）

关于部件的拆分，学者提出了许多不同的看法。王宁提出了“尽量尊重理据而不违背字形”，“立足现代，尊重历史，许多问题将会得到合理的解决。”（《汉字构形理据与现代汉字部件拆分》，载《语文建设》1997 年第 3 期）苏培成主张单纯从字形现状出发研究拆分的规律，就如何确定基本部件和如何确定组合层次提出了意见。（《汉字的部件拆分》，载《语文建设》1997 年第 3 期）

1997 年 12 月 1 日，国家语言文字工作委员会发布语言文字规范《信息处理用 GB13000.1 字符集汉字部件规范》，自 1998 年 5 月 1 日实施。

（二）汉字字形的整理

汉字字形一直存在着混乱现象，同一个汉字常常有不同的写法，给学习和使用带来了困难。20 世纪 50 年代，国家对汉字进行了整理，主要包括整理异体字和整理印刷铅字字形两个方面。

1. 整理异体字。1955 年 12 月 22 日，中华人民共和国文化部和中国文字改革委员会联合公布了《第一批异体字整理表》。该表收异体字 810 组，共 1 865 字。经过整理，保留 810 字为标准字，淘汰了 1 055 字。在这之后，在淘汰的异体字中又有 28 字陆续恢复为标准字。在《第一批异体字整理表》之外，还有一定数量的异体字需要整理。

2. 整理印刷铅字字形。20 世纪 50 年代印刷铅字的字形存在着不统一的问题，手写楷体和印刷宋体有细微差别，同是印刷体，宋体自身、宋体和其他字体间也存在一些差别，因此有必要对印刷铅字的字形进行整理。1962 年 3 月文化部成立汉字字形整理组，整理印刷铅字字形。经过两年多的工作，于 1964 年 5 月编成《印刷通用汉字字形表》。这个字表收印刷通用宋体字 6 196 个。按照从简从俗、便于学习和使用的原则，给每一个通用汉字规定了标准字形，包括字形结构、笔画数和笔顺。字形表规定的字形一直沿用到现在，它既是印刷用字的字形标准，也是写字教学的字形标准。1988 年发布的《现代汉语通用字表》的字形完全遵照《印刷通用汉字字形表》的规定。人们习惯上把《印刷通用汉字字形表》规定的字形叫作新字形，在这以前使用的铅字字形，叫作旧字形。

（三）简化汉字

清末兴起的语文改革运动中，从普及教育的角度提出了简化汉字的主张。1909 年，教育家陆费逵发表《普通教育当采用俗体字》，认为采用俗体字“有利无害，不惟省学者脑力，添识字之人数，即写字刻字，亦较便也”。五四运动促进了简化字运动的发展。1920 年，钱玄同在《新青年》第七卷第三号发表《减省汉字笔画底提案》，说明减省笔画的必要性和简体字的八种来源。1932 年教育部公布的《国音常用字汇》，收入了不少简体字。1935 年 8 月南京政府教育部公布《第一批简体字表》，收简体字 324 字，受到进步文化界的欢迎，但同时遭到国民党上层保守势力的反对。1936 年 2 月，国民党政府通令收回，简化汉字这样一件利国利民的大事终于夭折。

新中国建立以后，为了扫除文盲、普及教育，人民政府决定推行简化汉字。1956 年 1 月，国务院全体会议通过《汉字简化方案》，包括 515 个简化字和 54 个简化偏旁。1964 年 2 月，国务院批准扩大可以类推的简化偏旁的范围。根据这个指示，中国文字改革委员会于 1964 年 5 月编辑出版了《简化字总表》作为使用简化字的规范。1986 年重新发表《简化字总表》，对 1964 年《简化字总表》做了个别调整，共有简化字 2 235 字。简化汉字的效果是十分明显的，既减少了笔画，也减少了字数，受到了广大群众的欢迎。

为推动汉字简化工作，语言文字学家做了许多研究工作。1955 年 9 月，出版了易熙吾著《简体字原》。1956 年 3 月出版了《简化汉字问题》，包括吴玉章、韦悫、叶恭绰、魏建功、曹伯韩等所写的研究简化汉字的论文 17 篇。1956 年 7 月出版了陈光垚著《简化汉字字体说明》。1961 年 1 月出版的周有光著《汉字改革概论》，其中的第五章专门论述了汉字简化。“文革”结束后，陆续出版了一批研究简化字的论著。其中新加坡学者谢世涯著《新中日简体字研究》（1989 年 3 月语文出版社出版）全面论述了新加坡、中国和日本的简化汉字，资料翔实，分析透彻。苏培成、尹斌庸合编的《现代汉字规范化问题》（1995年4月语文出版社出版），其中有关简化字的论文十多篇。李乐毅著《简化字源》（1996年华语教学出版社出版）和张书岩等著《简化字溯源》（语文出版社，1997），是探讨简化字源的新著。李大遂著《速学简化字》（语文出版社，1997）是供外国人学习简化字的教材。

为了帮助读者正确使用简化字和繁体字，有时还要涉及异体字，有些出版社出版了相关的字典、手册，其中有苏培成著《汉字简化字与繁体字对照字典》（中信出版社，1992），厉兵、魏励著《简化字繁体字异体字辨析字典》（四川人民出版社，1993），胡双宝著《简化字繁体字异体字辨析手册》（北京大学出版社，1996）等。

汉字简化的方向不能改变。当前在汉字简化方面要解决的问题，主要有两个。一个是有些常用字笔画繁多，需要简化，如“餐繁翻疆藏赫”。另一个是有少数简化字使用不便，可能混淆，特别是在用于文言文的时候。这个问题要在适当的时候研究解决。

四、字音研究

（一）从老国音到新国音

推广民族共同语是中国语文现代化的重要内容，要推广共同语首先要确定共同语的标准音。1913年在北京举行了读音统一会，会议的第一项议程就是“审定一切字音为法定读音”。会议采用投票表决的方式，审定了6 500多字的标准读音，会后编写《国音汇编草》一册。后来又根据《国音汇编草》编写了《国音字典》，于1919年初版。读音统一会审定的“国音”名为“普通音”或“官话所用之音”，实际上是包含有古音和方音的综合音，后人叫作“老国音”。和北京音相比，它保留了浊声母、区分尖音和团音、保留了入声调类。老国音不是以某一具体地点的语音系统为标准，而是带有人为杂凑的性质，“全国就没有一个能完全照着国音字典说话的人”（黎锦熙《国语运动史纲·序》），这样的国音自然难以推广。许多教育工作者提出了意见，主张以北京语音为标准音，获得了广泛的响应。经过长达十年的争论，终于动摇了读音统一会的审音原则。在 1924 年，国语统一筹备会决定采用北京语音为标准音，汉字读音“以北京的普通读法为标准”。这种国音后人叫作“新国音”。1932 年出版了标注新国音的《国音常用字汇》。“《国音常用字汇》所确定的‘新国音’，已不再拘泥韵书，鲜活的自然语言也成了它的事实上的定音基础。这对于确立以口语为基础的标准语或它的书面形式白话文都是十分必要的。”② 1955 年 10 月在北京先后举行了全国文字改革会议和现代汉语规范问题学术会议，这两个会议都确定了以北京语音为标准音，这是直接继承了 1924 年国语统一筹备会做出的决定。

（二）异读词的审音

普通话中存在着一批异读词。为了促进汉语规范化要对异读词进行审定，确定标准读音。1956 年组成了普通话审音委员会并开始工作。从 1957 年到 1962 年审音委员会分三次发表了《普通话异读词审音表初稿》。1963 年，把三次发表的审音表合在一起，辑录为《普通话异读词三次审音总表初稿》。审音的第一条原则是：“一个字的读音在北京话里非常通行而不合北京语音的一般发展规律的，这个音还是可以采用，但是同时也要考虑到这个音在北方方言里应用得是否广泛。”对这条原则，王力提出了不同的意见。他说：“这个原则是值得商榷的。既是异读字，可见有一部分人读此音，另一部分人读彼音。读此音的人虽是少数，但是合乎语音发展规律，和全国各方言区域的人加起来还是占多数（如上所述，各地方言与北京话读音是有对应关系的）；读彼音的人虽是多数，但是对全国汉族人民来说还是少数。所谓北方方言里应用得广泛，也是不成其为理由的。姑勿论我们的调查研究还很不够，即使调查清楚了，除北方方言以外，还应该连同西南方言、湘方言、江淮方言、吴方言、闽方言、粤方言、客家方言等一并考虑。这样考虑以后，自然应该以合乎语音发展规律的读法比较便利全国人民的学习，因为便于类推。”③

“文革”结束后，1982 年重建普通话审音委员会，对《普通话异读词审音表初稿》进行修订。1985 年 12 月发表修订后的《普通话异读词审音表》。这次发表的《审音表》共审定 848 个异读字，审定为“统读”的有 587 字，占 69%。有 31 个字保留了文白异读。徐世荣参加了前后两次审音委员会，熟悉审音的全过程。1997 年语文出版社出版了徐先生的《普通话异读词审音表释例》。在这本书的《说明》中，他说："本编保持《订本》的主要精神，仍引用《初稿》，与《订本》对照，抉发《订本》增、删、改、并、补、正等等细微之处及命意所在，帮助了解此表，增加审音之'透明度'。"

（三）多音字研究

周有光著《现代汉字中的多音字问题》（载《中国语文》1979 年第 6 期），探讨了多音字的整理问题。他指出："《新华字典》（1971 年）中有 734 个多音字，占总字数的 10%。10 个汉字中间有一个多音字。2 000 扫盲常用字中有多音字 334 个，占扫盲常用字总数的 17%。6 个扫盲常用字中有一个读音无定的多音字。汉字怎能不是难学难用呢?""整理多音字，减少现代汉字中的一个多音现象，目的是方便学字用字，为现代汉语服务。""整理现代汉字中的多音字，可以有四种方法：（一）去除多余；（二）改读；（三）改写；（四）圈调。""去除多余"，把古字土字划出现代汉字的范围，因为它们是假多音字。例如"峤"，读 jiào，山道；又读 qiáo，山尖而高。这都是古读古义。"改读"，例如把"叶公好龙"的"叶"，由 shè 改读为 yè。"改写"主要是同音替代。例如"浒"读 hǔ，如"水浒"；又读 xǔ，用于地名，如"浒墅关、浒浦镇"。可以把读 xǔ 的"浒"改为"许"字，"浒"就只有一读了。"圈调"，在单纯多调字的角上加上圆圈，区分不同的声调，帮助读准字音。周先生的论文为多音字的整理打开了思路，我们可以循此前进，做好多音字的整理。

五、字序研究

（一）字序研究综述

"在我国，长期以来部首检字法占据统治地位，后又出现先笔画后部首的检字法，在此基础上产生依汉字起笔分类的排列法，以及将笔画、笔形相结合的排列法；同时，由于近代西方文化输入我国，西文字典及其排检法对我国汉字排检法也产生一定影响，曾出现多种以罗马字拼音编排的字典。二三十年代是我国近现代汉字排检法研究的第一次高潮，出现了高梦旦的改良部首方案、林语堂的汉字索引制、杜定友的汉字排检法、沈祖荣和胡庆生的12种笔画排检法、王云五的四角号码法等等，据统计，至1933年共有新检字法77种，讨论汉字排检法的著作文章更是多不胜收。”④

20世纪五六十年代是汉字字序研究的第二个高潮。根据不完全的统计，1961年5月至9月，在报刊上发表的论文就有25篇。《文字改革》1961年8、9期合刊出版“汉字查字法问题特辑”，发表了15篇论文。1961年11月，有关部门联合组成汉字查字法整理工作组，审核各类查字法方案。当时国务院秘书长兼文化部副部长齐燕铭曾发言说：“整理查字法，不要割断查字法的历史，不要把传统的查字法改得面目全非。”简短的几句话，寓意却非常深刻。⑤1964年4月，工作组提出四种草案推荐给文化、教育和出版界试用。这四种草案是：“拼音字母查字法”“部首查字法”“四角号码查字法”和“笔形查字法”。

20世纪70年代末开始了第三个高潮。这时，汉语辞书的编辑出版出现了空前的繁荣，关心查字法的人及创造的方法比以往任何时候都多，计算机中文输入的研究促进了字序的研究，“人机两用”的排检法成为研究的热点。目前，主要使用的字序有部首法、音序法、号码法和笔画笔形法；要解决的突出问题是如何尽快实现字序的标准化。

（二）部首法的改进

部首法包括立部和归部两个方面。在立部方面，进入20世纪后，《中华大字典》《辞源》（1913）、《辞海》（1936），都沿用了《康熙字典》的214部。这个时期，为了寻求比较好的部首法，不少学者进行了研究。如，陈光垚的《一个标准的部首法》，丁西林的《分类部首检字法》，黎锦熙的《四系七起笔新部首》，王竹溪的《新部首检字法》，这些方案的影响都不很大。

1949年，新中国建立后，开始了部首法的新探索。

1. 1953年人民教育出版社出版了魏建功主持编纂的《新华字典》。到1998年，共发行3亿册，成为中国最畅销的字典。《新华字典》对传统的部首法做了改进。（1）部首的数目，有126部、187部、191部等几种，1966年以后的版本都是189部。（2）在立部方面，立“艹、辶、阝（左）、阝（右）”，取代“艸、辵、阜、邑”。将“氵、忄、扌、犭、攵、⺌、礻、衤”

从“水、心、手、犬、支、火、示、衣”部分离出来，使部首和楷书的形体一致。(3) 在部首检字表中，对某些不易确定部首的字，采用了“多开门”的办法，即按照一个字可能有的部首把这个字分别列入几个部中，使用者无论查哪个部都能找到。例如“司”字，既收在乙部，又收在口部。

2. 汉字查字法整理工作组提出的《部首查字法（草案）》提出：“依据字形定部，一般采取字的上、下、左、右、外等部位作部首；其次是中坐和左上角。按照以上七种部位都无从确定部首的，列入余类。部首共250个，按笔画画数排列，同画数的按一丨丿丶乙五种笔形顺序排列。”《草案》明确提出“依据字形定部”的原则，是有积极意义的。1979年出版的修订本《辞海》采用了这种部首法。

3. 1983年6月召开了统一汉字查字法座谈会，成立统一部首查字法工作组。工作组由上海辞书出版社、商务印书馆、汉语大字典编纂处、汉语大词典编纂处、中国社会科学院语言研究所词典室组成。统一查字法工作组提出了《汉字统一部首表》(见《文字改革》1983年第11期)。《汉字统一部首表》依据字形定部，贯彻“以大包小”、“口径一致”的原则，参照《康熙字典》、《辞海》(1979)、《新华字典》三部辞书的部首设立201部。

4.《汉语大字典》和《汉语大词典》都采用部首法编排正文。在立部上，以传统的《康熙字典》214部为基础，删去了8部，合并了6部，实有200部。和《汉字统一部首表》的201部相比，去掉了⺊、业两部，增加了黹部。归部上，基本与《康熙字典》相同，只对其中明显不妥难于查检的，略加调整。

在归部方面，一直存在着两种不同的原则：据义归部和据形归部，至今未能取得一致的意见。

（三）音序法的使用

1918年公布了注音字母，随后就出现了注音字母音序排检法。1932年出版的《国音常用字汇》使用注音字母音序，用注音字母和国语罗马字注音。《新华字典》1953年10月人民教育出版社初版采用注音字母音序。1957年6月，商务印书馆出版新版，仍用注音字母音序。1959年改为汉语拼音音序。其后出版的《新华词典》《现代汉语词典》《中国大百科全书》等都采用汉语拼音音序法。

（四）号码法的使用

1926年王云五发明四角号码查字法。他把出现在汉字四角上的笔形归纳为十类，然后确定了这十类笔形和从0至9这10个阿拉伯数字的对应关系。每个汉字根据四角的笔形就能得到一个四位代码，根据这个四位代码的大小来排列汉字。胡适编了一首《四角号码歌》："一横二垂三点捺，点下带横变零头；叉四插五方块六，七角八八九是小。"有人认为，"只有号码排检法最适合今天的快节奏，符合今后'人机两用'的时代潮流"。⑥

附注

①黎锦熙《中国文字与语言》（中）第68页，五十年代出版社1953年版。

②高天如《中国现代语言计划的理论和实践》第108页，复旦大学出版社1993年版。

③王力《论审音原则》，《王力文集》第20卷第98页，山东教育出版社1991年版。

④罗友松、方志平《钱亚新先生对汉字排检法的贡献》，《辞书研究》1994年第2期第127-128页。

⑤程养之《关于统一排检法的探讨》，《辞书研究》1995年第5期第128页。

⑥涂建国《汉字排检法现状及其反思》，《辞书研究》1997年第2期第30页。

参考文献

高家莺、范可育、费锦昌1993《现代汉字学》，高等教育出版社，北京。

国家语言文字工作委员会标准化工作委员会编1997《现代汉语通用字笔顺规范》，语文出版社，北京。

国家语言文字工作委员会1998《信息处理用GB13000.1字符集汉字部件规范》，语文出版社，北京。

倪海曙1975《现代汉字形声字汇编》，文字改革出版社，北京。

苏培成1992《现代汉字研究简述》，《语文建设》第7期。

　　1994《现代汉字学纲要》，北京大学出版社，北京。

苏培成、尹斌庸编1995《现代汉字规范化问题》，语文出版社，北京。

王开扬1992《汉字优越诸说献疑》，《语文建设》第4期。

尹斌庸、苏培成编 1994《科学地评价汉语汉字》，华语教学出版社，北京。

语文出版社编 1997《语言文字规范手册》（第三版），语文出版社，北京。

张志公 1985《汉字鸟瞰》，《文字改革》第 4 期。

1991《汉字的特点、使用现状及前景》，《语文建设》第 3 期。

周有光 1979《现代汉字中的多音字问题》，《中国语文》第 6 期。

1980《现代汉字学发凡》，《语文现代化》第二辑。

1984《现代汉语用字的定量问题》，《辞书研究》第 4 期。

1992《新语文的建设》，语文出版社，北京。

1992《中国语文纵横谈》，人民教育出版社，北京。

1999《新时代的新语文》，生活·读书·新知三联书店，北京。

（《中国语言学百年丛论》，北京语言大学出版社 2004 年版）

《说文解字》和现代汉字研究

《说文解字》(以下简称《说文》)这部著作提供了比较完备的小篆资料，包括形体、字义、结构、重文等，对现代汉字研究具有重要的意义。现代汉字是现代汉语用字，也就是现代白话文用字。现代汉字研究属于共时的研究，但是也常常需要参考历史。现代汉字从来源说，主要有三部分：自先秦两汉流传下来的传承字；古白话用字，如《水浒传》《红楼梦》的用字；现代新字，包括大部分简化字。其中第一部分的字大多数见于《说文》。研究这部分字要参考《说文》对小篆的分析，离开了《说文》的分析，有些字就不知道该如何着手。

《说文》对现代汉字研究的贡献，大体说有以下几个方面：

一、有助于分析现代汉字的字形

“每”字，楷书字形很难分析，鲁迅开玩笑说是“一位戴帽的太太”(《门外文谈》)。参考《说文》就明白了它的结构。《说文·屮部》：“每，艸盛上出也。从屮，母声。”《左传·僖公二十八年》：“原田每每。”现代表示各、逐个。

“登”字下面是豆，豆古代是盛物器，不知与登有什么关系。《说文·癶部》："登，上车也。从癶豆，象登车形。"李孝定《甲骨文字集释》："豆者象乘石之形。……俗谓之圆鼓登，或谓上马石，即此物也。"由此我们知道这个豆不是俎豆的豆。

有些省声省形字，离开《说文》不知道是从什么字变来的。段玉裁认为："许书言省声，多有可疑者。取一偏旁，不载全字，指为某字之省。若家之为豭省，哭之从狱省，皆不可信。"（《说文》"哭"字注）段氏的分析是正确的，不过《说文》中有的省声是有根据的。下面的"秋"是省声字，"星""法"是省形字：

"秋"字，《说文·禾部》："秋，禾谷孰也。从禾，𤓯省声。穐，籀文不省。"

"星"字，《说文·晶部》："曐，万物之精，上为列星。从晶，生声。……星，或省。"可见"星"是曐的省形字。

"法"字，《说文·廌部》："灋，刑也。平之如水，从水。廌，所以触不直者，去之，从廌去。法，今文省。"

二、有助于辨明正体和异体的关系

整理异体字，确定规范字，是现代汉字研究的重要课题。《说文》有正篆 9 353 字，异体重文 1 163 字，保存了丰富的异体字资料，对我们分辨现代汉字里的正体字与异体字很有帮助。例如：

"祀"，《说文·玉部》："祀，祭无巳也。从示，巳声。禩，祀或从異。"（据段注本）根据《说文》，我们知道"禩"是"祀"的异体字。

《说文》载明的正体与异体的关系，有些与后来的认定不一致，这样的资料同样也很有用，我们可以从中了解正体、异体关系的发展变化。例如：

"玩"、"貦"与"翫"，《说文·玉部》："玩，弄也。从玉，元声。貦，玩或从贝。"《说文·習部》："翫，習猒也。从習，元声。"根据《说文》，"貦"是"玩"的异体字，不过"貦"字后世罕用，《第一批异体字整理表》不收这组字。而"翫"有玩赏、玩弄义，与"玩"形成异体关系。根据汉字应用的实际，《第一批异体字整理表》确定"翫"是"玩"的异体字。

三、有助于辨明字的合并与分化

合并指《说文》里不同的字，演变到现在合并为相同的字。例如：

“胄”字有甲胄和后裔两个意义，《说文》指明这两个意义在小篆里本来是不同的字。但二字同音，都是直又切，后来合并为一个字：

《说文·冃部》：“胄，兜鍪也。从冃，由声。”指盔一类，即甲胄。

《说文·肉部》：“胄，胤也。从肉，由声。”指后裔。

“辞”字有辞让和言辞两个意义，《说文》指明这两个意义在小篆里本来是不同的字。但二字同音，都是似之切，后来合并为一个字：

《说文·辛部》：“辤，不受也。从辛，从受。受辛宜辤之。”指辞让。

《说文·辛部》：“辭，讼也。从𤔔。𤔔犹理辜也，𤔔理也。”（段注本）指言辞，现在作言词。

分化指《说文》里同一个字，后来演变为不同的字。例如：

“谕”分化出“喻”。《说文·言部》：“谕，告也。从言，俞声。”王力《同源字典》：“‘谕、喻’本同一词，《说文》有‘谕’无‘喻’。《说文》云：‘谕，告也。’又云：‘譬，谕也。’可见告谕、譬喻都写作‘谕’。后来从字形上区别字义：上告下，一般写作‘谕’；了解、譬喻写作‘喻’。”

分化还指原来是异体字，后来演变为不同的字。例如：

“淼”“渺”分化。《说文·水部》新附：“淼，大水也。从三水。或作渺。”后来“淼”和“渺”的用法有了分化，“淼”用于大水，“渺”用于渺茫、渺小等意义。《第一批异体字整理表》把“淼”作为“渺”的异体淘汰。但是人名里的“淼”，用的是大水的意思，不宜改用渺小的“渺”。

“飙”“飑”分化。《说文·风部》：“飙，扶摇风也。从风，猋声。飑，飙或从包。”现在“飑”用为气象学名词，指风向突然改变，风向急剧增大并常伴有阵雨的天气现象。

“簋”“匭”分化。《说文·竹部》：“簋，黍稷方器也。从竹，从皿，从皀。匭，古文簋或从轨。”后来“匭”表示匭匣。

“氛”“雰”分化。《说文·气部》：“氛，祥气也。从气，分声。雰，氛或从雨。”根据《说文》，“雰”是“氛”的异体字。《第一批异体字整理表》规定取“氛”舍“雰”，而汉字应用的实际，“氛”“雰”有别，“氛”偏重指情景、氛围，“雰”指雾气，“雰雰”形容霜雪很盛的样子。

四、有助于辨明字义的演变

《说文》通过对字形的分析给出了许多字的本义。有了本义，再结合其他资料就可以阐明字义的发展演变。现代汉字的字义是由历史发展形成的，研究字义的演变有助于更好地说明现代汉字的意义。例如：

“牢”字，《说文·牛部》：“牢，闲，养牛马圈也。”本义是养牲畜的圈，成语“亡羊补牢”的“牢”用的就是这个意义。由关养牲畜的圈引申为监禁犯人的监狱，就是“监牢、坐牢”的“牢”。监狱必须十分坚固，牢由监狱引申为结实、坚固，如“牢不可破”的牢。

“休”字，《说文·木部》：“休，息止也。从人依木。”唐·张参《五经文字》：“休象人息木阴。”本义是人在树荫下休息。由休息引申出休假、休止等义。

王力先生说：“有些后起的字义，偶然依附在某一字的躯壳上，并不一定和那字的古义发生关系。例如‘该’的古义是‘备’（《说文》“该，军中约也”，无可确考），今义则有‘宜也’，‘此也’，‘欠也’。咱们虽可说由‘宜’引申得‘欠’字（‘欠’者‘宜欠钱’也），却不能说由‘备’引申得‘宜’义或‘此’义。‘备’‘宜’‘此’应该是有三个来源，不同一脉。又如‘甚’的古义是‘过’，近代又可当‘何’字解。‘过’和‘何’也没有什么关系。”（《理想的字典》，《龙虫并雕斋文集》第一册第368页）

《说文》的内容十分丰富，参考价值很高，但不能说它什么都有。现代汉字研究不能不参考《说文》，但不能只参考《说文》。这个道理很明显，不必再说。

（《许慎文化研究》第27页，中国文艺出版社2006年版）

《第一批异体字整理表》的调整

1955 年 12 月 22 日，中华人民共和国文化部和中国文字改革委员会联合公布了《第一批异体字整理表》（以下简称《一异表》)，这个字表共收异体字 810 组 1 865 字，每组确定 1 个字为选用的规范字，其余的作为异体字被淘汰。《一异表》整理的结果是在这 1 865 字中保留了 810 字，淘汰 1 055 字。字表公布以来，随着社会语文生活的发展，字表内异体字的分组与收字曾几次做过调整。下面是调整的情况：

一、1956 年 3 月 23 日，中华人民共和国文化部和中国文字改革委员会发出《修正〈第一批异体字整理表〉内“阪、挫”二字的通知》，该《通知》规定恢复“坂［阪岅］”里的“阪”和“銼［剉挫］”里的“挫”为规范字。

二、1986 年 10 月 10 日，国家语言文字工作委员会重新发表《简化字总表》，确认《一异表》淘汰的“訢、譾、晔、讋、訶、䲡、紬、刬、鱠、詎、讎”11 个字恢复为规范字，使用时要按照《简化字总表》的规定进行类推简化。随着这 11 个异体字的恢复，《一异表》内有 6 个异体字组被废止，它们是“绸［紬］”“呵［訶］”“脍［鱠］”“讵［詎］”“鳅［䲡］”“欣［訢］”。

三、1988 年 3 月 25 日，国家语言文字工作委员会和新闻出版署发布《关于发布〈现代汉语通用字表〉的联合通知》，确认《一异表》淘汰的

"翦、邱、於、澹、骼、彷、菰、溷、徼、薰、黏、桉、愣、晖、凋"15个异体字恢复为规范字。随着这15个字恢复为规范字，《一异表》内有8个异体字组也被废止，它们是"案［桉］""淡［澹］""菇［菰］""混［溷］""剪［翦］""楞［愣］""粘［黏］""于［於］"。

四、除了上面说的以外，"諂［謟］"和"粳［稉粇秔］"这两组异体字也有改动。"諂"读chǎn，意思是奉承、献媚，而"謟"读tāo，意思是可疑，这两个字不能构成异体字。"粳"读jīng，指稻的一种，米粒不黏；"粇"除了有和"粳"相同的音义外，还读kāng，同"糠"。可见"粇"的音义比"粳"多，是大包小的关系。这两个字也不是异体字。语文出版社编辑出版的《语言文字规范手册》里的《一异表》在几年前已经删除了"諂［謟］"，还从"粳［稉粇秔］"里删除了"粇"。这样的调整是正确的，调整的结果是《一异表》里减少了"謟""粇"两个字和"諂［謟］"这个组。

把上述的四次调整合在一起，《一异表》一共减少了15个异体字组和30个异体字。《一异表》里列出的异体字组由原来的810组减少到795组，淘汰的异体字由原来的1 055字减少到1 025字。目前我使用的《语言文字规范手册》是语文出版社2006年出版的第4版，这本书里的《一异表》完全符合上述的调整规定。我又用笨办法数了一下这份《一异表》里实有的异体字组的组数和淘汰的异体字字数，和上面归纳出来的数字正好相合。可是在该书188页编者加的说明里出现的数字和我上面汇总的四次调整得到的数字并不相同。编者加的说明先说根据1986年10月10日重新发表《简化字总表》确认恢复《一异表》里"訢"等11个类推简化字为规范字；又说根据1988年3月25日国家语委和新闻出版署发布的通知规定恢复《一异表》里的"翦"等15个字为规范字。可是接下去说："这是经过上述调整后的《第一批异体字整理表》，它由原来的810组异体字减少到796组，淘汰的异体字由原来的1 053个减少到1 027个。"和字表里实有的数字相比，多了1个异体字组，还多了两个异体字。我不知道这是由什么原因造成的。语文出版社出版的《语言文字规范手册》是一本有影响的书。我希望语文出版社检查一下相关的数字。如确有差错，要及早改正。

再者，不久前我有幸读到2011年2月印制的《通用规范汉字表》（内部工作用本）最新的一稿，发现在这一稿里还存在一些需要研究的重要问题。在这篇短文里，只谈与异体字整理有关的意见。我在上面谈到对《一异表》进行的调整，其中第四点说的是对“諂［謟］”和“粳［稉粇秔］”两组字的调整。《语言文字规范手册》里的《一异表》早已采纳了对这两组字的调整意见。发行量很大的《新华字典》（第10版）、《现代汉语词典》（第5版）和《新华多功能字典》也在“谄”字后删去了“謟”，“粳”字后删去了“粇”。为什么这几部工具书都这样处理呢？因为“諂［謟］”和“粳［粇］”本来就不是异体字。可是在我读到的2011年2月印制的《通用规范汉字表》里，“谄”字后面的“謟”，“粳”字后面的“粇”赫然在目。《通用规范汉字表》这样处理是不妥的，这不涉及什么学术争论，也没有什么讨论的余地。1955年发布的《一异表》里误收了这两组异体字，《语言文字规范手册》改正了这个错误。而研制了9年的《通用规范汉字表》怎么把改正了的错误又拾回来了呢？再举一个例子。1955年发布的《一异表》里有“券［劵］”这一组异体字。许多专家早就指出这两个字的形音义全然不同，不能构成异体字。“券”读quàn，字的下半是刀，是入场券的券，而“劵”读juàn，字的下半是“力”，是“倦”的异体。《一异表》里的这组字是误收。可是研制了9年的《通用规范汉字表》竟然延续了1955年《一异表》的错误。连这样的问题都弄不清楚，不能不让人对《规范汉字表》的学术质量产生疑问。

2014年4月12日补记：2013年6月5日发布的《通用规范汉字表》附的《规范字与繁体字、异体字对照表》里，1230券［劵］、4677谄［謟］、5557粳［粇］这三组字都是错误的。

论《通用规范汉字表》的修订和完善

一、《规范汉字表》研制过程简述

新中国成立以来，国家对汉字进行了大规模的简化和整理，先后发布了多项汉字规范标准。这些汉字规范发布不在一时，体例也未完全统一，给使用带来不便。“文革”结束后，社会生活趋于稳定。为了推进汉字规范化，许多专家建议研制一张集已有汉字规范于一体的、统一的规范汉字表。1980年5月20日，王力、叶籁士、倪海曙、周有光四位文改会委员在文改会的会议上提出研制《标准现代汉语用字表》的议案，议案获得通过。《标准现代汉语用字表》相当于我们现在说的《规范汉字表》，但是这项研究半途而废。20世纪90年代，研制《规范汉字表》曾两度立项，可是也没有完成。2000年10月31日，第九届全国人大常委会第十八次会议通过了《中华人民共和国国家通用语言文字法》（下文简称《语文法》），自2001年1月1日起施行。《语文法》第三条规定：“国家推广普通话，推行规范汉字。”什么是规范汉字？既没有定义，又没有字表，这就给推行带来许多困难。为了解决这个问题，我在2001年第3期的《语文建设》杂志上发表题为《要有一张〈规范汉字表〉》的文章，提出研制并推行《规范汉字表》的建议。2001年4月，国家语委启动《规范汉字表》项目，成立《规范汉字表》课题组并开始工作。2002 年研制《规范汉字表》列入国家语委语言文字应用研究“十五”重大项目。2002 年第 2 期的《语言文字应用》杂志上，研制《规范汉字表》的课题组发表了《研制〈规范汉字表〉的设想》（以下简称《设想》）。《设想》说：“《规范汉字表》不仅是一般社会用字的标准，也是计算机用字的标准。”“《规范汉字表》应该是一个集字形、字音、字义、字序、字量规范于一体的综合性的规范。”2002 年课题组召开了三次专题研讨会，分别讨论异体字问题、简化字问题、新旧字形问题。讨论会的论文后来编辑成三本论文集，就是《异体字研究》《简化字研究》《汉字字形研究》，2004 年由商务印书馆出版。针对课题组提出的《设想》，我在《语言文字应用》2004 年第 2 期发表《〈规范汉字表〉的研制》，认为研制工作要“理清思路，量力而行，重在整合，适度调整”。2004 年 1 月，成立了跨部委的《规范汉字表》研制领导小组。2004 年 10 月成立了《规范汉字表》研制专家工作组。课题组经过 4 年多的努力，《规范汉字表》的研制取得了很大进展，进入结项阶段。2005 年 11 月 23 日，教育部语言文字信息管理司召开了《规范汉字表》研制高层专家咨询会，在会上课题组提供了《〈规范汉字表〉研制专家咨询提纲》和《规范汉字表（稿）》等资料。和《设想》相比，有些看法《提纲》已经做了改变。例如关于字量，《设想》提出的是 45 000 字到 50 000 字之间，而《提纲》调整为 11 340 字。课题组在《提纲》里提出了研制中尚待解决的问题，征求专家意见。针对课题组提出的问题，我写了《再论〈规范汉字表〉的研制》，发表在《中国语言》2006 年第 3 期上。2006 年 4 月 18 日召开字表鉴定会，字表通过科研鉴定结项，课题组和研制专家工作组结束。但是《规范汉字表》的研制工作并没有做完，不久又组成了《规范汉字表（送审稿）》专家委员会。2006 年 6 月 12 日举行《规范汉字表（送审稿）》专家委员会第一次会议。针对专家委员会争论的问题，我写了《进入“收官”阶段的〈规范汉字表〉的研制》，发表在 2006 年 11 月 1 日的《语言文字周报》上。2007 年 4 月 24 日又一次举行《规范汉字表（送审稿）》专家委员会会议，讨论了《规范汉字表（送审稿）》和《〈规范汉字表〉研制说明》。下面仅就 4 月 24 日会议提供的文件，谈一点看法。

二、《规范汉字表》研制中的几个问题

(一) 收字和分级

1.《规范汉字表》收什么样的字

(1) 主要收现代汉语用字，也就是现代白话文用字，含少量常用的现代方言字和现代白话文中有时还要用到的文言常用字。《规范汉字表》不是文言用字表，不收只出现于古籍的文言专用字，如：乩仈厷圢芓芀扐冋氿玊。

(2) 收规范字，不收不规范字。不收已经简化了的繁体字，如：硃歡闢。不收已经淘汰了的异体字，如：佀皁廼穌虌讙鼈驢。不收已经废止了的复音字，如：瓩吋浬。

(3)《规范汉字表》与计算机字库的性质和作用不一样。《规范汉字表》是现代社会用字的标准，不是计算机用字的标准。《规范汉字表》只收规范字，计算机字库有的要收不规范字，有的要收大量的文言专用字。

2.《规范汉字表》分为三级

2007 年 4 月 22 日印制的《〈规范汉字表〉审定材料》里的《规范汉字表》分三级：一级字 3 500 字，二级字 3 000 字，三级字 5 509 字，合计 12 009 字。一级字、二级字、三级字，分别构成了《规范汉字表》的第一表、第二表和第三表。

我们认为分级的标准不能只靠字频，要以字频为主，兼及使用度、构字能力、构词能力、生活中实际使用的情况，几个方面综合考虑；不能只根据字频一个参数。这是研制常用字表、通用字表多年来积累的经验，不应放弃。根据这个原则，一、二、三表的收字要做必要的调整，使收字更符合实际。第二表里有些字要调整到第三表，如：拚憕玭孖霨嫪毐浈。第三表里分布在多个领域的字，也就是使用度大的字，许多应该调到第二表，如：殳彤坫岵於荛枏洨扃挼铦铫袼喉荻愍罴。第三表里有些生活中常用的字，应调到第二表，如：唠齁齉。

3. 字表的制订要十分仔细，要逐字审订

重点在第三级字表。还要解决一些相关的问题，如：竖钩要由原来归

竖，改为归折，解决手旁字和土旁字混排的问题。

（二）一简对多繁

1. 问题的提出

一简对多繁形成的原因主要有两个：

（1）合并简化。例如：“發”“髮”简化为“发”，“歷”“曆”简化为“历”。

（2）同音近音代替简化。例如：“后”代替“後”，“斗”代替“鬥”。

一对多的简化字，由简体转化为繁体时要分化，不论是人工转化还是机器转化都容易出错。因此，有人强烈希望在《规范汉字表》里面把一对多全都改为一对一。香港中国语文学会曾提出第一批需要恢复的12个一简对多繁的繁体字，即：鬥髮範幹鬍後裏鬚禦雲徵鍾。

2. 我们认为，在汉字的发展中合并和假借都是很常见的，一般不会造成意义的混淆

汉字简化时采用合并简化和代替简化是必要的：第一，既减少了笔画又减少了字数。第二，符合约定俗成的原则。把“鬥争”简化为“斗争”，群众中早已流传，并没有造成什么问题。如果不把“鬥”简化为“斗”，也不容易找着另外的简体，就只有恢复繁体。至于简繁转换时常出错，主要是因为从事转换的人不掌握汉字简体和繁体的对应知识。把全部一对多都改为一对一，既无必要又无可能。

3. 可以个别调整

《简化字总表》里的一简对多繁的简化字，在使用中依靠语境可以分辨清楚，不会造成混淆。对于依靠语境不能很好分辨的，在适当的时候可以考虑调整。《简化字总表》原来规定“迭”代替“叠”，“余”代替“餘”，但是这样代替可能造成意义的混淆，1986年重新发表《简化字总表》时就做了调整，删去了“迭［叠］”，对“余［餘］”的脚注内容作了补充。这个经验值得借鉴。

（三）关于异体字

《第一批异形字整理表》里淘汰的异体字，在这之前已经恢复了26个。这次准备调整的10个字是：堃濛缈鎔昇仝鏇吒砦喆。其中，“濛”是“蒙”

的繁体、“鏇”是“旋”的繁体，应该放到繁简字内去考虑，其余8个字可以恢复为规范字。恐怕需要恢复的还不止这8个字，例如：赵孟頫的“頫”、曹霑的“霑”。不管主管部门是否恢复，其实这样的字社会一直在用。

（四）类推简化的范围

1. 要坚持偏旁类推简化

《简化字总表》采用个体简化和偏旁类推简化两种方式简化汉字是成功的。如果只保留个体简化、取消偏旁类推简化，得到的简化字字数较少，不能满足社会的应用。简化一个偏旁，然后类推简化许多含有相同偏旁的字，符合汉字结构的规律和汉字演变的规律。

2. 对于偏旁类推简化的范围，学者间有不同的看法

有些人主张《规范汉字表》的表内字要类推简化，表外字不类推简化，这和原来的规定不同。《简化字总表》原来的规定：“未收入第三表的字，凡用第二表的简化字或简化偏旁作为偏旁的，一般应该同样简化。”到底如何处理为好，需要进一步研究才能做出决定。

有人主张对表外字是否类推可以不做硬性规定，由作者和出版者决定。这包括两种情况：一是用简化字排印的古籍里的表外字；二是现代白话文著作里出现的表外字。处理的办法不外两种，就是类推或者不类推。如果类推，出版物用字整齐划一，读者阅读不发生困难；如果不类推，出版物用字缺乏一致性，哪些字可以类推、哪些字不能类推，也难于记忆。

（五）《规范汉字表》和原有规范字表的关系

1. 坚持集现有规范于一体的初衷不变

《规范汉字表》发布后，《第一批异体字整理表》《简化字总表》《现代汉语常用字表》《现代汉语通用字表》等停止使用，但是原有字表里的内容，《规范汉字表》要继承，要做出交代。例如：可做简化偏旁用的简化字和简化偏旁表要保留。规范字后面要附上相应的繁体字和异体字。

2. 《规范汉字表》要有必要的注释和说明

三、《通用规范汉字表》面向社会征求意见

下面叙述2007年4月24日之后，《规范汉字表》研制的一些情况。

2007年9月30日，教育部党组召开会议研究《规范汉字表》的有关工作。经过讨论，会议肯定了字表的研制工作，认为研制发布字表意义重大，影响深远，但需要审慎对待，要求进一步征求意见和完善后上报国务院发布。

这次会议以后，负责研制字表的语言文字信息管理司召开了一系列会议，对字表又做了必要的修改。2008年2月18日，第一次向国务院报送字表。2008年11月30日，第二次向国务院报送字表。2009年4月15日，第三次向国务院报送字表。每次报送之后，国务院办公厅秘书三局都对字表的研制和发布提出了意见。在第三次报送之后，国务院办公厅秘书三局指示，《规范汉字表》要向社会公开征求意见。2009年6月4日，语信司召开《规范汉字表》公开征求意见工作研商会，研究讨论字表公开征求意见的工作方案。会上谈到了《规范汉字表》的名称问题，但是没作决定。

2009年8月12日，教育部、国家语委举行新闻发布会，在这次会上把《规范汉字表》的名称改为《通用规范汉字表》。发布会宣布《通用规范汉字表（征求意见稿）》自8月12日至8月31日面向社会公开征求意见，欢迎各界人士通过电子邮件、信函和传真等方式提出意见和建议。在这20天内，教育部、国家语委共收到社会各界人士发来的电子邮件2 688件、信函157件、传真67件，总计2 912件。社会意见和建议主要集中在字形、补充用字和异体字三个方面。对于44个汉字字形微调，大多数社会意见认为字形微调会改变长期以来形成的使用习惯，将给大众用字造成麻烦，担心影响学生学习、考试和增加社会成本，认为不宜轻易改动。要求补充用字的意见和建议占有很大比例，要求补充的字主要是姓氏、人名、地名、科技术语方面的用字，大都是在语料库和许多渠道中难以收集到的社会用字，比如："阇""悳""毕"等字。关于异体字问题，多数意见赞成字表恢复51个异体字，认为符合社会用字实际需要，比如"喆""淼""仝"等字。此外，不少人士

还对繁简、字量和字集、字表体例等问题提出了意见和建议①。

《通用规范汉字表》专家委员会主任曹先擢说："我们征求意见的态度是诚恳的，当然要考虑大多数人的意见。何况许多意见是有道理的。""我个人的意见是44个汉字的微调宜取消，当然这要经过充分讨论，最后报领导部门审批。"②教育部语言文字信息管理司司长李宇明说："我们将认真地研究每一个建议，尽量使我们的字表完善，在现实与未来之间找到一个好的切入点。"他表示，这次字表的调整，将慎之又慎。"我们是国家公务员，职责就是为人民服务。人民不满意的事情，我们不会做。我们也没有权力去做人民不满意的事情。"③

四、《通用规范汉字表》的修订和完善

2009年8月12日，教育部、国家语委发布了《关于〈通用规范汉字表〉公开征求意见的公告》及有关的一些资料。我读了这些资料，认为这次发布的《通用规范汉字表》(下文简称《字表》)仍旧存在一些需要研究的重要问题，需要修订并进一步完善。

首先，要明确这次研制《字表》应该遵循的指导思想。这主要包括两点：第一，我们现在说的"规范汉字"不是自古就有的，而是近百年来语文改革的产物，特别是新中国成立以后对汉字进行整理和简化的产物。新中国进行的汉字整理和简化适应了时代发展的要求，符合汉字演变的规律，是成功的。如此大规模地对汉字进行整理和简化难免会有一些不足和缺点，但是方向是对的，成绩是主要的。这次研制《规范汉字表》从总体说要维护汉字整理和简化的成果，在条件允许的情况下，对存在的问题做适当的调整，而不是借机否定或者削弱汉字整理和简化的成果。第二，研究《规范汉字表》要贯彻以人为本的原则，而不是相反。《字表》要面向千百万民众，一定要让民众易学便用，符合民众的用字心理和用字习惯，而不能增加民众学习和使用汉字的负担。要有利于贯彻《国家通用语言文字法》。我们这样说不是不要注意汉语汉字的科学性，也不是要割断汉语汉字的历史传统。

《字表》的修订和完善，要妥善解决以下六个问题：

第一，字表名称应该叫作《规范汉字表》。《关于〈通用规范汉字表〉公开征求意见的公告》指出，研制这个字表是“为了全面贯彻《国家通用语言文字法》”。《国家通用语言文字法》规定国家“推行规范汉字”，为了推行规范汉字而研制的字表理所当然叫作《规范汉字表》。从 2001 年 4 月启动字表的研制，一直到 2009 年 6 月 4 日召开字表公开征求意见的工作研商会，一直都叫《规范汉字表》。在 6 月 4 日的研商会前和会上，有人认为叫《规范汉字表》不够妥当，应该改为《通用汉字表》。这个意见有人赞成、有人反对，不能取得一致。于是，在研商会上有人建议把两个名称结合起来，改叫《通用规范汉字表》，对此会上没有做出决定。到了 8 月 12 日的发布会上，字表就改用了《通用规范汉字表》的名称，其实这个名称是不妥当的。

“通用”有两个常用的含义，一个是普遍使用，另一个是一般使用。前一个与“非通用”相对而言，如《国家通用语言文字法》里的“国家通用语言文字”是和“民族自治地方和少数民族聚居地方通用语言文字”相对而言的，而《国家通用语言文字法》里的“规范汉字”，当然是普遍使用的。加上了“通用”，不但是叠床架屋，而且容易使人误会，还有“非通用的规范汉字”，给对《国家通用语言文字法》的理解造成了困惑。后一个“通用”是与罕用相对的。对现代汉字进行分级定量，一般区分为常用字、通用字和罕用字。《通用规范汉字表》的第三表实际是“罕用字表”。如果在这个意义上使用“通用”，那么就要把第三表去掉，以免与《通用规范汉字表》的收字相抵牾，否则就会造成概念的混乱。这个字表做了 8 年，可是连名字都没有定好，人们自然会怀疑字表的质量了。我建议字表的名称仍叫《规范汉字表》。

有人担心如果叫《规范汉字表》，就会让人感到表外字都是不规范字，因为表外还有可以使用的规范字。我们要区分《规范汉字表》和《规范汉字全表》，前者只收有一定使用频度的字，后者才是完全的现代规范汉字表。当前我们迫切需要的是前者，而不是后者。采用《规范汉字表》的名称抓住了社会用字的主要方面，只要把道理讲清楚民众是可以接受的。

第二，要严格审查字表收字的字性。《规范汉字表》应该只收“规范汉字”，不收“不规范汉字”。我们认为“规范汉字”必须同时满足两个条件，首先是现代白话文用字，其次是合乎现代规范的字。而《通用规范汉字表》却误收了一定数量的现代白话文不用的文言专用字。这在第三表里表现得非常突出。下面我们从第三表里举出10个字来，可见一斑（释义根据《汉语大字典》）：

邛　《玉篇·邑部》："邛，乡名。"

邗　古国名。姓。

讱　出言缓慢谨慎。

玑　玉声。

琚　琮上的浮雕花纹。

玽　似玉的石。

珋　有光石。

澎　《玉篇·水部》："澎，水名。"

藟　葛类蔓草名。

姹　妇女娴静貌。

这一类字只有研究传统文化的专业人员偶尔还会用到，一般民众根本不用，不属于"规范汉字"。把这类字放进《通用规范汉字表》推向全民，把这些死字激活，徒然增加民众学习的负担，这和国家推行规范汉字的初衷背道而驰。汉字字数繁多不是优点，而是缺点。我们要适当限制和减少现代汉字的数量，而不是增加它的数量，这是信息化时代汉字工作的方向，我们研制《字表》不应该背离这个方向。

这一类字中有的字可能也出现在现代的人名或地名里。即使是这样，也不应该进入《通用规范汉字表》。《通用规范汉字表》不是《通用规范汉字全表》，不是每个现代的人名用字或地名用字都要收进去。国家语委的负责人说：三级字表收的是"一些专门领域使用的未进入一、二级字表的较通用的字"④。这个说法很好，要按照这个精神检查现有的《字表》，把不符合这个要求的字从《字表》里删除出去。

《通用规范汉字表》不收这类字，可是这类字有时又确实要用怎么办？我国从来没有公布过一项法规，规定《字表》以外的字不可以使用。表外字确有需要使用的时候，只管使用就是了。这样说来，进入还是不进入字表，岂不一样了吗？不是的。进入字表的字是一种肯定、一种引导，不进入意味着不推行、不提倡，表内表外有别。弄不明白字表该收什么字、不收什么字，就根本做不出好的字表。

第三，缩小偏旁类推简化的范围，将会造成汉字文本的繁简混用。《简化字总表》第二表收可作简化偏旁用的简化字 132 个和简化偏旁 14 个。第三表是用这些简化字和简化偏旁进行类推简化得到的 1 753 个简化字。《简化字总表》曾规定："未收入第三表的字，凡用第二表的简化字或简化偏旁作为偏旁的，一般应该同样简化。"四十多年来，我们执行这个规定，没有遇到问题。可是《通用规范汉字表》对此做了改动，改为表内字类推，表外字不类推，仍用繁体。这样的改动带来了两个严重问题。一个是带有同样偏旁的字，有的类推简化，有的不类推简化，使用《通用规范汉字表》的人无法区分，恐怕连制订《通用规范汉字表》的人也无法记住。让几亿使用汉字的人每人准备一份《通用规范汉字表》，一边写字一边查表，这是不现实的。既然无法区分，使用时只能是随心所欲，同一个字，张三简化，李四不简化；同一个人有时简化，有时不简化。这样就会破坏汉字文本的规范性。另一个问题是增加了一批繁体字，减少了一批简化字。而且，带有同样偏旁的字，表外字用繁体，表内字用简体，结果必然是繁简混用，极大地降低汉字文本规范化水平。这两个问题必定给群众用字带来了麻烦，对汉字造成了伤害，千万不能这样做。我们认为应该坚持已有的规定，不做改动，也就是："未收入第三表的字，凡用第二表的简化字或简化偏旁作为偏旁的，一般应该同样简化。"

第四，坚持简化汉字的方向，不给恢复繁体字开口子。简化汉字是新中国成立以来语文改革取得的重大成果，不容否定。《通用规范汉字表》恢复了 6 个繁体字，就是"剋、鍾、蘋、噁、濛、硃"，这是不妥的。把"剋、鍾、蘋、噁、濛、硃"简化为"克、钟、苹、恶、蒙、朱"是有根据的，不会造成混淆，没有必要恢复繁体字。例如，"噁"本来是"恶"的分化字，在明清的文献里"噁心"就写作"恶心"。把"噁"与"恶"合并简化为"恶"，是回归本字，顺理成章。近一二十年产生了一种有机化合物叫"二噁英"，属于杂环类化合物。根据化学用字的规定，杂环类化合物的名称用字要带口字旁，所以“二噁英”里要用“噁”，类推简化为“𫫇”不能用“恶”。“二噁英”的“噁（读 è）”和“噁心”的“噁（读 ě）”完全是两回事，意义不同，读音也不同。不能因为“二噁英”里有“噁”，就作为恢复繁体“噁”的理由。再如，指田字草的“𬞟”，自推行简化字以来一直写作“𬞟”，从来就没有简化过“苹”，所以根本用不着恢复繁体的“蘋”。

《汉字简化方案》推行五十多年，早已深入人心，受到民众的欢迎。五十多年使用简化字的实践证明，现行的简化字是稳妥的，应该一如既往地坚持使用。据 2004 年 12 月发布的中国语言文字使用情况的调查数据，平时主要写简化字的占被调查人口的 95.25%。我们制订并且推行《规范汉字表》是为了贯彻《国家通用语言文字法》，推行包括简化字在内的规范汉字，而不是为了恢复繁体字。近两三年来，社会上出现了要求“弃简复繁”的思潮，我们应该清醒地看到，这是语文领域保守思想作祟，而不是简化字本身出了什么问题。制订《规范汉字表》是政府行为，政府必须坚持执行国家的文字政策，包括简化汉字的政策，而绝不能利用这个时机恢复繁体字。有人说：新规范汉字表“主要的改进是针对简化字的”，“同音代替”“符号代替”“草书楷化”这三类简化字是不妥当的，“这些问题，要逐渐改正，这次的新规范汉字表作了一定的纠正，但还没有大规模地改。”⑤这不得不让我们提高警惕，看到问题的复杂性。“主要的改进是针对简化字的”，这说得还不明白吗？这次《字表》只恢复了 6 个繁体字，是为以后“大规模地改”小试牛刀，以后要“大规模地改”。如果把“同音代替”“符号代替”“草书楷化”这三类简化字大规模地改掉，坚持汉字简化的方向岂不成了空话！

《〈通用规范汉字表〉说明》说：“新类推简化了 265 字。”这种说法是不真实的。这 265 个字本来就是类推简化字，哪是什么新类推出来的呢。

第五，要严格控制微调的范围，不要随意改动字形。《通用规范汉字表》在这次公开征求意见中，群众反应最为强烈的是对 44 个字的字形的改动，认为现有的字形没有必要改动，随意改动是“穷折腾”。我要补充的是这样的改动会带来新的不一致。例如，把“茶”下部的“朩”改为“木”，而与“茶”相关的“荼”不改，就破坏了“茶”与“荼”的一致关系。我在这里还要提醒读者注意，《通用规范汉字表》改动的字形远远不止 44 个字。印刷宋体“女”字现有的规范是撇和横相接，而《通用规范汉字表》却要改为撇和横相交。受“女”字字形改动影响的字，连同“女”字，在《通用规范汉字表》内就有 66 个字。这些字是：“女安佞妥妻钕委妾絜按要耍娈姿姜娄荽桉晏倭胺凄娑宴绥婴接娶萋萎婪唼嘤铵婆堧塿搂喽嵝嬃溇屡娄缕腰膢膢痿蝼撄嘤鮟溇窭褛缨耧璎樱踒蝼篓瘿躄髅”。44 字加 66 字，共计 110 字。《通用规范汉字表》对字形的改动明明是 110 字，为什么要说成是 44 字呢？我赞成对现有的字形做少量的必要的微调，把字形上不统一的地方适当地统一起来，可是不赞成随意改动 110 个字的做法。改动这些字没有必要，不符合以人为本的精神，纯粹是劳民伤财。

第六，要对已有的规范字表进行整合。当初我们建议研制《规范汉字表》的目的之一，是要把不同时期发布的有关汉字规范化的文件，尽量整合起来，以方便群众使用。《规范汉字表》产生后，原有的《现代汉语常用字表》和《现代汉语通用字表》自然可以废止。我们建议，在《规范汉字表》的规范字后面注上相应的繁体字和异体字。如“帮（幫）［幚幇］”，其中“帮”是规范字，“幫”是对应的繁体字，“幚幇”是“幫”的异体字。这样做了以后，查了《规范汉字表》就不必再去查《简化字总表》和《第一批异体字整理表》。原有的《简化字总表》除了要保留第二表外，其余的第一表和第三表可以废止，《第一批异体字整理表》也可以废止。这是方便民众使用规范字表的好建议，不知道为什么不被《通用规范汉字表》的研制者和主管者所接受。这还不算，这次研制《通用规范汉字表》时，不但没有把《简化字总表》和《第一批异体字整理表》加以整合，反而新制订了《简繁汉字对照表》和《新订〈异体字整理表〉》。把简单的事情复杂化，违背了以人为本的原则。我们认为要整合已有的字表，除了《规范汉字表》外，不要再做什么新的字表。

总结一下，如果接受《通用规范汉字表》，我们的汉字生活将会发生什么变化呢？一批文言死字变成了规范字；增加了一批繁体字，减少了一批简化字；有 100 多个字的字形发生了不必要的改变；书面语里出现了繁简混用现象。这样的改变，不是我们所需要的改变，而是倒退。这是多么大的倒退！汉字演变的目标是规范、易学、便用，这次公布的《通用规范汉字表》

距离这个目标不是近了而是更远了。基于上述理由，我们认为目前的《通用规范汉字表》是不成熟的，弊多利少，不宜公布推行，需要进一步修订。强制推行不成熟的字表只会给汉字的学习和使用带来混乱，给国家的语文工作造成损失。

附注

①《〈通用规范汉字表〉公开征求意见结束，公众意见认为字形不宜微调》，《光明日报》2009 年 9 月 3 日。

②《汉字微调要考虑大多数人的意见》，《光明日报》2009 年 9 月 8 日。

③《教育部官员谈汉字整容：没权做人民不满意的事情》，《中国新闻网》2009 年 9 月 2 日。

④《就〈通用规范汉字表〉公开征求意见，国家语委负责人答记者问》，《中国教育报》2009 年 8 月 13 日。

⑤《新京报》2009 年 4 月 9 日。

（《汉字教学与研究》第 1 辑，北京语言大学出版社 2011 年版）

"表外字不类推简化"不可行

近来，我在学习国务院批准发布的《通用规范汉字表》的时候，读到一本辅导读物，就是由教育部语言文字信息管理司组编的《〈通用规范汉字表〉解读》(商务印书馆 2013 年 7 月版，以下称《解读》)。这本书有一些可以商榷的地方：

第一，《解读》无权宣布废止《简化字总表》。国务院在 2013 年 6 月 5 日发出的《关于公布〈通用规范汉字表〉的通知》中指出："《通用规范汉字表》公布后，社会一般应用领域的汉字使用应以《通用规范汉字表》为准，原有相关字表停止使用。"至于"原有相关字表"都是哪些字表并没有具体指明，这个问题应该由政府主管部门在适当的时候予以明确，而《解读》却把《简化字总表》(下文称《总表》)归入其中。这是不妥当的，理由是《总表》具体规定了汉字的个体简化和偏旁类推简化的繁简关系，如果废止了《总表》，繁简关系就成了"无源之水，无本之木"。

第二，《解读》把公布《通用规范汉字表》时政府主管部门发布的文件里没有的"表外字不再类推"自以为是地当作国家的语文政策加以宣传，造成混乱。2009 年 8 月 12 日教育部、国家语委发布的《通用规范汉字表(征求意见稿)》的《说明》里面指出"本字表以外的字，不再类推简化"，而在这次发布的《〈通用规范汉字表〉说明》的相关位置已经找不到这样的表述，说明已经被删除。这个事实无法做出别的解释。

《解读》坚持“表外字不再类推”的说法在实际语文生活里是行不通的，也是在政府文件里找不到的。说它行不通有三条理由：第一，如果执行“表外字不再类推”的原则，《总表》里将有 31 个繁体字被恢复。这样做将公然违反现行的国家语文政策。第二，执行“表外字不再类推”的做法，在辞书里和文本里必然要出现同一个偏旁的字有的简化有的不简化的“怪胎”，几十年汉字规范化的成果将丧失殆尽。第三，广大的汉字学习者和使用者，包括国内的和国外的，根本无法记住哪些字是表内的哪些字是表外的。这将给广大民众和对外汉语教学增加极大的负担和混乱。

《解读》为“表外字不再类推”找到三条理由。一条是国务院在 1986 年 6 月 24 日的《通知》里说的“今后，对汉字的简化应持谨慎态度，使汉字的形体在一个时期内保持相对稳定，以利于社会应用”。这段话说的是不能再出现像“二简”那样的简化字，而不能用来作为恢复繁体字的借口。第二条是“由于存在一表和二表两种不同的简化方式，反而影响了简化的系统性”。事实不支持这种说法，相反正是表内字类推和表外字不类推这两种方式破坏了简化的系统性。第三条是“类推简化生成了一大批完全没有使用过的字形”。这也不符合事实。《简化字总表》的说明指出：“汉字总数很多，这个表不必尽列。”表中未列出的字，在实际使用中需要用到时，“凡用第二表的简化字或简化偏旁作为偏旁的，一般应该同样简化。”这样的规定既维护了汉字的系统性，又不会“生成了一大批完全没有使用过的字形”。

（《中国教育报》2013 年 11 月 13 日）

“表外字不类推简化”不是国家的政策

表外字要不要类推简化，这是当前贯彻《通用规范汉字表》时遇到的一个重要的、有争论的问题。本文对这个问题做一点讨论。

一、关于类推范围的争论

1935年8月21日南京国民政府教育部发布《第一批简体字表》，收324个简体字。在简化方法上，只有个体简化，没有偏旁类推简化。1956年1月13日，国务院公布《汉字简化方案》，收515个简化字和54个简化偏旁。在简化方法上既有个体简化，又有偏旁类推简化，这是对汉字简化的重大发展。例如，“勸”简化为“劝”，与别的字是否简化没有关系，这是个体简化；“愛”简化为“爱”，其他包含有“愛”的偏旁的字也要随着简化。例如“曖璦嬡”要简化为“暧瑷嫒”，这是偏旁类推简化。如果只有个体简化，得到简化的字数有限，无法满足社会的需要，而偏旁类推简化符合汉字结构的规律，易学便用，这样的改动受到欢迎。

《汉字简化方案》在推行中发现有关偏旁类推简化的规定还有两个不够明确的地方。第一，一些个体简化字在用作偏旁时要不要简化；第二，54个简化偏旁独立成字时要不要类推简化。为了解决这个问题，文改会提出了处理意见上报国务院，1964年2月4日得到国务院批复。批复的内容是：一、"爱、罢、备"等92个简化字作偏旁时应该同样简化。二、"贝、宾、产"等40个偏旁已经简化，独立成字时应该同样简化。三、"在一般通用字范围内，根据上述一、二两项规定类推出来的简化字，将收入中国文字改革委员会编印的《简化字总表》中"。根据国务院的指示，文改会于1964年5月编定《简化字总表》。在《〈简化字总表〉说明》中对偏旁类推简化的范围做出明确的规定："第三表所收的是应用第二表的简化字和简化偏旁作为偏旁得出来的简化字。汉字总数很多，这个表不必尽列。例如有'车'旁的字，如果尽量地列，就可以列出一二百个，其中有许多是很生僻的字，不大用得到。现在为了适应一般的需要，第三表所列的简化字的范围，基本上以《新华字典》（1962年第三版，只收汉字八千个左右）为标准。未收入第三表的字，凡用第二表的简化字或简化偏旁作为偏旁的，一般应该同样简化。"这就是说《简化字总表》收入的只是经常要用到的字。至于那些不大用得到的字，一旦需要使用时"一般应该同样简化"。这里面说的"凡用第二表的简化字或简化偏旁作为偏旁的，一般应该同样简化"，后来人们习惯上把它叫作"无限类推"。

为了贯彻《国家通用语言文字法》，2001年4月国家语委批准《规范汉字表》研制课题立项。研制《规范汉字表》必然涉及简化字问题。2002年6月课题组在安徽大学举行了简化字问题学术研讨会。会议的《纪要》说："会议对简化字的类推问题基本达成共识，即不赞成无限类推，主张应将类推限制在一定的范围内。"这里说的"将类推限制在一定的范围内"，后来人们习惯上把它叫作"有限类推"。2007年8月制定的《〈规范汉字表〉研制报告》里说："《规范汉字表》发布后，表外的字一律不再类推。"2009年8月12日教育部、国家语委发布了《通用规范汉字表（征求意见稿）》（载《中国教育报》），向全社会公开征求意见。在《〈通用规范汉字表〉（征求意见稿）说明》的第六点明确指出："根据国务院1986年'今后对汉字的简化应持谨慎态度，使汉字的形体在一个时期内保持相对稳定'的指示精神，本字表以外的字，不再类推简化。"这表明《规范汉字表》课题组决定用"有限类推"代替《简化字总表》里的"无限类推"。到了2011年2月制定的

《〈通用规范汉字表〉研制报告》说："对表外字的类推，暂时不做规定，有待通过汉字应用实践逐渐形成规范。"从上述文件中，不难看出"有限类推"论在后退。

2013 年 6 月 5 日国务院发出《关于公布〈通用规范汉字表〉的通知》，随后公布了《〈通用规范汉字表〉说明》和《字表》。这两份文件全面阐述了有关《通用规范汉字表》的政策，其中没有"表外字不再类推简化"的规定。如果把这次发布的《〈通用规范汉字表〉说明》和 2009 年 8 月 13 日发布的《〈通用规范汉字表〉（征求意见稿）说明》加以对照，改变是极为明显的。在《〈通用规范汉字表〉（征求意见稿）说明》的第六点里明确指出"本字表以外的字，不再类推简化"，而在这次发布的《〈通用规范汉字表〉说明》的相关位置删去了这样的表述。这是十分重要的调整，这说明被《解读》津津乐道的"表外字不类推简化"不是国家的政策。在类推简化这个问题上，国家的语文政策是 1964 年《简化字总表》规定的"未收入第三表的字，凡用第二表的简化字或简化偏旁作为偏旁的，一般应该同样简化。"

2013 年 7 月，也就是国务院关于公布《通用规范汉字表》的通知发出后不久，由教育部语信司组编的《〈通用规范汉字表〉解读》由商务印书馆出版（以下称《解读》）。在这本《解读》中，编写者却仍在宣传已被《〈通用规范汉字表〉说明》删去的"今后表外字不再类推"的规定。这种混乱的状况前所未有，其严重的后果值得密切关注。

二、"表外字不类推简化"不可行

"表外字不类推简化"至少有以下三点危害：第一，如果执行"表外字不再类推"的主张，《简化字总表》里将有"飥釾喎諮禬鐥钁擱闍鈳驗鎘鰒紬澾闔睛糶鰽揑誒譎殨鷖虧撟啢鍗餺鯰譃"等 31 个繁体字被恢复。我们还记得在 2009 年发布的《字表》（征求意见稿）里，编写者曾提出要恢复 6 个繁体字，被民众批得灰头土脸，不得不收了回去。这次换了个说法，以"表外字不再类推"为名，一下子就恢复了 31 个繁体字。不过这次不像 2009 年那样明白说出要恢复 6 个繁体字，而是兜了个圈子，表面不出现恢复繁体字的说法，而实质上是恢复了31个繁体字。编写者在《解读》在第47页里仍在宣传“今后表外字不再类推”的主张，而上述31个简化字不在这次公布的《通用规范汉字表》之内，也就是属于“表外字”。按照“今后表外字不再类推”的原则，再使用这31个字的时候就只能使用繁体字，这不是恢复繁体字是什么？研制《通用规范汉字表》的本意是为了更好地贯彻执行《国家通用语言文字法》，推广普通话、推行规范汉字，而简化字就是规范汉字。如今《解读》打着推行《通用规范汉字表》的幌子干的是恢复繁体字的事情。请问编写者：国务院什么时候同意过恢复31个繁体字？《简化字总表》是国务院批准发布的，一本辅导读物有什么权力修改国务院的规定？

第二，执行“表外字不再类推”的做法，在辞书里和文本里必然要出现同一个偏旁的字有的简化有的不简化的“怪胎”，如“鵴鸠”，两个字里的“鳥”一繁一简。“【鯆魮】古之海鳐鱼。”其中的“鳐”简化，“鯆魮”不简化。几十年汉字规范化的成果将丧失殆尽。

第三，制订并推行《通用规范汉字表》的目的是为了广大民众更好地使用规范汉字。如果执行《解读》主张的“表外字不类推简化”，广大的汉字学习者和使用者，包括国内的和国外的，根本无法记住哪些字是表内的哪些字是表外的。这将给广大民众和对外汉语教学增加极大的负担和混乱，必将招致群众反感。这和我们的语言文字工作一贯坚持的“以民为本”的方针背道而驰，并有可能影响到维稳的大局。

三、驳“表外字不类推简化”的三条理由

《解读》为“表外字不再类推”找到三个理由。第一，《解读》的45页引用国务院1986年批示里“今后，对汉字的简化应持谨慎态度，使汉字形体在一个时期内保持相对稳定”的话作为反对无限类推的根据，这是对国务院批示的曲解。这段话说的是不能再出现像“二简”那样的简化字，根本不是讨论类推简化的范围。就在这次公布的《通用规范汉字表》里面就出现了“闫、铨、颋”等226个《简化字总表》里没有的偏旁类推简化字。这说明编写者是知道国务院1986年批示指的是什么的。否则一下子冒出226个所

谓新简化字，岂不是跟国务院的批示大唱反调了吗?《解读》还大段引用了《简化字总表》有关类推简化的论述，可是偏偏删去了“未收入第三表的字，凡用第二表的简化字或简化偏旁作为偏旁的，一般应该同样简化”这样一句重要的话。这不是严肃的科学态度，这种办法并不能支持“表外字不再类推简化”的主张。

第二，《解读》说“由于存在一表和二表两种不同的简化方式，反而影响了简化的系统性”。事实不支持这种说法。正是表内字类推和表外字不类推这两种方式破坏了简化的系统性。汉字是个系统，具有很强的系统性。构成系统的各个成分要变都要变，时间可以有先后，但是变化的最终要保持系统不受伤害。以字体为例，由小篆变为隶书，结果是所有的小篆都要变为隶书，不会在隶书里保留少量的小篆。对字形来说，汉字的偏旁是个系统，不容破坏。汉字的繁简体是两个分系统，不能混淆。例如繁体字“魚”要简化为简化字的“鱼”，所有带有“魚”的偏旁都要简化。不能一部分简化，一部分不简化。同一个偏旁有繁有简，就造成了繁简混用，而繁简混用是汉字规范化中最忌讳的现象。

第三，《解读》说“类推简化生成了一大批完全没有使用过的字形”。这也不合事实。《简化字总表》的说明指出：“汉字总数很多，这个表不必尽列。”表中未列出的字，在实际使用中需要用到时，“凡用第二表的简化字或简化偏旁作为偏旁的，一般应该同样简化。”这样的规定既维护了汉字的系统性，又不会“生成了一大批完全没有使用过的字形”。

总之，“表外字不类推简化”不是国家的政策。与《通用规范汉字表》有关的国家政策是国务院 2013 年 6 月 5 日《关于公布〈通用规范汉字表〉的通知》和《〈通用规范汉字表〉的说明》。凡是与这两个文件的规定抵牾的，都不是国家政策。编写者只是一个科研小组，没有行政职能。它歪曲国务院批示的精神，顽固地宣传已被国务院否定的“表外字不再类推”的观点，干扰规范汉字的推行，这种做法必须予以制止。

（载《向光忠先生纪念文集》，即将出版）

科学地评价简化字

一、汉字简化合乎汉字演变的总趋势

语言文字要随着社会的发展而发展。汉字从甲骨文算起，至今已有3300多年。在这3300多年中，汉字形体的演变有繁化和简化两种趋势，但是总趋势是简化。下面我们从字体和字形两个方面来说明这个总趋势。

字体指汉字的书写风格。自古至今，汉字先后出现了甲骨文、金文、大篆、小篆、隶书、楷书等字体。这些字体可以分为两个大阶段，就是古文字阶段和隶楷阶段。这两大阶段的转换关键是“隶变”。“隶变”指的是由均匀圆转的小篆转换为方折和横直的隶书。晋代人卫恒著《四体书势》说：“隶书者篆之捷也。”隶书本来是简化大篆而形成的俗体，形成于战国的晚期，通行在民间。到了秦代，因为官狱事繁，篆字难成，就不得不采用容易书写的隶书。隶书虽然破坏了一部分小篆的结构，降低了汉字的象形程度，但是书写起来比小篆方便得多，所以到了汉代终于取代了小篆成为主要字体。

字形指汉字的结构。楷书出现在汉魏之间，进入南北朝之后成为汉字的主要字体。汉字进入楷书阶段之后，至今已有1500多年。其间字体没有发生大的变化，演变的重点转向字形，字形在继续简化。史籍记载，东汉的蔡伦发明了造纸术，而考古发掘表明，在西汉时期已经有了植物纤维纸。纸张的出现和印刷术的发明加快了文化的传播。隋唐以来，一种与传统文言文不同的、接近口语的书面语——古代白话文在民间逐渐兴起，并得到广泛的使用。古代白话文的用字和传统文言文不同，文言文沿用传统的正体字，而新兴的白话文大量使用方便快捷的俗字。这种状况一直延续到清末民初。在清末随着民族民主革命思潮的萌发，要求普及教育、开通民智成为一时的风尚。1909 年教育家陆费逵著文提出“普通教育当采用俗体字”的主张，迅速得到各方面的响应。1935 年 8 月，南京政府教育部公布《第一批简体字表》，内含 324 个简体字，准备推行，可是由于保守势力的阻挠，中途夭折，未能成功。1949 年，新中国成立后，人民政府为了扫除文盲、普及教育，决定对汉字进行简化。1956 年国务院公布《汉字简化方案》，内含 515 个简化字和 54 个简化偏旁。经过半个多世纪的努力推广，简化字逐渐被广大民众接受。据 2004 年公布的国家语言文字生活状况调查得到的数据，平时主要用简化字的占被调查人口的 95.25%。这个数字表明字形简化取得成功，汉字进入了简化字时代。

今后汉字朝哪个方向发展？是继续沿着简化的方向前进呢，还是要恢复繁体字呢？毫无疑问的是要继续沿着简化的方向前进。在信息网络时代，随着磁介质的大量使用，汉字已经开始了无纸化时代。在这个时代，汉字不但要能方便地输入电脑，而且屏幕显示要有较高的清晰度，以便于阅读。在这方面，繁体字当然比不上简化字。再从国际文化交流说，简化字规范、易学、便用，受到海外学习汉语文的人士的欢迎。

二、要理直气壮地肯定简化字

语言文字属于社会现象，它的发展变化要靠人力来推动。周有光先生说：“语文生活的前进动力来自三个方面：1. 群众的语文运动；2. 学者的语文研究；3. 政府的语文政策。三个方面是相辅相成的：没有语文运动就没有活力，没有语文研究就不能提高，没有语文政策就难于推行。”① 新中国的汉字简化取得成功靠的就是这三方面的合力，其中政府的语文政策具有决定的意义。

汉字简化是语文生活里的大变革，牵涉到各行各业，影响到千家万户。总结半个多世纪来的汉字简化工作，总的来说取得了成功。汉字简化和其他各项工作一样也是有利有弊，而且是利大于弊。有百利而无一弊的改革是不存在的，对于利大于弊的改革要积极推动，在推动过程中要尽量扩大利的方面缩小弊的方面。汉字简化利的方面表现在减少了笔画和字数，提高了阅读的清晰度，方便了学习和使用；弊的方面表现在有些字改变了原来的偏旁系统、增加了一些形近字、有些字的构字理据有所削弱。正因为这项改革利大于弊，所以受到各界民众的欢迎。改变千百万人多年来形成的用字习惯要有个过程，社会的各种思潮也会有不同的反映，有时还会引起激烈的争辩。这都是很自然的。近几年来，出现了否定简化字、要求恢复繁体字的声音。有的媒体为了吸引读者的眼球，尽量扩大这种声音，一个时期内简化字似乎遇到了危机。其实否定简化字的只是极少数人，简化字的旺盛生命力在于广大民众之中，这里说的广大民众既是指工农兵主体，也包括大多数知识分子。汉字简化为广大民众做了好事，对社会文化教育的发展起了积极作用。其影响早已超出了中国大陆，遍及全世界。1958年周恩来总理说过："我们站在广大人民的立场上，首先应该把汉字简化这项工作肯定下来。"到今天，我们有了半个多世纪推行简化字取得的成果，证明信息网络时代需要简化字。在当前围绕着简化字进行的争论中，我们要理直气壮地肯定简化字。下面我们对否定简化字的一些有代表性的观点做一点分析，供关心汉字简化的各界朋友作为参考。

有人说："新月派诗人暨古文字学家陈梦家先生，因反对文字改革而犯下重罪，沦为'右派分子'，在'文革'中含愤自尽，成为汉字革命中最著名的祭品。而简化运动的战车，碾碎的并非只是陈梦家一人，而是一个庞大的右派群体，以及所有敢于对文化大跃进说'不'的知识分子。"② 繁体字和简化字都是记录语言的工具，它们只能供人们拿来使用，而不会对人们施加什么暴力行为。碾碎陈梦家先生和"右派"群体的不是简化字，而是"反右派斗争"和"文化大革命"。使陈梦家等知识界人士受伤害的这笔账算不到简化字的头上。"反右派斗争"和"文化大革命"同样使汉字简化运动受到严重的干扰。

有人说："简化字只是一种过渡手段，其最终目的，就是要彻底消灭汉字，以及消灭一切由这种文字所承载的历史传统，实现向'文化共产主义'的伟大飞跃。"② 真是欲加之罪，何患无辞。这完全不顾事实，把汉字简化这种语文改革政治化，已经超出了讨论简化字的学术范围。我们知道，汉字简化始自清末和民初，民国政府曾经要推行简体字，这和"消灭汉字""实现向'文化共产主义'的伟大飞跃"扯不上关系。新中国建立60多年来，什么时候要"彻底消灭汉字"，哪里有什么"消灭一切由这种文字所承载的历史传统"的事情？到今天汉字依旧活跃在各个领域，发挥着不可替代的作用。

有人说："繁体文本代表着文明的记忆、流逝的岁月以及柔软温存的部分，而简体字则是革命、现代性和坚硬冷酷的象征。"② 这是公开地宣扬语言文字有阶级性的错误观点。事实是不论繁体字还是简化字，都是交际的工具，都没有阶级性，根本谈不上什么"柔软温存"或者"坚硬冷酷"。语言文字本身和运用语言文字表达出来的思想观点是两回事。如果文本的内容是"柔软温存"的，不论用的是繁体字还是简化字表现出来的都是"柔软温存"的；如果文本的内容是"坚硬冷酷"的，不论用的是繁体字还是简化字表现出来的都是"坚硬冷酷"。《国家通用语言文字法》第五条规定："国家通用语言文字的使用应当有利于维护国家主权和民族尊严，有利于国家统一和民族团结，有利于社会主义物质文明建设和精神文明建设。"不论用的是繁体字还是简化字，都应当遵守这些原则。

有人说："几千年繁体字的历史比几十年简体字的历史重要得多。"③ 持这种观点的人以为汉字的繁体字自古至今没有变化，而简化字只是在1956年以后才产生。这种说法没有事实根据。古文字专家陈炜湛教授指出："汉字简化实始于商代，始于甲骨文。"甲骨文存在着大量的繁简两体并用，而简体的使用频率高于繁体。例如，甲骨文"渔"字有繁有简，繁的从水从四个鱼，简的从水从一鱼。有四个鱼的是"渔"的古体，也见于殷商金文。甲骨文里从四鱼的仅二例，从一鱼的有四十余例。这不是个别现象，而是带有相当的普遍性，可见简体字与繁体字的历史同样古老。简化字的绝大多数来自古代的"俗字"，它的历史与繁体字一样的久远。

有人说："我对三种简化是不认同的。"三种简化字指的是同音替代、符号替代和草书楷化。""这些问题，要逐渐改正，这次的新规范汉字表作了一定的纠正，但还没有大规模地改。"④1922年钱玄同先生提出的《减省现行汉字的笔画案》里提出了构成简化字的八种方法，其中就包括上述的三种方法。用这三种简化方法得到的某几个简化字，如果不合适，可以修改；如果从根本否定这三类简化方法，简化字就去掉了八分之三，名存实亡了。汉字简化的方法不是哪个人坐在房子里想出来的，而是人民群众在长期使用汉字中的伟大创造，这些创造已经在社会里扎下了根，不是哪个人说一声"不认同"就可以取消的。把所谓"改正"简化字和新《规范汉字表》联系在一起更是十分不妥的。利用研制《规范汉字表》的机会恢复繁体字得不到民众赞同，只会增加研制《规范汉字表》的难度。

类似上述的似是而非的反对简化字意见还有一些，这些意见既脱离群众的意愿，也没有学术研究作为支撑，注定不会成功。

三、简化字有利于继承传统文化

有些知识分子不赞成简化字，主要是担心推行简化字以后，人们不认识繁体字，读不懂古书，无法继承传统文化。这在很大程度上是一种误解。不认识繁体字自然读不懂用繁体字印制的古书，可是认识了繁体字就能读懂古书吗？中国大陆在推行简化字以前，用的是繁体字，是不是每个认识繁体字的人都能读懂古书呢？今天的港澳台仍在使用繁体字，是不是每个识字的人都能读懂古书呢？答案自然是否定的。因为要读懂古书不是只认识繁体字就可以做到的，还必须具备相当丰富的、阅读古书必不可少的相关知识。既然如此，读不懂古书又怎么能继承传统文化呢？传统文化当然要继承，不过继承的方式有两种，就是直接继承和间接继承。直接继承指由专业的古典文献的研究人员来继承，他们具有阅读古典文献的能力，担负着研究继承传统文化的重任；间接继承指非专业的古典文献研究人员，他们读不懂古书，不具备阅读古籍的能力，他们只能通过阅读古典文献研究人员编写的古籍的注释本、今译本来接触古代文化。语言学家王力先生说："我们认为广大的人民群众恐怕不大需要读古书。如果为工农兵服务，工农兵恐怕不大需要读古书，他们也没有很多时间读古书。如果有些古书需要广大人民群众读的话，我们可以翻译成现代语来教他。”⑤后代人读不懂前代的文献是世界各国的一般现象，接受古代文化遗产必须通过专家。欧洲各国是如此，我们也只能如此。

单就文字来说，文言文用字不同于白话文用字。文言文里面使用的字大约有60%是白话文里不用的。要能够读古书就必须专门学习并掌握这些字。例如，白话文说的“贿赂”，文言文要说“赇”；白话文说的“鼓槌”，文言文要说“桴”。像“赇”和“桴”就是文言古语字。更值得注意的是有些现代常用字，在文言里有特殊的读音和意义。如果不懂得这些特殊读音和意义，用现代的读音和意义来读来讲，就会出错。例如“队”字现代读 duì，意思是队列、队伍，而《荀子·天论》“星队木鸣”的“队”要读 zhuì，意思同“坠”。又如“贯”字，现代读 guàn，意思是贯穿、贯通，而《史记·伍子胥列传》“子胥贯弓执矢”的“贯”要读 wān，通“弯”。不认识这些文言古语字，读古书处处是陷阱，非出错不可。

有的出版部门出版了古书的简化字今译本，有的还附有注释。这为那些不认识繁体字而又想阅读古籍的人提供了方便。比较下列两段文字：

（1）曾子曰：“吾日三省吾身：为人谋而不忠乎？与朋友交而不信乎？传不习乎？”（《论语·学而》）

（2）曾子曰：“吾日三省吾身：爲人謀而不忠乎？與朋友交而不信乎？傳不習乎？”（《論語·學而》）

（1）用的是简化字，（2）用的是繁体字，记录的语言是一样的，表达的意思也是一样的。简化字和繁体字都能用来印制古籍，而认识简化字的人要比认识繁体字的人多，从这个意义上可以说，简化字更有利于继承传统文化。我们认为，对于专业的古典文献研究者，他们不但要认识简化字，而且还要认识繁体字。对繁体字不但要认识，而且还要有相当的研究，不然的话他们就很难在研究上取得成绩。

四、从汉字的分合看一简对多繁

汉字在长期的发展中，分化和合并是经常发生的。随着社会的发展，语言里产生了新的意义。当新义找不到合用的字来表示时，就要产生新字；而新字不是从天上掉下来的，一般是从已有的字分化出来的。例如，由“刀”分化出“刁”，由“令”分化出“命”。这是汉字的分化。造成汉字学习和使用比较困难的原因，首先是它字数太多；而减少汉字字数的主要方法是合并。例如，在甲骨文里子丑的“子”和子孙的“子”不同形，后来合并为一个“子”。小篆里表示兜鍪的“胄”是从冃由声，表示后裔的“胄”是从肉由声，字形不同，后来才合并为一个“胄”。这是汉字的合并。20 世纪 50 年代我们进行汉字简化时，设定的目标是不但要减少笔画，还要适当减少字数。减少字数的方法有两个，一个是同音或近音代替，另一个是同音或近音合并。前者如用“板”代替“闆”，用“斗”代替“鬥”；后者如“獲”和“穫”合并简化为“获”，“發”和“髮”合并简化为“发”。这样就出现了“一简对多繁”的简化字。简化字使用了半个多世纪，实践证明“一简对多繁”的简化字在记录现代白话文的时候不出现问题，不需要调整；用来印制文言文时有可能遇到一点问题。例如《简化字总表》规定穀物的“穀”简化为山谷的“谷”，《诗经・大雅・桑柔》第十二章：“大风有隧，有空大谷。维此良人，作为式穀。”如果把这章诗里的“穀”简化为“谷”，同一章诗连续出现两个“谷”，阅读时就会多费许多思索。遇到这种情况，还是要用繁体的“穀”。

人们在对汉字文本进行由简到繁的转换时就常常遇到“一简对多繁”带来的问题。例如，把“西太后”转换为“西太後”，把“中文系”转换为“中文係”，把“海淀区”转换为“海澱区”。为了解决这一类问题，有人就主张把“一简对多繁”都改为“一简对一繁”。其实，造成简繁转换中出现差错的原因，不在“一简对多繁”的简化字，而在从事简繁转换的人不掌握汉字简繁体的对应规律，不具备从事转换工作的能力。这就如同让一个英文水平不高的人去从事汉英翻译，一定要出现差错。解决的办法是对从事转换工作的人员进行培训，提高他们的水平。个别的“一简对多繁”的简化字，在使用中确有不便的，可以考虑在适当的时候做出调整；如果要把所有的“一简对多繁”的简化字都改为“一简对一繁”，既没有必要而且也不容易做到。例如《简化字总表》规定，用升斗的“斗”代替鬥争的“鬥”。如果要改为“一简对一繁”，很难找到一个能被大家普遍接受的“鬥”的简化字，解决的办法只有恢复繁体的“鬥”。

目前市场上有多种进行简繁转换的软件，用这些软件对于“一简对一繁”的简化字进行转换没有困难，对于“一简对多繁”的简化字转换时就可能会出错。在智能化程度更高的软件问世以前，现有的转换软件还可以使用，不过在用软件进行转换后，要用人工进行复核，把发生的差错改正过来。

附注

①周有光《信息化时代的中国语文现代化》，载《语文现代化论丛》第49页，山东教育出版社1995年版。

②朱大可《汉字革命和文化断裂》，《南方周末》2009年4月16日。

③麦天枢《终将要回归繁体字?》，《南方周末》2009年4月16日。

④2009年4月9日《新京报》。

⑤王力《汉字和汉字改革》，《王力文集》第20卷第260页，山东教育出版社1991年版。

（《语言文字周报》2011年5月25日、6月1日）

汉字简化是歧途吗？

2009年2月2日新浪网发表了老愚的博客，题目是《季羡林老人谈国学》。全文如下：

昨天下午，去301医院看望季羡林先生。老人精神健旺，妙语连珠。在谈及国学普及时，他说了一番意见。

一、中华文明之所以能延续至今，汉字起了巨大的作用。读古文必须读繁体字，中国文化的信息都在那里面；

二、汉字简化及拼音化是歧途，祖先用了几千年都没感到不方便，为何到我们手里就抛弃了？追求效率不是简化字的理由。越南文字拼音化之后，头戴帽子，脚穿鞋子，很滑稽。季先生着重谈到当年简化汉字时，把“皇后”的后与“以后”的“后”弄成一个字所带来的遗憾；

三、古文今译是毁灭中华文化的方式，必须读原文，加注释即可；

四、“振兴国学，必须从娃娃抓起。”老人特别指出，给成人讲的国学与给娃娃讲的应该不同，得用心思编教材。

下面我就季先生的四点意见，谈点个人的看法。

第一，季先生说：“中华文明之所以延续至今，汉字起了巨大的作用。”汉字有简体和繁体的不同，并不是现在才有的，而是远在甲骨文时代就有的。下面是甲骨文里的两个“车”字：

繁体的车有车轮、车厢、车辕、车轭等，而简体的车就只有车轮，因为车轮是车的主要特征。

我们现在使用的简化字，80%是由古代传承下来的，其中在先秦两汉时就有的，占到30%。例如，东汉的《章帝千字文断简》中就有简体的“汉”字，居延汉简和敦煌汉简里就有简体的“书”。因此，当我们听季先生说“中华文明之所以延续至今，汉字起了巨大的作用”时，我们理解这里说的“汉字”应该包括简体字在内，而不是只指繁体字。季先生也许没有想到这一点，而这一点是千真万确的历史事实。

季先生说“读古文必须读繁体字”，这话恐不尽然。试比较下列两段话，一段用繁体字，一段用简化字，表达的意思完全相同。可见读古文不一定必须读繁体字，简化字同样可以用来写古文。

(1) 子曰：“管仲之器小哉!”或曰：“管仲儉乎?”曰：“管氏有三歸，官事不攝，焉得儉?”“然則管仲知禮乎?”曰：“邦君樹塞門，管氏亦樹塞門。邦君為兩君之好，有反坫，管氏亦有反坫。管氏而知禮，孰不知禮?”(《論语·八佾》)

(2) 子曰：“管仲之器小哉!”或曰：“管仲俭乎?”曰：“管氏有三归，官事不摄，焉得俭?”“然则管仲知礼乎?”曰：“邦君树塞门，管氏亦树塞门。邦君为两君之好，有反坫，管氏亦有反坫。管氏而知礼，孰不知礼?”(《论语·八佾》)

如果说古书本来是用繁体字写的，一旦改为简化字就变了样，不再是古书了。这话也不合乎事实。我们知道，《论语》这部书大约是在春秋末期开始编写，到了战国初期才写定。那时连楷书都还没有呢，更谈不到繁体字了。根据《汉书·艺文志》：汉武帝末年，鲁恭王为扩大自己的宫室，拆毁孔子的旧宅，在墙壁里发现秦始皇焚书时藏起来的《尚书》《论语》《礼记》等。这是战国时人用“古文”写在竹简上的，汉代的一般人已经不认识了。后来经过汉代的专家把“古文”改为汉代的隶书，这叫“隶古定”。后来的人又把隶书改为楷书，才传流下来。今天看到的繁体字本《论语》，早已不是古时的样子。如果要回到古代，就应该用战国“古文”，可是那样一来还有谁能认得呢？

其实，现代人读古书遇到的困难，不在于用简化字还是繁体字，难在古书用的是古代汉语。要能读懂古书不但要认识汉字，不管是繁体还是简体，更重要的是要懂古代汉语，包括文字、音韵、训诂、版本、目录，还包括古代汉文化知识等一大套学问，而这些学问绝非三五日就能学会的。《尚书·尧典》开头是“曰若稽古”，这四个字没有繁简体的分别，可是认识了这四个字还不能懂得它的意思。《诗经·豳风·七月》里有一句是“七月流火”，意思是说到了夏历七月大火星就偏了西，暑气将要退去，可是有的人却误解为七月的天气下了火似的十分炎热。魏晋以来有个俗语词叫“宁馨”，意思是“如此”“这样”，可是有的人却误解为宁静温馨。这不是古书无情，故意与我们为难，而是因为语言文字是发展变化的，只知今而不知古，自然无法直接与古人沟通。可见能读懂古书是道高门槛，这道高门槛是在语言，不在文字。我们读上面引用的《论语·八佾》里的一段话，如果读不懂用简化字写的“三归”，改为繁体字的“三歸”照样读不懂。清代学者郭嵩焘著《养知书屋文集》卷一《释三归》说：“是所谓三归者，市租之常例之归之公者也。”可见“三归”指的是从民众中收取的市租。很多人相信“读古文必须读繁体字”，这是因为传世古文用的都是繁体字，如果有了简化字的古书，照样可以从中学习传统文化。

继承传统文化历来有两种方式，就是直接继承和间接继承。直接继承是由研究传统文化的专家学者来继承。他们掌握丰富的专业知识，能够直接阅读古籍，并对古籍记载的传统文化进行研究，吸收其中的精华，去除其中的糟粕。然后把他们的研究成果写成深浅程度不一的著作，供社会上不同水平的读者阅读。间接继承是指通过阅读由专家学者对传世古籍进行整理、编选、注释、今译和分析写出的各种著作来继承。绝大多数的人是通过间接继承的方式来学习传统文化的。都来搞直接继承不更好吗？那样做既没有必要，又没有可能。全体人民都去研究文字、音韵、训诂，都去读古书，都不去生产，社会怎么发展？只认识繁体字并不能直接去读古书、去继承传统文化。

简化字比繁体字效率高，易学便用，可是按照季先生的想法，为了能读古书，要放弃简化字回归繁体字，可是认识繁体字的人并不等于就能读古书。政府如果采纳了季先生的意见，放弃简化字、回归繁体字，结果是不但丢了简化字，而且古书照样读不懂，这不是两头落空吗？

第二，季先生说："汉字简化及拼音化是歧途，祖先用了几千年都没感到不方便，为何到我们手里就抛弃了？追求效率不是简化字的理由。"

社会是发展的，文化也是不断发展的。祖先用了几千年都没感到不方便的，到我们手里就抛弃了的事情多得很。祖先点油灯，我们点电灯；祖先坐马车，我们坐汽车坐飞机；祖先用毛笔抄书，我们用电脑打字、激光照排……。鸦片战争以来中国深受列强侵略宰割的历史深深地教育了我们。如果不思进取，死抱住"祖先用了几千年都没感到不方便"的事物，包括语言文字，结果只能是民族沉沦、国家灭亡。在改革开放已经30年的今天，仍旧不思进取，不许革新，这和时代精神真是相去太远。中国社会需要革新，语文生活同样需要革新。拼音化的问题需要专门讨论，这里只说汉字简化。一百年前，中国语文生活十分落后。那时汉字繁难，文盲众多，民智未开，说的是方言，写的是文言，这种落后的语文生活阻碍了中国的进步。经过几代人的努力，特别是新中国建立以来，对汉字进行了简化和整理，把27画的繁体"開學"简化为只有12画的简体"开学"，为中国进入信息网络时代准备了语文条件。这样的简化是中国语文发展的坦途，是正道，而不是歧途。

进行汉字简化就是为了追求效率，就是要使汉字变得容易学、容易用。搞现代化就是要讲求效率，追求效率正是简化字的理由。季先生的一句话改变不了这个事实。季先生说"追求效率不是简化字的理由"，这句话实际上是承认简化字有高效率，不过他认为即使有高效率也不赞成简化字。他不追求高效率，这和中央提出来的"确保到2020年实现全面建成小康社会的奋斗目标"，是背道而驰的。

老愚的博客说："季先生着重谈到当年简化汉字时，把'皇后'的'后'与'以后'的'后'弄成一个字所带来的遗憾。"用"皇后"的"后"代替

“以後”的“後”，不是汉字简化时才发生的事情，而是古已有之的，也就是六书里的假借。四书之一的《大学》开头就说：“知止而后有定，定而后能静，静而后能安，安而后能虑，虑而后能得。”这五个“后”都是“以后”的“后”，不必有什么“遗憾”。

第三，季先生说：“古文今译是毁灭中华文化的方式，必须读原文，加注释即可。”古文今译可以帮助不熟悉繁体字、不懂得古汉语的人接触中华文化，是传播中华文化的有效方式之一。把艰深的古籍译为现代汉语，使一般民众容易接受，这和读加注释的原文，可以并行不悖，人们可以各取所需。就以上面引用的《论语·八佾》里的那段话来说，杨伯峻先生翻译为现代汉语，是：

孔子说：“管子的器量狭小得很呀！”有人便问：“他是不是太节俭了呢？”孔子道：“他收取了人民的大量的市租，他手下的人员，[一人一职，]从不兼差，如何能说是节俭呢？”那人又问：“那么，他懂得礼节么？”孔子又道：“国君宫殿的门前，一定立一个塞门；管氏盖房子，也立了个塞门。国君设宴招待外国的君主，在堂上有放置酒杯的设备；管氏也有这样的设备。假若说他懂得礼节，那谁不懂得礼节呢？”

古文今译后，原有的古书照旧存在，还可以印刷出版，不受影响。古文今译对弘扬传统文化只有好处，没有坏处，为什么竟然成为毁灭中华文化了呢？如果几部古文今译的书就可以毁灭中华文化，中华文化怎么会这么脆弱呢。

第四，老愚的博客说：“‘振兴国学，必须从娃娃抓起。’老人特别指出，给成人讲的国学与给娃娃讲的应该不同，得用心思编教材。”

如何对孩子进行教育，要听取儿童教育家的意见，教育主管部门也会做出安排。在课余让孩子背几首古诗，增加一点传统文化的常识是有好处的，可是如果完全放弃现代文化的基础教育和品德教育，一切回归传统，让小孩子接受“三味书屋”式的教育，就是害了孩子。2008年11月举行的北京市十三届人大常委会第七次会议审议了《北京市实施〈中华人民共和国义务教育法〉办法（修订草案修改稿）》。针对目前有些家长放弃义务教育，将适龄儿童送入私塾等问题，修改稿规定家长不得让适龄儿童入私塾而放弃义务教育。这种规定是完全必要的。

通过上面的简要分析，我们不难看出，季先生的四点意见是把继承传统文化和推行简化字对立了起来，就是要传统文化，不要简化字。1935 年 8 月，国民党当政的国民政府教育部公布《第一批简体字表》，有简体字 324 个，准备推行。字表公布后受到广大民众的欢迎，同时也受到保守势力的强力反对。传说戴季陶为了反对简体字，给蒋介石下跪，为汉字请命；有的省组织了存文会要求政府收回成命，不去推行简体字，一时搞得乌烟瘴气。最后国民政府改变初衷，宣布简化字“暂缓推行”，保守势力取得了胜利。但是仅仅过了 20 年，1956 年人民政府公布推行《汉字简化方案》，简化字运动取得了成功。反对汉字简化的人逆历史潮流而动，最后难免落得个失败的下场。

在这里，我们不由得想起胡适为《国语月刊·汉字改革号》写的卷头语。胡适说：“我是有历史癖的；我深信语言是一种极守旧的东西，语言文字的改革绝不是一朝一夕能做到的。但我研究语言文字的历史，曾发现一条通则：在语言文字的沿革史上，往往小百姓是革新家而学者文人却是顽固党。从这条通则上，又可得一条附则：促进语言文字的革新，须要学者文人明白他们的职务是观察小百姓语言的趋势，选择他们的改革案，给他们正式的承认。”根据“中国语言文字使用情况调查资料”提供的数据，在全国范围内，平时主要写简化字的占 95.25％，写繁体字的占 0.92％，简繁两体都写的占 3.84％。“小百姓语言的趋势”还不够明白吗？站在 95.25％的民众的对立面，其结果是不言自明的。

（《光明日报》2009 年 5 月 20 日。发表时有删节，这里是原文。）

谈汉字简化的所谓“误区”

中国逻辑与语言函授大学编辑出版的《教学通讯》2009年第4期刊发了墨耕先生写的《也谈汉字的繁简》（下面简称“墨文”）。文章肯定了“汉字简化是不可逆转的历史规律”，这是很正确的。但是文章认为“汉字简化也存在误区”，是值得商榷的；它认为汉字简化“仓促”“轻率”“存在某些不科学的东西”，是没有根据的。

墨文认为汉字简化的“误区”是什么呢？是：“认为越简越好。”我们知道，党和政府制订的汉字简化方针是“约定俗成，稳步前进”，哪里有“越简越好”这一条。1960年中共中央发出的《关于推广注音识字的指示》中曾经提出：“为了加速扫盲和减轻儿童学习负担，现有的汉字还必须再简化一批，使每一字尽可能不到十笔或不超过十笔，尽可能有简单明了的规律，使难写难认难记、容易写错认错记错的字逐渐淘汰。”这里说的“不到十笔或不超过十笔”，并不等于“越简越好”，而且这个要求也并没有执行。从实践看，有人把“藏”简化为草字头下边一个上，把“儒”简化为单人旁加个人，把“罐”简化为缶加个又。这几个字笔画虽然简单，但是在群众中流传不广，《汉字简化方案》并没有采用，可见汉字简化并不是“越简越好”。

墨文所说的“误区”具体指的是什么呢？指的是两个方面：一是“简了一些不该简的笔画”，二是“省了一些不该省的偏旁部首”。我们认为，墨文批评的这两个方面都是不能成立的。

先说第一方面。墨文说："简了一些不该简的笔画。如：廣、廠、兒、虧、隸、寧分别简为与原字字义、读音都不相同的广、厂、儿、亏、隶、宁。'广'字本音 yan，是依岩架成的小屋；'厂'字本音 han，指山崖的石穴；'儿'字本音 ren，是'人'的本字；'亏'字本音是 yu，是'于'的本字；'隶'字本音是 dai，是'逮'的本字；'宁'字本音是 zhu，是'伫'的本字。这种简，无形中增加了多音多义字，变成另一种繁。"墨文所谓的"本音""本字"不过是指这些字的传统读音和意义，也就是这些字在文言文里的读音和意义，而这些音义在现代白话文里是根本不用的。就这个意义上说，这些字其实是现在已经不用的"死字"。汉字要简化，简化字要从哪里去找呢？可以从这些"死字"里去找，让"死字"复活，为我所用，不是很好吗？正如墨文所说的，"廣、廠"等字和"广、厂"等字的"字义、读音都不相同"，这样简化绝不会造成表义的混淆。文字是约定俗成的东西，群众把"廣"类繁体字简化为"广"类简化字，既减少了笔画，又不增加汉字的字数，既方便了使用而又不会造成表音表义的混淆，有什么"不该"的呢？是不是"增加了多音多义字，变成另一种繁"呢？"广"在文言里读 yan，在白话里读 guang，并不能构成共时的多音多义，怎么会变成"另一种繁"呢？

再说第二方面。墨文说："省了一些不该省的偏旁部首，如：鬍、鬚、髮、雲、電、麵、麯、裡（裏）、馀分别变成胡、须、发、云、电、面、曲、里、余；并了一些不该并的同音字，如：'了'与'瞭'，'只'与'隻'，'制'与'製'，'干'与'乾'等。因为失去偏旁部首和字形特征而使字义相左或不知所措。这种简同样变成另一种繁。笔者的一首诗有'硝烟作麯露为酶'句，因'麯'字简化为'曲'而使很多人把'曲'误作'歌曲'解；如用'麯'字人家一看就明白诗中含意。又如，报纸上经常出现'干细胞'一词，很多人不明白这个'干'到底是'乾湿'的'乾'，还是'枝幹'的'幹'。还有像'河干'到底是说河水'乾涸'了，还是指河的'幹流'，或者是指'河边'？'胡须这么长'到底是说嘴巴上的'鬍鬚很长'，还是责问某种东西'何必这么长'？'她没面了'到底是她家里的面吃完了，还是发生了什么丢失脸面的事？出现此类尴尬的原因主要是过分追求笔画简化而忽视字义明确，甚至完全置字义于不顾，使汉字简化出现了极端。”让我们来检查一下墨文提出的例证。“硝烟作曲露为酶”里的“曲”，如果解释为‘歌曲’，那么和“露为酶”的“酶”怎么呼应？语境排除了把“曲”解释为“歌曲”的选项。“干细胞”因为是新词，人们还不明白是什么意思，不知道“干”是读 gān 还是读 gàn，造成了困惑；一旦知道了“干细胞”指的是“具有自我复制和多项分化潜能的原始细胞”时，就知道其中的“干”要读为 gàn。这是由不明词义造成的读音困难，不应该归罪于简化字。在现代汉语里，“河干”指河水“干涸”，不用来指河的“干流”，更不会用来指“河边”。在现代汉语里，有谁把“何必这么长”说成“胡须这么长”？把文言和白话搅在一起，越搅越乱，还怎么谈语文问题呢？“她没面了”自然是说没有面粉了，谁把丢失脸面说成“没面了”呢？脱离语言去谈文字，结果是钻进了死胡同，自寻苦恼，又怎么能正确认识简化字呢？人们从墨文提出的这些例子里得不出“忽视意义明确”“完全置字义于不顾”的结论。

墨文提出，区分简化字对错的红线是“是否动摇字的本义或造成字义混乱”。我们不妨就按墨文的观点来分析，那么“广”类字在文言中的音义，不会随着汉字简化而“动摇”，而是完好无损地保留在讲文言的字书里；“鬍鬚”简化为“胡须”在白话文里并不会“造成字义的混乱”：所以这些都是“要坚持对的”简化字，怎么竟成了“误区”呢？简化字是几亿人每日使用的文字，还是不要随便给它泼污水吧！

墨文还在“需要统一的几点认识”的小标题下，谈了四个问题。第一是说汉字简化使得“以汉字为母语的中国人却在文字的繁简上自乱，使各国在学习和使用时无所适从，无形中降低了汉字在各国人民心中的威望。”我们首先要指出“以汉字为母语”的说法混淆了文字和语言，汉字是记录汉语的文字不是母语，汉语才是汉民族的母语。分不清文字和语言，就不可能正确认识语言文字问题。其次，把我们现在的文字生活说成是“繁简自乱”，完全不符合事实。我们的简化字有明确的规范，一点不乱。说“使各国在学习和使用时无所适从”是危言耸听，同样没有任何根据。简化汉字使用了近 60 年，我们每天使用包括简化字在内的规范汉字印刷出版多得数不清的书籍报刊和文件资料，包括宪法党章、多种多样的科技文艺著作，以及外交照会和国书，用它来对内对外教学，用它来传递信息，处理各种复杂问题，它能胜任愉快，游刃有余，哪有什么“自乱”和“无所适从”？第二是简化汉字使“错别字合法化”，“非要把它（指汉字——引用者）变成与外语字母一样”。这是强加给汉字的莫须有式的罪名。国家大力进行汉字规范化工作，整顿社会用字，怎么能说是使“错别字合法化”？包括简化字在内的规范汉字还是汉字，怎么会变成“外语字母”？这是随便说说罢了。第三是“某些笔画和字形上的简，往往造成字义上的繁”。一个字在刚产生的时候是单义的，在使用过程中由于字义的引申和字形的假借，不少字变成了多义的。例如“打”字，本来的意义是“击也”，到了现代变成了多义词，《现代汉语词典》“打”字下有 24 个义项。这是字义演变的正常现象，和汉字简化有什么关系呢？“書”简化为“书”、“聲”简化为“声”、“鄭”简化为“郑”等等，义项没有增加，这是大量的主要的。合并简化和同音近音代替简化可能增加了义项，但是要区分古今，而且不会造成表意的混淆。第四是说“用统计使用简化字人数逐年递增的百分比加以肯定。这是很片面的。”“党的某些重大路线尚可修改，为何简化字就一个也不能修正呢？”我们认为“用统计使用简化字人数逐年递增的百分比加以肯定”是非常有说服力的，因为文字是大众使用的重要的交际工具，使用的人数逐年增加，说明它被社会接受的程度逐年增加，这怎么是“片面的”呢？“党的重大路线”和简化汉字性质根本不同，无法相比。汉字有两个重要的特性不能视而不见：一个是它具有全民性，不具有阶级性；另一个是它有很强的继承性，不允许随便割断历史另起炉灶。文字的规范不能随便改动，如果朝令夕改，它就失去了作为交际工具的资格。我们不是说，简化字就不能修改，事实是推行简化字以来，我们已经修改了若干个简化字，但是改动简化字一定要慎重，不能随意改动，更不能全面恢复繁体字。如果有人说，简化字里有这么多不合理的东西，为什么不改？即使是真的不合理也不一定要改。试问：传承字里也有许多不合理的东西，是不是也要改呢？例如，“旦”字从日从一，一表示地平面。太阳距离地平面很近，为什么是早晨而不是傍晚？“射”字从身从寸，寸身应该是矮，怎么是“射”呢？为什么对传承字这么宽容，对简化字就这么苛刻呢？

最后我们也要说说需要统一的几点认识。第一，自古传承下来的汉字，许多字在字形上有很大的冗余度，给学习和应用增加了不便；汉字简化不过是去掉一些不必要的笔画，减少冗余度，并不改变汉字的性质和本身原有的优缺点，这件工作是利多弊少的。新中国建立后进行了汉字简化，这是为百姓做了大好事。正如周恩来总理1958年说的，“应该把汉字简化这项工作肯定下来”。第二，汉字简化并不影响读古书，不影响从古代典籍里吸收民主性的精华。简化字“学而时习之”表示的意思和繁体字“學而時習之”是一样的，并不会造成信息的衰减。第三，汉字要长期使用下去，而且要走出国门，使外国人也愿意学习和使用，那就必须适当简化，太繁的东西不受人们欢迎。第四，汉字简化并没有废除繁体字，只不过缩小了繁体字的使用范围。出版、教学、研究中需要使用繁体字的可以继续使用繁体字。

我们的结论是：汉字简化有利有弊，利大于弊。墨文貌似公允，实为偏颇，不要让它误导了我们的学员。

（中国逻辑与语言函授大学《教学通讯》2010年第1期）

从语文规范的时空性看繁简字

先谈时间性。语文是交际工具，要随着社会的发展而发展。同一种语文在不同的时期，结构和用法也会不同。对不同时期的语文进行规范，所使用的规范标准自然也不会完全相同，这是语文规范的与时俱进。如果不管语文的结构和用法发生了什么样的变化，规范标准仍坚持不变，那这种规范必然要脱离现实，也脱离使用语言的民众，最后只有走向消亡。语文规范必须随着社会的发展而发展，这是毫无疑义的。当然，语文有继承性，可是别忘了语文还有变异性。只有继承没有变异，语文就成了死水一潭。下面我们从唐代颜元孙编的《干禄字书》中引用几条材料来说明这个问题，圆括号内的话是我的解释。

【聪聦聰】上中通，下正。诸从忩者并同，他皆仿此。（在唐代“聰”是正体，也就是规范体。到现代继承不变，不过“聰”已经简化为“聪”）

【猿猨蝯】上俗中通下正。今不行。（唐代以“蝯”为正，现代改为以“猿”为正，唐代的俗体变为现代的正体）

【鞋鞵、蛙鼃】并上通下正。（唐代以“鞵”“鼃”为正，现代以“鞋”“蛙”为正。“鞋”“蛙”比“鞵”“鼃”易学便用）

再谈空间性。地域方言和社会方言所用的语文规范常有不同。例如“凼”和“氹”音义相同，但是用法有别。大陆的粤方言区用“凼”，如：水凼、粪凼、凼肥；而港澳台用氹，如：氹仔岛。再如大陆与台湾分隔了几十年，语文应用有了不少差异。大陆用简化字、汉语拼音，台湾用繁体字、注音字母。“垃圾”大陆读 lājī，台湾读 lèsè。“暴露”大陆读 bàolù，台湾读 pùlù。这都是空间造成的规范差异。

下面我们从规范的时空差异看繁简字问题。汉字简化以前既没有简化字也没有繁体字，人们说的规范字就是自古沿用下来的传承字，也叫正体字。而包括简体字在内的俗字是不登大雅之堂的不规范字。在 1949 年以前的海峡两岸，都把自古传承下来的规范字叫正体字。大陆实行汉字简化后，简化字是规范字，已经简化了的繁体字自然就变成不规范字。为什么要这样规定？因为在同一时间和同一空间内，不能有繁简两种规范字并用或混用。根据《国家通用语言文字法》第十七条，有下列情形的可以保留或使用繁体字，如：文物古迹，书法、篆刻等艺术作品，题词和招牌的手书字，出版、教学、研究中需要使用的，经国务院有关部门批准的特殊情况等。据此保留或使用的繁体字又回归为规范字。有人不明白规范具有时空性，一听说繁体字是不规范字就火冒三丈，无法接受。他们想不通：“老祖宗留下来的、使用了上千年的字怎么成了不规范字！”其实，世界上哪有万古不变的东西，工作了一辈子的老同志不是也有退休的那一天吗？话虽然这么说，但把传承下来的规范字说成是不规范字，这个弯儿有时也确实不好转。我建议我们的正字法可以做一点调整，在规范字与不规范字之间，增加一个非规范字的术语。有了非规范字这个术语，我们就可以说：在今天的中国大陆，简化字是规范字，已经简化了的繁体字是非规范字，错别字、“二简”字等是不规范字。已经简化了的繁体字与错别字、“二简”字毕竟还有所不同。也可以这样说：要写规范字，有条件地写繁体字和异体字，不写不规范字，首先是不写错别字。“有条件地写繁体字和异体字”的条件就是《国家通用语言文字法》第十七条的规定。

（《语言文字报》2011 年 5 月 25 日）

汉字简繁体转换不能单靠电脑

最近我读到了文化艺术出版社2010年10月出版的《〈说文解字叙〉王友谊篆书写本》，这本书内包括《说文解字叙》《许冲上〈说文解字〉表》和《汉安帝诏》三篇文章的楷书繁体和篆书两种文本。篆书的书法很显功力，给读者以愉悦的享受，但美中不足的是无论楷书还是篆书都有一些错字，据我的统计共有18处之多。例如（为便于印制，把篆书也楷化了）：

“萬國咸寧，神人以和”误为“萬國鹹寧，神人以和”（楷书）；

“萬物咸覩，靡不兼載”误为“萬物鹹覩，靡不兼載”（楷书）；

“許沖”误为“許衝”（篆书）；

“人持十爲斗”误为“人持十爲鬥”（楷书、篆书）；

“徵禮等百餘人，令説文字未央廷中”误为“征禮等百餘人，令説文字未央廷中”（楷书、篆书）；

“召陵萬歲里”误为“召陵萬歲裏”（楷书、篆书）。

这些错字是怎么造成的，我们并不清楚。该书的《后记》里说，书法家在进行篆书创作前，请电脑公司将这三篇文章里的字用电脑先做成篆书小样，供书法家参考。从错字本身来分析，这几个字都错在简繁体转换上。例如，“斗”本来是升斗的斗，读dǒu，汉字简化时用它来代替鬥争的“鬥”，读dòu。在由简体转换为繁体时，不是所有的“斗”字都要转换为“鬥”，而要加以区分：读 dòu 时转换为“鬥”；读 dǒu 时仍旧要用“斗”，不能转换为“鬥”。《说文叙》里的“人持十为斗”说的是在许慎生活的汉代，有的人胡乱解说文字，把升斗的“斗”解释为“人”拿着“十”，这里的“斗”不能转换为“鬥”。又如，在繁体字里，征讨的“征”和徵召的“徵”写法不同，而且这两个字的上古音和中古音也不相同，只是到了近代才变为同音，都读 zhēng。汉字简化时，用征讨的“征”代替徵召的“徵”。在由简体转换为繁体时，在表示征讨义时仍用“征”，在表示徵召义时“征”要改为“徵”。《说文叙》里的“徵禮等百餘人”是皇帝征召爰礼等一百多人，在繁体字里要用“徵禮等百餘人”，不能改为“征禮等百餘人”。

在《简化字总表》里，多数字是一个简体对应一个繁体，例如“书”对应“書”，“龙”对应“龍”。对这样的字进行简繁或繁简转换时不容易出错。可是《简化字总表》里也有几十组字是一简对多繁，例如“郁”对应“郁”和“鬱”，“淀”对应“淀”和“澱”。对这样的字，进行转换时要特别留意，必须明确要转换为对应的哪个繁体。

目前进行简繁体转换有人工转换和机器转换两种方式。人工转换时，从事转换工作的人必须熟悉简繁两种字体间的对应关系，特别要熟悉其中的一简对多繁。如果让不具备这种能力的人从事转换工作，就要出错。同样用电脑进行转换时，使用的软件必须具备区分一简对多繁的能力。如果不具备这种功能，转换时就会出错。就笔者的有限见闻说，目前上市的转换软件，多数只能用来进行一对一的转换，而不能完全正确地进行一对多的转换。软件的智能化程度还不够。使用不具备一对多转换能力的软件进行转换，结果就会出错。这样说来，我们就不能用电脑进行汉字简繁体转换了吗？也不尽然，可以用电脑进行转换，但是转换之后一定要用人工干预，把转换错了的改正过来。如果不做人工干预，当然就会出问题。本文开头说的《〈说文解字叙〉王友谊篆书写本》里的错，就是在用电脑进行转换时，没有进行人工干预，所以我说“汉字简繁体转换不能单靠电脑”。当然以后如果研制出了智能化程度更高的软件，具备了完全的简繁转换能力，人工干预就可以省去了。我们期待着早一点能用上这样的软件。

（《语言文字周报》2011 年 2 月 16 日）

谈一简对多繁

《简化字总表》里的简繁汉字对应，多数是一简对一繁，如“办—辦，迟—遲”；也有少数是一简对多繁，如“获—獲穫，斗—斗鬥”。造成一简对多繁的原因有两个：一个是合并简化，如“獲”“穫”合并简化为“获”；一个是同音代替或近音代替简化，如用升斗的“斗”代替争鬥的“鬥”。一简对多繁的简化字，既减少了笔画又减少了字数。这类简化字多数是约定俗成的产物，有群众基础。讨论这类简化字时要重视一个事实，就是它们在现代白话文里使用时不存在问题。例如“斗争、奋斗、搏斗、困兽犹斗”里的“斗”一定是“鬥”（读 dòu），“升斗、北斗、泰斗、车载斗量”里的“斗”一定是“斗”（读 dǒu）。有的词语孤立地看似乎有歧义，如“斗牛”可能是“鬥牛（dòuniú，使牛与牛相斗）”，也可能是“斗牛（dǒuniú，星宿名）”，但是放到一定的语境中就消除了歧义。

再看一简对多繁在繁简转换时的情形。在繁体字的印刷品里，我们有时会看到“中文系”误为“中文係”、“西太后”误为“西太後”。有人认为这是由一简对多繁造成的，强烈呼吁借研制《规范汉字表》的机会，把这类简化字全部改为一简对一繁。这种意见有没有道理呢？我们认为从事繁简转换的人要具备的起码条件，就是要懂繁体字。不懂繁体字的人不适合做这件事，就如同只懂中文而不懂英文的人不能从事汉译英一样。繁体字不是基础教育用字，中小学语文教学不教繁体字，一般中学毕业生不认识或只认识极少的繁体字，让这样的人去从事繁简的转换自然会出差错。我们不应该把由于使用者的知识不足而出的毛病，算到简化字的账上。

现代白话文的由繁到简的转换只要合并、不要分化，如“鬥争”“斗膽”分别写为“斗争”“斗胆”就可以了，一般不会出问题。由简到繁的转换要会分化，要能够把同一个简化字分化为两或三个不同的繁体字，如“斗争”要改为“鬥争”，“斗胆”要改为“斗膽”，分不好就出错。文言文不存在由简到繁的转换问题。有谁用简化字写成一篇文言文，然后再转换为繁体字呢？文言文由繁到简的转换有时要用到，例如新排的简体字本古籍，一般也没有问题。例如《孙子·虚实》“敵雖衆可使無鬥”，改为“敌虽众可使无斗”就变成了简化字文本。但是文言文的情况很复杂，在白话文里不会遇到的问题，在文言文中就可能遇到。因此从事转换的人不但要懂繁体字，而且要懂文言文，因为懂繁体字的人不一定懂文言文。把文言文由繁体转换为简体时，如果遇到问题要单独处理。如北京大学出版社出版的简化字横排本《十三经注疏》就规定：“凡特定词组中的某些字，因简化后极易引起误解，该字不简化。”这是解决问题的正确的做法。

有人说，如果把一简对多繁改为一简对一繁，不认识繁体字的人不也可以做繁简转换的工作了吗？这是让多数人迁就少数人，这种主张多数人会同意吗？须知一简对一繁还是一简对多繁，并不是可以随心所欲，想怎么就怎么，而是要遵守约定俗成的原则。“匯”“彙”合并为“汇”，“獲”“穫”合并为“获”，社会早经约定；“齣”改为“出”，“闆”改为“板”，使用已成习惯，怎么能随意改动呢？简化字已经用了50年，形成了传统。硬把群众十分熟悉的“面粉、斗争、干部、先后”改为“麵粉、鬥争、幹部、先後”。这样的弃简返繁，怎么向群众解释？一简对多繁里的个别字确有不当时，可以考虑调整；全部改为一简对一繁，说说而已，既无必要也无可能。已故的东北师大王凤阳教授说：“文字归根到底是社会的书面交际工具，它是为活人的生产、生活需要服务的。沟通古今、接受遗产只是社会中一部分与历史和历史研究有关的人的需要，这部分人在社会中占极少数。在11亿中国人中，他们不足千分之几。这部分人文化水平都比较高，完全可以为自己的需要而去学习、研究、应用传承的文字，不必将他们的狭隘的需要扩大为社会需要。”这个意见值得重视。

（《语言文字周报》2006年3月22日）

“鐘”和“鍾”怎样简化为好？

在两周金文里，鐘鼓的“鐘”也常作“鍾”，二者是同一个字的两种写法。作为姓氏的“鐘”和“鍾”本来也是相同的。《万姓统谱·冬韵》：“鐘，见《姓苑》，与鍾同。”在阮元刻本《十三经注疏》的《诗经》里，作为乐器的“鐘/鍾鼓”或“鼓鐘/鍾”共出现15次，其中“鐘”字出现4次，“鍾”字出现11次。《五经文字》说“今经典或通用鍾为乐器”，反映了先秦文献的用字情况。其后，“鍾”产生了“酒器”义，“鐘”和“鍾”分化为两个不同的字。《说文·金部》：“鐘，乐鐘也。”“鍾，酒器也。”段玉裁在为《说文》“鐘”字作的注里说“经传多作鍾，假借酒器字”，这是从《说文》的角度看问题，并不一定符合古代这两个字使用的实际情况。

进入20世纪，出现了要求简化汉字的呼声。1932年出版的《国音常用字汇》和1935年国民政府教育部发布的《第一批简体字表》都把“鐘”简化为“钟”。1956年公布的《汉字简化方案》继承了这种传统，规定“鐘”简化为“钟”。到了1959年7月15日公布的《第四批推行的92个简化字表》里，除了“鐘”简化为“钟”外，还增加了“鍾”字，规定“鐘”和“鍾”合并简化为“钟”。1964年公布的《简化字总表》沿用了1959年的规定，一直延续到现在。

从上面介绍的历史情况看，“鐘”和“鍾”合并简化为“钟”是有根据的，这样简化既减少了笔画又减少了字数。可是在文献里“鐘”和“鍾”不但保留了各自的本义，又增加了一些引申义。例如，“鐘”还表示计时器，“鍾”还表示钟聚等义。简化字“钟”表示的字义很多，有时单靠上下文进行区分比较困难。特别是在姓氏里，见到一个“钟”字有时不知道在对应的繁体字里到底是“鐘”还是“鍾”。不过作为姓氏，“鍾”是大姓，“鐘”是僻姓，在《二十五史记传人名索引》里，姓“鍾”的有41人，姓“鐘”的只有《晋书》里的“鐘惡地”和“鐘炎”二人。尽管如此，可是在简繁转换中，把“鐘”误为“鍾”也还是不好。名字里的“钟”也有类似情况。文学家钱钟书的“钟”不应该弄错，因为“钟书”是钟情于书，在繁体字里自然应该是“鍾書”，可是在有些名字里却难于分清。为了解决这类问题，不断有人建议对“钟［鐘鍾］”这组简化字做必要的调整。

在2009年8月13日发布的《通用规范汉字表》（征求意见稿）里，收入了“鍾”的类推简化字“锺”，并规定简化字“锺”“仅用于姓氏人名。其他意义简化作‘钟’”。按照这个规定，与繁体字“鍾”对应的简化字是“钟”和“锺”：用于姓氏人名时作“锺”，用于其他范围时作“钟”。和调整前的规定相比，缩小了简化字“钟”的使用范围。这样的改动有利有弊：利的方面是区分了“锺”和“钟”，前者只用于姓氏人名，后者不用于姓氏人名，明确了各自的使用范围；弊的方面是依旧没有解决如何区分作为姓氏人名里的“鍾”和“鐘”，而且增加了一组一繁对二简的字。我们在从事汉字的简繁转换和繁简转换时，一简对多繁和一繁对多简都很容易出错。要对已有的这类字做出调整，比较困难。我们要吸取以往的教训，在今后的工作里尽量不再出现这类一对多的字。而这次《通用规范汉字表》（征求意见稿）的调整正属于这种情况。此外，更应该引起我们注意的是，这样的调整的结果，改变了传统的“鐘”和“鍾”这两个字的字际关系，为我们和我们的后代子孙阅读古代文献增加了困难。

怎么解决这个问题呢？我认为可以选择回归传统。就是让“钟”和“锺”分别对应于“鐘”和“鍾”。也就是让“鐘”简化为“钟”，“鍾”简化为“锺”。把一繁对二简改为两组一繁对一简。这样做有两个好处：一个是人们不必再死记“鍾”要分化为“钟”和“锺”，减轻了记忆的负担；其次是保持了这两个字的传统的字际关系。这不但方便了我们这一代人，而且方便了子孙后代。我希望政府主管语言文字的部门，在制订《规范汉字表》时考虑这个意见。

（《语言文字报》2010 年 12 月 1 日，有改动）

从简化字“亲不见，爱无心”谈起

有些人在批评简化字时常常举出“亲”和“爱”两个字。亲人要常见面，繁体的“親”里面有“見”很合理，简化字“亲”去掉了“见”，连面都不能“见”，怎么叫“亲”？喜爱是心理活动，繁体的“愛”里面有“心”很必要，简化字“爱”去掉了“心”，没有“心”怎么叫“爱”？结论是简化字不如繁体字，应该抛弃简化字，恢复繁体字。这种说法对不对，我们来分析一下。

这是从表音表意功能的角度对繁简字进行比较。汉字的表音表意功能也就是汉字的理据性。对汉字来说，表音表意性强的字一般比较易学便用，相反，表音表意性弱的字学用就比较困难。汉字自古至今是包括成千上万个单字的大字符集。在这个大字符集里，不论繁体还是简体，有的字表音表意性强，有的字表音表意性弱。从这个角度去比较繁简字，可以得到以下四种类型：

第一，繁体字和简化字表音表意功能都比较强，分不出高低。例如“塵”和“尘”。“塵”字从“鹿”从“土”，鹿跑起来扬起尘土，“塵”字表意；“尘”字从“小”从“土”，小土为尘，“尘”也表意。同类的如“糧”和“粮”、“犧”和“牺”等，偏旁都表音。“塵”字14画，“尘”字6画。

第二，繁体字和简化字表音表意功能都比较弱，分不出高低。例如

“龍”和“龙”。甲骨文“龙”是象形字，像传说中龙的形状。经过小篆的“龍”演变为楷书繁体字的“龍”。《说文》认为小篆“龍”是“从肉，飞之形，童省声”，这种分析是不可靠的。从字形上说，“龍”没有表音表意功能。简化字“龙”是由草书楷化来的，同样也没有表音表意功能。同类的如“長”和“长”、“單”和“单”等，它们的偏旁既不表音也不表意。“龍”字16画，“龙”字5画。

第三，繁体字没有表音表意功能，简化字有表音表意功能，简化字优于繁体字。例如“竈”和“灶”。“竈”的结构难以说清，而“灶”从“土”从“火”，砌灶用“土”烧灶用“火”，“灶”有表意功能。同类的如“衆”和“众”、“滅”和“灭”、“叢”和“丛”、“郵”和“邮”等，“众”“灭”的偏旁表意，“丛”“邮”的偏旁表音。“竈”字19画，“灶”字7画。

第四，繁体字有表音表意功能，简化字没有表音表意功能，繁体字优于简化字。例如“禮”和“礼”。“禮”字从“示”从“豊”，豊兼表音；而“礼”内的竖折钩既不表音也不表意。“禮”优于“礼”。同类的如“蘭”和“兰”、“頭”和“头”等。“禮”字17画，“礼”字5画。

按照上面的分类，“亲”“爱”属于第四类，繁体优于简体。可是不能仅凭这一类就否定整个简化字，因为这只是四类里的一类。如果只凭这一类就下断语，就是以偏概全，或者叫“攻其一点，不及其余”。我们用这种方法来比较繁简字的优劣得出的结论是粗线条的，最好还要有定量分析。不过那十分复杂，不易做好。当我们对繁简字的优劣进行比较时，有一个事实不能忽略，就是简化字比繁体字笔画少，易学便用，阅读的清晰度高。就以上述第四类来说，从表音表意功能说，简化字不如繁体字；可是从笔画多少说，简化字仍旧优于繁体字。汉字简化本来就是有利有弊的，只要利大于弊就基本可行。当然在实际工作中，我们要尽力扩大它的利，缩小它的弊。

另外，比较繁简字的表音表意功能时最好不用假借字作例子，因为假借字是整字表音，和上面说的偏旁表音不在一个平面上。繁体字“愛”的本义并不是喜爱，而是指行走的样子。《说文·夂部》：“愛，行貌。从夂，㤅声。”其中的“心”只是音符“㤅”的一部分，与喜爱义完全无关。如果不这样分析，坚持说“愛”里的“心”表示喜爱，请问“愛”里的“爪、冖、文”又怎么处理呢？有“心”不一定就是“爱”，“怨”和“怒”还有“心”呢？

注：本文所用例字，主要参考裘锡圭先生文章《从纯文字学角度看简化字》。裘先生的文章见苏培成、尹斌庸编《现代汉字规范化问题》，语文出版社 1995 年版。

（《语言文字报》2011 年 7 月 27 日）

识字教学不要勉强谈字理

字理识字是有较大影响的识字教学法。湖南贾国均先生对这种教学法有很好的论述，他说："所谓字理，即汉字的构形理据。字理识字教学法是依据汉字的组构规律，从汉字形与义、音的关系着手进行识字教学的方法。它注重通过对汉字的象形、指事、会意、形声、转注、假借等构形理据的分析来突破字形这个难关，达到提高识字教学效率的目的。"字理识字是有科学依据的。因为汉字记录的是汉语语素，所以汉字是语素文字。为了便于记认、便于应用，字形要与它记录的语素建立联系，表意字的字形和形声字的意符与语素的意义有联系，形声字的音符与语素的读音有联系，这就是字理。遵照这种联系分析字形，就可以帮助学习者掌握字形和字义的关系，帮助识字用字。

字理识字教学法和其他教学法一样也有局限，它的局限主要是来自汉字的本身。汉字字数很多，到目前为止，有些字的造字理据我们并不清楚。现在能看到的最古的成批汉字是殷商时期的甲骨文，甲骨文有一半字到现在还不认识，已经认识的字也有许多说不出理据来。六书里的假借字，字形和字义没有什么联系，说不出字形和字义的关系。另外，从甲骨文到现代汉字，汉字的形音义都发生了种种变化，有些本来是有字理的，在变化中失去了字理，成为无理据的记号。据周有光先生的研究，现代汉字的声旁有效表音率只有39%。根据我的抽样计算，现代汉字的理据度大约在50%上下。从事字理研究和教学的教师们应该看到这个事实：不是每个字都能说出字理来，说不出字理的字就不要勉强谈字理。在字理识字教学中，凡是能说清楚字理，而且字理易于被小学生接受的，就要利用字理。有些字单从现代的字形不易说清字理，通过溯源可以说清字理的，教学中可以适当联系字源。对那些说不清字理的字不能强作解人，可以采用别的识字方法去教学。没有任何一种教学方法是万能的。字理识字教学方法实际是以字理识字为主，同时吸收别的教学方法的长处，以达到提高识字教学效率的目的。这样不是削弱了字理教学，而是保持了字理识字的科学性。

字理教学拒绝“实用字义”。在字理教学法推行过程中，产生了“实用字义”的说法。有人认为“探求字义可分为字源字义和实用字义两部分”，“汉字的字源字义是经过专门研究考证过的汉字本义”。“有些汉字因时代演变或现代简化，现已很难形象地析解讲清其字源，人们只有依据其现代字形凭生活经验想象并推断其字义，这就是实用字义。不同的人（如外国人、中国人，小学生、成年人）可以依据汉字音形义的特点做出最易理解的联想，这有利于快速和牢固地识记汉字。”笔者认为，“字源字义”、“实用字义”的说法是不准确的。字理识字并不是要探究字义。例如，现代“庆”字的字义是祝贺，字典里说得明明白白，用不着我们去探求。我们探求的是如何对字形进行分析，通过分析找出字形与字音、字义的联系。

字形分析可以分为字源分析和现状分析，有些字两种分析的结果是一致的，有些字并不一致。

如“沐”，两种分析都是从水木声的形声字；如“江”，字源分析是从水工声的形声字，现状分析是半意符半记号字，因为现在的“江”并不读工。小学识字教学主要采用现状分析，有的可以结合字源分析。不论是哪种分析，都要依据汉字的客观的事实，而不能“凭生活经验想象并推断其字义”。字理识字教学法要以汉字字理的研究为基础，不能脱离汉字的字理而去主观猜测、随意联想。否则，会陷入矛盾之中，无法自圆其说。用这种方法来教学，有害无益。试看实用字义解说汉字的例子：

春　春天到了，温暖的阳光（日）普照大地，人们三人一伙地结伴而行，踏青赏花。[按：如果说“春”是三人一伙结伴而行，那么“秦奉奏泰”又该怎么分析？恐怕只能另解，学生对此会问：同样是“春”字头，为什么有的是三人结伴而行，有的又不是三人结伴而行了呢？]

以“人”用锄（l）挖起泥（、）。[按：这样的字义分析太牵强了，而且“以”除了表示用之外，还表示因为、以免等意义，那又该如何解释？]

眨眼“目”困“乏”了就眨一眨。[按：眨眼不一定就是困乏。“泛、贬、砭”的乏怎么解释？]

这样的实用字义识字方法不但给小学生许多错误的汉字知识，而且潜移默化让小学生感到学问无非就是随便联想。字理识字教学法要以科学的字理研究为基础，离开了科学的字理研究，字理识字就走进了误区，就断送了前途。

语言文字学家殷焕先先生说过，把“裕”讲成丰衣足食这种“胡编”也是可以的。有人把殷先生的说法作为可以采用实用字义的理由。殷先生是我十分尊敬的前辈学者，他如果能看到实用字义带来的不良后果，一定会修正自己的论述。

近年来有人提出所谓“全息识字法”，该识字法是任意曲解汉字的歪风的代表。请看它对“儒”字的解说：“儒字从人从需，讲的是人的需要，需要什么？一需粮食，二需教育。营养食物从母乳起，教育从孺子起，所以，儒字由人和需组成，与‘乳’同音。”又对“孀”解为：表示内心像打了霜的寡妇，看别人成双成对地出入，内心十分凄凉。这种曲解汉字用了两个方法，一个是声旁表义，一个是同音相通。声旁表义就是把形声字讲成会意字，把不表意字的声旁说成是表意成分。这实际是取消了形声字，六书成了五书，背离了六书的理论。汉字的同音字很多，把同音字任意打通，随意联想。全息识字法就使用这两种办法极大地扩展了“胡编”的空间，走上了伪科学的歧途。这种望文生义，牵强附会，生拉硬扯，故弄玄虚，完全和科学背道而驰，其结果必然是糟蹋汉字，破坏传统文化，妨碍识字教学，危害青少年一代。

（《中国教育报》2004年4月3日）

讨论汉字问题要坚持科学求真

随着汉字热的不断升温，从事各种不同专业的文化人对汉字问题也时常发表一些见解。这些见解有的深刻，有的肤浅；有的是科学求真，有的只是信口开河。为了促进汉字研究水平的提高，文化人在讨论汉字问题时要变肤浅为深刻，变信口开河为科学求真。下面我们举出三个例子稍加说明。

其一，某文化名人在电视台讲解传统文化，谈到殷墟甲骨文的发现和研究时说：清代国子监祭酒王懿荣患痢疾，派人去药店买药，其中有一味是龙骨。药买来后他发现龙骨上有刻画的符号，再仔细看是古代文字。于是找来四位研究古文字的年轻人，其中有一位是郭沫若。

王懿荣患了痢疾要吃中药，龙骨能治痢疾吗?《辞海》说龙骨“主治惊悸、癫痫、遗精、崩漏、带下、久泻、自汗、盗汗等症”，患痢疾吃龙骨不是吃错了药吗?郭沫若是研究甲骨文的大家，他生于1892年，1928年旅居日本时才开始研究甲骨文。王懿荣于1900年八国联军侵略北京时殉国，在那一年郭沫若还不到八岁，怎么就懂得甲骨文了呢?

王懿荣服中药发现甲骨文是传说，不是信史。甲骨文研究专家告诉我们，1899年秋山东潍坊的古董商人范维卿从河南贩卖甲骨到北京，把12版甲骨售给王懿荣，每版银二两。这是王懿荣最早收购到的甲骨文。在这个问题上千万不要再道听途说、以讹传讹了。

其二，某文化名人在某次全国政协的会议上提出了一个议案，议案建议小学增设繁体字教育。议案中说：繁体的“進”是走字上一个“佳”，越走越入佳境，这才叫前进。简化后佳变成了井，越走越往井里去了。这样的简化便完全歧解了“象形、指事、会意、形声、转注和假借”等构成的概念。

关于“进”字，最早见于甲骨文，是从“隹”（zhuī）从“止”的会意字。“隹”指短尾鸟，“止”指脚趾，合在一起指向前走。金文“进”把“止”改为“辵”（chuò），意思没有变。金文“进”经过小篆、隶书，直到楷书繁体字的“進”，它的右上部分始终是“隹”，不是“佳”。“佳”读 jiā，指美、好，是从人圭声的形声字。把“進”说成是走入佳境，是对字形的误释。根据《说文》，“進”是从辵閵省声的形声字，不是会意字。繁体字“進”简化为“进”是用符号“井”代替了“隹”，这和越走越往井里去了，完全不相干。这位文化名人想用这个例子说明简化字不如繁体字，可是他既不会分析繁体的“進”也不会分析简体的“进”，从这个例子里得出小学要增设繁体字教育的结论也就落了空。

其三，某文化名人接受某大报采访时，提出要“扩大繁体字的认识面、使用面”。他说“虽然汉字现在简化了，但是古籍都是用繁体字记载的，如果不认识繁体字，我们的文化传统、历史传统、思想传统就会断档。”因为“古代的思想文化科技成就，都要从古籍中学习，没有了繁体字，爱国主义就没有了源头”。

在当今，我们从古籍里继承传统文化，主要有三条途径。第一，由专业的文史哲工作者直接继承。这些专家认识繁体字，而且懂得文字、音韵、训诂和传统文化等学问，能读懂古籍。他们把研究古籍取得的成果写成深浅不等的著作。不能直接阅读古籍的读者通过阅读这些专家的著作学习传统文化。第二，改革开放以来，有些出版社陆续出版了一批简化字本的古籍，如《十三经注疏》《二十四史》《资治通鉴》等，有的还附有今注和今译。那些只认识简化字、不认识繁体字的读者，可以阅读简化字本的古籍，并且从中继承传统文化。“学而时习之，不亦说乎”和“學而時習之，不亦説乎”用字虽有繁简，但是表达的意思是一样的。这表明简化字不但不妨碍人们阅读古籍，继承传统文化，相反还可以扩大了古籍的影响，有利于继承传统文化。第三，就是除了上述两类人之外的广大工农商学兵各界人士，他们不认识繁体字，也不具备直接阅读古籍的能力，只能从专业工作者写出来的有关的著作中继承传统文化。如果前两种是直接继承，那么第三种就是间接继承。间接继承也是继承。总之，推行简化字以来，传统文化未曾中断，近年来更出现了前所未有的国学热。“如果不认识繁体字，我们的文化传统、历史传统、思想传统就会断档”，“没有了繁体字，爱国主义教育就没有了源头”等说法，得不到事实的支持，不过是杞人忧天。

（《语言文字报》2012 年 4 月 18 日）

喜见“难字注音”

本文说的“难字注音”指的是编辑在编辑报刊书籍时，对文章里出现的生僻字加注汉语拼音，使这类字由难读变为易读，帮助读者清除阅读的“拦路虎”。难字注音不是新东西，是我们祖先在注释古籍时就已经使用过的方法。例如《汉书·高帝纪》：“上使辟阳侯审食其迎绾。”颜师古注：“辟音必亦反。食其音异基。”颜注就是给难字注音，用的方法是反切和直音。“辟音必亦反”是反切，“食其音异基”是直音。古籍里的难字注音对古人读准字音十分重要，对我们正确诵读经典仍旧有重要作用。

20 世纪 60 年代，推行“难字注音”取得了很好的成效。1961 年 11 月 1 日《人民日报》发表了编者写的《实行难字注音》告白。告白说：“从今天起，本报对报上的难字实行注音。难字包括一些生僻字和容易读错的字。”那一天的《人民日报》有 6 个版，为 28 个难字注了音。有呆滞［zhì］、汽油泵［bèng］、牲口圈［juàn］、奖惩［chéng］、沤［òu］肥、回茬［chá］麦田、蓄水保墒［shāng］、勐［měng］仓植物园、挑衅［xìn］、唆［suō］使等。在《人民日报》的带动下，有些报刊也陆续开展了难字注音。为配合难字注音工作，文字改革出版社（现为语文出版社）编辑了《难字表》，1962 年 7 月由人民日报出版社出版。表内选入了两千多个比较难读和容易读错的字，也收了一些因意义或用法不同而读音有差别的字。《难字表》在

1964 年 12 月出版了修订稿。“文革”开始后，这项工作被迫停止。

改革开放以后，人们生活节奏明显加快，阅读报刊书籍遇到了不认识的字，常常没有时间去查字典或问别人，只好随意乱读或者干脆跳过去。见到这种情况我常常想到 20 世纪的“难字注音”。几个月前，《小学生报》的主编田春晨先生到我家采访，我向他谈起难字注音的好处，他爽快地答应《小学生报》将尽快开展这项工作。后来没有机会再见到他，可我心里一直惦记着“难字注音”。一件让我高兴的事来了。我在 2011 年 6 月 12 日的《北京晚报》上读到一条消息，标题是《“飑线”雷暴群闪过京城》。“飑”字怎么读，还没容我去查字典，文章里的一句话映入眼帘：“气象专家表示，这是一次典型的‘飑（biāo）线’天气过程。”久违了的“难字注音”又回来了。我十分兴奋。现在我愿意借这篇小文向出版界呼吁：尽快恢复难字注音。这是一件很值得做的事。它不仅让阅读书报的人跨过了难字读音这个高门槛，而且对向社会推广规范读音、提高全民语文水平有重要作用。20 世纪 60 年代“难字注音”的经验可资借鉴。注音的字不要很多；注音的工具是汉语拼音，不是直音和反切；注音的范围要视读者的具体情况来定，不搞一刀切。如果以中等文化水平的读者为对象，可以把《新华字典》未收字作为范围。

“难字注音”可以降低学习和使用难字的难度，但是不能根本解决汉语文里的难字问题。大批难字的存在降低了汉字学习和使用的效率。现代难字的主要成员是地名用字和人名用字。用常用字替换生僻难读的地名字，可以减少难字的数量。这项工作 20 世纪 50 年代取得了成功，在适当的时候要继续进行。提倡人名用字不用生僻字，多用通用字。人名中用了生僻字，交际时常常遇到困难：别人不认识，读不出来；电脑打不出，上网上不去。人名中不用生僻字既方便了别人，又方便了自己，而且并不影响人名的个性化和鲜活生动。真是何乐而不为呢？要设法减少汉语文里的难字，而不是把难字随便推向社会，加重学习负担。

（《语言文字报》2011 年 6 月 29 日）

走向辞书强国之路

中国文化正在走向大发展大繁荣。在这样的背景下，中国的辞书业要发生质变，就是由辞书大国发展为辞书强国。这既是社会发展提出的要求，也是辞书人对国家对民族承担的义不容辞的责任。这种前景令人鼓舞，可是要把这种前景变为现实又谈何容易。对这个问题有些学者已经发表了很好的意见，我也不避固陋谈以下三点看法。

一、切实做好当前的辞书工作，为辞书业的进一步发展打下基础

（一）净化辞书市场，清除辞书垃圾

近二十年来，我曾三次参加新闻出版总署组织的汉语文辞书编校质量的检查。通过检查发现了一批质量好或较好的辞书，但同时也发现了相当数量的差错率高于万分之一的不合格产品。奖优汰劣，切实提高现有辞书的编校质量，反对辞书编纂中的粗制滥造和抄袭拼凑现象，任务仍十分艰巨。

我审读过一本2003年出版的《现代汉语辞海》。按照有关的规定，连续审读了10万字，其中有字词条目1 806条。以《现代汉语词典》（1996年版，以下简称《现汉》）为参照物，可以把这些条目分为四类：第一类，注音、释义、用例和《现汉》完全相同的有514条，占抽查条目的28%；第

二类，释义、用例和《现汉》只有微小差别的有851条，占47%；第三类，立目和《现汉》相同，但释义有差别的有282条，占15%；第四类，立目和《现汉》不同的，有159条，占9%。一二两类合起来，共占抽查条目的75%，可以断定这本辞书的四分之三是抄袭或变相抄袭《现汉》的。而且除了全抄《现汉》的那一部分以外，其余部分的差错也很多。为节省篇幅，下面只举出4个例子，稍加说明：

表　代表亲戚：表哥｜表姐｜表叔。（苏按："亲戚"所指的范围很广，"表"只是亲戚里的一类，并不是任何亲戚都属于"表"。）

保护层　原指防止内部不受损坏的表层。（苏按：多了个"不"，表达的意思完全相反。）

摆　显示；炫耀：把东西摆整齐。（苏按：把东西摆整齐的"摆"意思是"安放"，不是"显示；炫耀"。）

颁行　计划生育在中国已颁行许多年了。（苏按："计划生育"和"颁行"不搭配。）

这样的辞书是垃圾①，该书在出版总署2003年辞书质量专项检查里被认定为不合格辞书。也可见该书的编者和出版者无力甚至也无心提高这部辞书的质量，把这种劣质辞书推向市场只是为了追求利润。劣质辞书如何能获得利润？靠的是包装和炒作，而且是打一枪换一个地方。遗憾的是这种劣质辞书在如今的图书市场上并未绝迹。

（二）努力维护好优质辞书，充分发挥优质辞书的引领功能

社会需要大量的优质辞书，优质辞书对社会的贡献很大，而现有的一些优质辞书也需要与时俱进，不断提高自身质量，以满足社会的需要。评价一部辞书首先要看它的整体设计和理论基础，可是一字一词的注音、释义也不可以放松。读者查阅辞书，十分重视书中一字一词的注音和释义。一字一词出错往往会造成整个条目出错。如果使用者正好查阅到这个条目，就有可能被误导。下面试举几例：

1.《现汉》第5版"繁"字字头后括注了异体字"緐"。这个"緐"是错字，正确的写法应该是"緐"。《说文·糸部》："緐，马髦饰也。从糸，每声。"段玉裁注："盖集丝绦下垂为饰曰緐。引申为多，又俗改其字作繁。"

《现汉》的这个错误来自《第一批异体字整理表》。《第一批异体字整理表》把“鲦”误为“鲧”，《现汉》未能细查，因而致误。这个错字已在第 6 版改正。又如“网络战”“堰塞湖”“零和游戏”等新词语，现今常用，《现汉》应及时补收。

2.《新华字典》第 11 版的《修订说明》告诉我们这一版修订的内容有五个方面：新增正体字 800 多个；对个别体例做了改动；酌情删去了个别过于陈旧的异读音；对个别释义进行修改；对部分例证进行修改。我们核对了修订后的《新华字典》，认为后四个方面的修订都是必要的，而且改得很好，但第一方面的修订值得商榷。这次新增的 800 多个字里大约有 600 多个是文言死字或现代罕用字，增加这些字是不必要的，是无利而有弊的。以字母 C 为例，增加的就有：辿梴儳旵燀鋹瞰綝煁宬珹珵憕庱摛胣痓浺珫摏漴椆畲䢺䝙搋遄龊柷琡斶倕堾瑃錞玼蚩莿漼瑳棤等共 42 个。一部字典收多少字、收哪些字不是任意的，而是取决于字典的性质和读者对象。造成汉字难学难用的一个重要原因是字数太多。控制字数的有效办法就是“分级定量”。目前政府主管部门公布的汉字字量是常用字 3 500 字，通用字 7 000 字。《新华字典》第 11 版增加的文言死字和现代罕用字都超出了 7 000 个通用字的范围。查考型的大字典要收这些字，而《新华字典》是供中小学师生使用的通俗实用的小字典，没有必要打破“分级定量”的界限收入这些字。把这些字补入《新华字典》，不但增大了学生的用字量，而且使得活字死字混杂，不利于汉字的规范化和标准化。要保持《新华字典》的特色，不使丢失。

3.《古汉语常用字字典》第 4 版中的有些体例实在令人费解。例如：

降 jiàng①从高处往下走。②降生。③xiáng（详）。投降［例从略］

大字头“降”的注音管辖的应该是其后的三个义项，而在义项③后又出来个 xiáng。试问投降的“降”到底是读 jiàng 还是读 xiáng？比较《新华字典》的“降”字条：

降 jiàng ①下落，落下。②使下落。③姓。

降 xiáng ①投降，归顺。②降服，使驯服。［例从略］

《新华字典》对“降”这个多音字的处理就清楚明白得多了。

又如：

泛[1]（氾、汎）fàn ①泛滥，大水漫流。②漂浮。③广泛，普遍。

泛[2]fàn ①漂浮。②泛滥。③广泛，普遍。上述①②③又写作“氾”、“汎”。④fěng（讽）通“覂”。翻，覆。[例从略]

泛[1]的三个义项和泛[2]的前三个义项的释义相同，对“氾”、“汎”这两个异体字的处理形式虽有不同，但没有实质性的差别。我们不明白为什么要这样分立字头。泛[2]的内容大于泛[1]，如果把泛[1]删去，信息不会减少。为什么有了泛[2]还要泛[1]？照我们关于多音字分立的意见，泛[1]读 fàn，泛[2]读 fěng（讽），分立字头是必要的。我绝不是反对所有的分立字头，像获[1]（獲）、获[2]（穫）的分立，极[1]（極）、极[2]的分立，都是必要的。可是像泛[1]、泛[2]，范[1]、范[2]的分立就是不必要的。

另外，《古汉语常用字字典》也还有一些明显的差错。例如：

僖 古代用作帝王的谥号，如鲁僖公。

春秋时的鲁僖公只是诸侯，不是周天子，用“鲁僖公”作为“帝王的谥号”的例证欠准确。

（三）大力开展辞书评论，促进辞书业的健康发展

辞书业要健康发展，奖优汰劣，离不开切实的辞书评论。我们发现有些劣质辞书的编者和出版者不是在提高书稿的质量上下功夫，而是大搞炒作，蒙混舆论。这种靠炒作一时走红的辞书禁不起检查，一查编校质量就露了底，自然会被读者抛弃，害人最终害了己。

要使中国从辞书大国变为辞书强国，首先要做好现在的事，没有了现在哪还有未来？

二、从世界看中国，从社会需求看辞书业担负的重任

（一）要清醒地看到与辞书强国存在的差距，积极引进先进的词典学理论和先进的编纂手段

周有光多次强调要从世界看中国，这对辞书业也有指导价值。近代中国辞书业的发展本已落后于发达国家，可是我们长期闭关锁国，看不到差距。改革开放以来这种局面才有了转机，对辞书强国的辞书业开始有了了解。从

出版的辞书文本说，“大型现代语文辞书，我们至今还没有一部，而每个辞书强国都不止有一部这样的辞书”。现有的几部学习词典，“都不完全符合学习词典的要求，大多徒有虚名，跟《现代汉语词典》的相似率超过50%”②。再就辞书编纂手段说，“词典语料库是西方20世纪70—80年代的产物，而我们直到90年代才有这方面的成果发表，而至今大多仍只限于纸上谈兵，没有投入商业运营的大型词典语料库；而在西方谈语料库的建设和重要性已经是个过时的话题”③。

（二）从社会需要看任务，不断满足时代提出的需求是促进辞书业发展的动力

例如，19世纪末到20世纪初，中国社会发生急剧变化，西学东渐带来了大量的新事物新知识，原有的《说文解字》《康熙字典》一类的辞书无法满足现实的需要，于是有了1915年出版的《辞源》。《辞源》是新型的综合性辞书。它广收古语、博采新词，对当时的自然科学、社会科学和应用技术的词语大量录入，满足了“钻研旧学”“博采新知”的要求，受到了社会各界的欢迎。继《辞源》之后，1936年又出版了《辞海》，使这种综合型辞书得到了进一步的发展。又如，抗日战争结束后汉语言文字学有了新发展，而当时社会通行的字典还脱不掉《康熙字典》《中华大字典》的窠臼。1948年冬，魏建功邀集金克木、周祖谟、吴晓铃等专家研究如何编纂适应新形势的新字典。之后，由魏先生起草了《编辑字典计画》，提出了新字典的十大特色。这些特色主要有：注意培养“语言”的观念，“名叫‘字’典，实系‘词’典”；绝对以音排列，例如“好”有喜好与和好两个意思，读音也不同，在字典里这两个意思就按读音分别排列；以义排词，由同一单字组成的词依意义归类排比；广收活语言等等。④这些原则在魏先生主编的《新华字典》里基本上得到了实现，使得《新华字典》获得了新面貌。

改革开放三十多年来，中国辞书业有了很大的发展，但是与现实需要相比仍很不够。具有划时代意义的鸿篇巨制还没有出现。在社会需求最广的现代汉语工具书方面，我们有了《现代汉语词典》，它虽然收录了6万多条词语，可是阅读中许多常见的词语还是查不到，我们缺一部《现代汉语大词典》。我们有了《汉语大词典》，可是不少词语发展变化的面貌还看不清楚，缺少一部《汉语历史大词典》。有关汉字的字书近年来出版了不少，内容多为陈陈相因，水平良莠不齐，缺少一部比较详尽的高质量的《汉字源流字典》。不少辞书的检索依旧困难，国家标准《汉字部首表》（GF 0011—2009）的发布并没有解决问题。供学术研究用的参考型专科词典更是缺乏。电子辞典方兴未艾，可是得到社会普遍认同的优质电子辞典还没有出现。应该看到当前为精品辞书的编辑出版所提供的社会条件、物质条件比过去要好得多，辞书界要抓住时机，努力工作，为辞书事业的发展繁荣建功立业。

三、树立精品意识，摒弃平庸之作，使辞书强国梦逐步变为现实

（一）辞书强国的重要标志是要有一批精品辞书，数量和质量都要达到相当高的水平

依我的浅见，精品辞书至少要具有如下的条件：(1) 要有原创性。要提出其他辞书没有提出的重要问题，要解决其他辞书没能解决的重要问题，而不是在现有辞书的基础上修修补补、小打小闹。(2) 对论述的问题要给出当代最新最精当的回答，要有足够丰富的信息量。(3) 要便于检索，文字要准确、简洁、顺畅，便于阅读。

（二）精品辞书的编纂、出版和发行，受许多条件的制约，不是想做就能轻易做到的

编纂精品辞书要采用科学先进的编纂思想；要努力实现由传统辞书生产方式向现代化的变革；还要有足够的人力和物力的投入。巧妇难为无米之炊，不要幻想用少的投入就能换回多的产出。精品要靠打磨。对大型辞书来说，“十年磨一剑”是常态，“数十年磨一剑”也不足为奇。《汉语大字典》和《汉语大词典》都是从 1975 年开始落实编写任务的。《汉语大字典》（八卷本）1990 年出齐，历时 15 年；《汉语大词典》（12 卷本）1993 年出齐，历时 18 年。

要有一支高质量的编写队伍，要有一流辞书学家、语言学家的大力参与。随便找几个人搭一个班子就想编出精品辞书来是不可能的。随着老一辈辞书学家的离世，编写辞书的重担已经落在了新一代身上。薪尽火传，新

代要加倍努力，不负众望。编辞书很辛苦，要提高编写人员的薪酬待遇。

要有强有力的领导班子作为核心。领导班子既指国家主管辞书的部门，也指具体的辞书编纂出版部门。编纂精品辞书单靠几个书生的努力难以成功，单靠一家出版社有时常感到力不从心，要有行政力量的支持。对于重要的精品工程要有国家的支持。1975 年 5 月国家出版事业管理局和教育部在广州召开中外语文词典编写出版规划座谈会，制订了 1975 年至 1985 年十年编写出版 160 种中外语文词典的规划（草案）。中央领导和国务院主管部门对规划（草案）予以有力支持，最后才有了《汉语大词典》和《汉语大字典》。这个经验值得吸取。

（三）东拼西凑搞不出精品辞书

吕叔湘说："要编一部新的词典，就要有高的质量，有不同于已有的词典的鲜明特色。如果达不到这样的要求，东拼西凑去搞一本词典，就毫无用处，只能是'劳民伤财'。"⑤刘庆隆说："编写字典、词典要推陈出新、后来居上、超过前人。这是应该做到的，不然就是简单重复，用处不大。"⑥这些意见都非常宝贵。东拼西凑搞不出精品辞书，至多也不过弄出来一些平庸之作，弄不好就是辞书垃圾。

在市场经济条件下，不论是编者还是出版者都面临不少诱惑。编纂优质辞书当前要特别注意防止片面追求短平快，避免急功近利。要摒弃拉关系搞炒作那一套害人害己的野路子。

（四）中国辞书学会在中国走向辞书强国的路上可以发挥重要作用

我们期待有很高学术造诣，有远大抱负的辞书学家、语言学家能够拒绝浮躁、端正学风，静下心来编出几部能传世的精品辞书造福社会、造福子孙。

附注

①苏培成《〈现代汉语辞海〉是一部伪劣辞书》，《北京大学学报》2003 年第 6 期。

②张志毅《辞书强国——辞书人任重道远的追求》，《辞书研究》2012 年第 1 期第 8—9 页。

③章宜华《〈辞书研究〉与新时期词典学理论和编纂方法的创新》，《辞书研究》

2010年第1期第68页。

④魏建功《编辑字典计画》,《魏建功文集（第4卷）》第403页，江苏教育出版社2001年版。

⑤吕叔湘《早日把规范词典编出来》,《辞书研究》1996年第1期第138页。

⑥刘庆隆《辞书编写的借鉴和提高》,《吕叔湘先生百年诞辰纪念文集》第398页，商务印书馆2010年版。

(《辞书研究》2012年第5期)

要有一部收字量大的面向社会公众的字典

一

学习汉字和使用汉字都离不开汉字字典。字典从收字量（即大字头的数量）看，有大、中、小不同的类型。《新华字典》是社会影响最大的小字典，包括繁体字、异体字在内，共收 1 万多字，累计发行量多达 4 亿多册。中型的如《新华多功能字典》，在通用字之外还收一些常用的文言字和生僻的专业用字，不包括繁体字和异体字，共收字 14 245 字，累计发行量已经超过了 20 万册。《现代汉语词典》收的字头，不包括繁体字和异体字，也有 1 万多个，实际是中型字典。大型的字典如《康熙字典》，收字 47 035 个；《汉语大字典》（第二版）收字 60 370 个。

中小型字典是面向中小学学生和社会一般公众的字典，可是读者有时遇到一些生僻字，在中小型字典里查不到，就要去求教大型字典。

例如，清末民初的语言文字学家章太炎给他的三个女儿起名字，用的都是生僻字：一个叫章叕，一个叫章㠭，一个叫章㗊。许多人不认识这三个字，就要去查字典，可是这三个字在《新华字典》和《现代汉语词典》里都查不到。后来到《新华多功能字典》里去查，查到了“叕”和“㗊”，可是还查不到“㠭”。《新华多功能字典》中：“叕”读 zhuó，意思是“使连接起来"；"䶂"读 jí，有两个意思，一个是"众口"，另一个是"喧哗"。在《康熙字典》"工"部中找到了"㠭"。注音和释义是："㠭《玉篇》：古文展字。《六书正伪》：四工，有展布义，会意。隶作展，中从㠭。俗作展。"看来像《康熙字典》这样的大型字典有时还必须要用。

又如，有一天我读报纸，看到山东省文登市埠口镇嶅山村有茼姓，这个"茼"字我不认识。《新华字典》《现代汉语词典》和《新华多功能字典》都没有收录这个字，只好去查《康熙字典》。《康熙字典》中："茼《唐韵》：亡范切，人姓，见《姓谱》。""亡范切"怎么读？多数读者不懂反切，虽然查到了这个字，可是仍旧不知道怎么读。这表明反切注音，不适合现在的读者使用。再者，《康熙字典》的释义和书证用的都是文言，现代读者很难读懂。

再如，明末清初有一位著名的书画家叫朱耷（dā），别号"八大山人"，谱名统𨱎。这个𨱎字怎么读？查《新华字典》《现代汉语词典》和《新华多功能字典》都查不到，连《康熙字典》都未收录。最后在《汉语大字典》中查得："𨱎，juàn，人名用字。"因为《汉语大字典》用汉语拼音注音，比反切更适合当今读者的需要。可是这样的多卷本大字典，定价高，篇幅大，又有多少人会买呢？

根据上面的分析，可以看出社会需要一部收字量大、面向社会公众的大型字典。

二

这样的字典是给什么样的人使用的呢？答案是：以中等文化及中等文化程度以上的各界人士为读者对象，帮助他们解决在阅读和写作中遇到的常用字、通用字，特别是生僻字方面的问题。

这样的字典应该具备什么特点呢？

第一，收字要多，以便解决人们在学习和使用汉字时遇到的生字问题。收字要多，这是与中小型字典相对而言的，但收字多并不是越多越好，因为还必须考虑到字典的篇幅和定价。篇幅不宜过大，定价不宜过高。因此只说收字要多还不能解决问题，关键要看收哪些字。现代汉语常用字和通用字自然要收，这和中小型字典是一致的，此外还必须收一大批使用频度较低或很低的字，也就是我们常说的生僻字，而生僻字主要是文言字。古代流传下来的字书、韵书里有许多生僻字，有些字没有书证，也就是没有实际用例。这样的字可以不收，因为人们在阅读中遇不到，当然也就不会去查。不收这样的字不会降低该字典的使用价值。

第二，释义要简明，使读者一看就懂。这与《汉语大字典》不同。《汉语大字典》是供研究用的查考型字典。它要汇集众多的文献资料，提供给研究者，以省却他们的翻检之劳。而我们现在谈到的大字典，是供社会一般公众使用的。这样的读者对注音和释义的要求比较简单，不需要过多的征引和论述。请比较以下的释义：

鸻 héng ❶荒鸟。《玉篇·鸟部》："鸻，荒鸟。"❷飞鸟。《字汇·鸟部》："鸻，飞鸟。"❸现代鸟类学鸻科、燕鸻科部分种类的通称。鸻科为小型涉禽，翼、尾短促，脚无后趾，群居海滨。燕鸻科尾羽呈剪刀状，能于飞行中捕食昆虫，又能在地上觅食，兼具燕与鹬二者特性。(《汉语大字典》)

廧(一)qiáng 同"墙"。《玉篇·嗇部》："牆，墙垣也；廧，同上。"《墨子·经说上》："廧外之利害，未可知也。"毕沅注："廧字，牆俗写。"《战国策·赵策一》："公宫之垣，皆以狄蒿苫楚廧之，其高至丈余。"《汉书·邹阳传》："今人主沈谄谀之辞，牵帷廧之制。"(二) sè 通"啬"。《篇海类编·宫室类·广部》："廧，音啬。"《字汇补·广部》："廧，与啬同。"《战国策·东周策》："因令人谓相国御展子、啬夫空曰：'王类欲令若为之，此健士也，居中不便于相国。'"郭希汾辑注："廧，通啬。啬夫，小臣；空，名。"(《汉语大字典》)

我们设想的大字典，这两个字的注音和释义可以简化如下：

鸻 héng 现代鸟类学鸻科、燕鸻科部分种类的通称。

廧（一） qiáng 同"墙"。《墨子·经说上》："廧外之利害，未可知也。"(二) sè 通"啬"。《战国策·东周策》："因令人谓相国御展子、廧夫空曰：'王类欲令若为之，此健士也，居中不便于相国。'"(廧夫：小臣。)

第三，扩大词义的概括性。王力说："一般字典辞书总嫌义项太多，使读者不知所从，其实许多义项都可以合并为一个义项，一个是本义，其余是引申义。本书以近引申义合并，远引申义另列，假借义也另列。”（《王力古汉语字典·序》）例如：

侯 hóu ❶古时用布或兽皮制成的箭靶。《诗经·齐风·猗嗟》：“终日射侯，不出正兮。”❷古代五等爵位的第二等。《左传·襄公十五年》：“王及公、侯、伯、子、男、甸、采、卫、大夫，各居其列，所谓周行也。”《礼记·王制》：“王者之制禄爵，公、侯、伯、子、男凡五等。”（又）秦汉以后仅次于王的爵位。《史记·陈涉世家》：“王侯将相宁有种乎?”❸君主。《诗经·大雅·抑》：“质尔人民，谨尔侯度。”（郑玄笺：“侯，君也。”）❹封侯，封官。《史记·高祖本纪》：“项氏败，利几为陈公，不随项羽，亡降高祖，高祖侯之颍川。”李白《赠张相镐》诗之二：“苦战竟不侯，当年颇惆怅。”❺古时士大夫之间的尊称。犹言君。杜甫《与李十二白同寻范十隐居》诗：“李侯有佳句，往往似阴铿。”李硕《送陈章甫》诗：“陈侯立身何坦荡，虬须虎眉仍大颡。”❻美丽。《诗经·郑风·羔裘》：“羊羔如濡，洵直且侯。”❼乃，于是。《诗经·大雅·文王》：“上帝既命，侯于周服。”❽表疑问，相当于“何”。《史记·司马相如列传》：“君乎君乎，侯不迈哉!”《法言·先知》：“法无限，则庶人田侯田，处侯室，食侯食，服侯服?”❾助词。相当于“惟”。①用于句首。《诗经·小雅·四月》：“山有嘉卉，侯栗侯梅。”②用于句中。《诗经·小雅·十月之交》：“择三有事，亶侯多藏。”❿语气词。相当于“兮”。《史记·乐书》：“高祖国沛诗三侯之章。令小儿歌之。”（司马贞索隐：“沛诗有三‘兮’，故云三侯也。”）⓫通“候”。迎。《周礼·春官·小祝》：“掌小祭祀，将事侯禳祷祠之祝号。”（郑玄注：“侯之言候也。”贾公彦疏：“设祈祷候迎之。”）⓬姓。（商务印书馆《古代汉语词典》“侯”字注）

侯 hóu ❶箭靶。《诗·小雅·宾之初筵》：“大侯既抗，弓矢斯张。”❷君。《易·屯》：“利居贞，利建侯。”❸五等爵的第二位。《左传·文公十二年》：“于是晋侯不见郑伯。”（《王力古汉语字典》“侯”字注）

我们的释义要像《王力古汉语字典》那样有概括性，而不是像《古代汉语词典》那样立许多义项，给出许多书证。

第四，要标明义项的语体特点。要联系汉语研究汉字。汉语书面语自古至今大体可以分为三类：一是源自先秦两汉的文言文，中经唐宋八大家，直到清末桐城派的方苞、姚鼐等。语言特点是用了“之、乎、者、也”等虚字。二是源自魏晋的古代白话文，由隋唐至宋元。明清的四大名著《三国演义》《水浒传》《西游记》《红楼梦》，几乎无人不晓。语言的特点是用了“吧、吗、啊、呢”等虚字。三是自清末至今的现代白话文，语言的特点是新创了许多新的词语和句式，同时吸收了西方语言的许多有用成分。伴随这三类不同文体的产生和发展，汉字也出现了一批批的新字，有的传承字增加了新的用法。我们要编的字典应该注明义项的文体特点，这样做还可以帮助读者深入了解该义项的时代特征。我们用〈古〉表示古代汉语，用〈近〉表示近代汉语，用〈方〉表示现代汉语方言。不加标注的是现代的书面语和口语。按照义项出现的文体不同，释义分为以下六种类型：

(1) 只用于文言文里，要引用文言文书证，义项前标〈古〉。例如：

伾 pī〈古〉❶[伾伾] 有力的样子。《诗经·鲁颂·駉》：“薄言駉者，有骓有駓，有骍有骐，以车伾伾。”❷古山名。《尚书·禹贡》：“东过洛汭，至于大伾。”

彲 chī 〈古〉同“螭”。兽名，传说为无角的龙。《史记·齐太公世家》：“所获非龙非彲，非虎非罴。”

(2) 只用于古白话里，要引用古白话文书证，义项前标〈近〉。例如：

始 shǐ 〈近〉仅只。唐·李白《梁园吟》：“天长水阔厌远涉，访古始及平台间。”(始及：仅及。)

捧 pěng 〈近〉搀扶。唐·元稹《莺莺传》：“俄而红娘捧崔氏而至。”

(3) 只用于现代白话文里，用现代的例词或例句，不注明出处，也可以不用例词或例句。义项前不加标注。例如：

搞 gǎo 做：搞革新。

甩 shuǎi ❶抡；扔：甩袖子 | 甩手榴弹。❷抛开；抛弃：被甩在后面。

啤 pí [啤酒] 用大麦做主要原料制成的酒。

(4) 只用于现代方言，用现代方言的例词或例句，不注明出处，也可以不用例词或例句。义项前标〈方〉。例如：

凼 dàng 〈方〉塘；水坑：凼肥。

囡 nān 〈方〉❶小孩。❷女儿。

（5）古今通用义，先出现代的例词或例句，后出古代的书证。义项前不加语体标注。例如：

俑 yǒng 用于殉葬的木偶或陶人：陶俑｜兵马俑｜《孟子·梁惠王上》："始作俑者，其无后乎！"

伐 fá 出兵攻打：征伐｜口诛笔伐｜《左传·僖公五年》："晋侯复假道于虞以伐虢。"

（6）古白话和现代白话文里的意义，先出现代的例词或例句，后出古白话里的书证。义项前不加语体标注。例如：

篷 péng ❶遮蔽风雨日光的顶盖：船篷｜敞篷汽车｜宋·汪元量《湖州歌》其十："靠著篷窗垂两目，船头船尾烂弓刀。"❷船帆：扯起篷来｜《三国演义》四十九回："箭到处，射断徐盛船上篷索。"又代指船：唐·皮日休《寄怀南阳润卿》："何事对君犹有愧，一篷冲雪返华阳。"

娆 ráo ［娇娆］娇艳妖娆：体态娇娆｜金·元好问《古意》："桃李弄娇娆，梨花淡丰容。"

第五，正文的编排。

1. 正文如何排列，是用部首序还是用拼音序？从道理上说，收字多的字典，因为其中收录了许多生僻字，最好用部首查字法查字，可是实际上，人们还是愿意使用音序法。《辞海》原来使用的是改革后的部首法，在全书的后面附音序检字表。1999 年出版的第五版，有部首排序版和音序版两种版本。到了 2009 年出版的第六版，放弃了部首检字表，改为按音序排列。其中透露的信息值得关注。

词典正文按汉语拼音音序排列。声韵相同的音节按声调阴、阳、上、去的顺序排列。同音字按照《GB13000.1 字符集汉字字序（笔画序）规范》里的《汉字字序定序规则》排序。

2. 非一对一的繁简字要分列字头，分别注音释义。例如：

获[1]（獲）huò 得到，取得：俘获｜《周易·解》："田获三狐"（田：

田猎)。

获[2]（穫）huò　收割庄稼，所得到的成果：收获｜《诗·豳风·七月》："八月剥枣，十月获稻。"

斗[1]dǒu　❶市制容量单位，1斗是10升。❷量粮食的器具，容量是1斗。❸像斗的东西：漏斗｜熨斗。❹二十八宿之一。

斗[2]（鬥）[鬬閗鬭]dòu　❶对打：斗争｜搏斗｜《史记·商君列传》："民勇于公战，怯于私斗"。❷比赛胜负：争斗｜《史记·项羽本纪》："吾宁斗智，不能斗力。"

发[1△]（發）fā　❶放射：发炮｜发光｜《孟子·公孙丑上》："射者正己而后发。"❷交付，送出：发货｜《史记·廉颇蔺相如列传》："使人发书至赵王。"……

发[2△]（髮）fà　头发：怒发冲冠｜令人发指。

3. 多音字的几个音项集中在第一音项处注音释义，在其他音项的音韵位置上出现参见。

第六，编制字形索引。字形索引的编制主要有三种方法，就是部首法、四角号码法和笔画笔形法。部首法是汉字的传统排检法，但的确十分复杂，使用者难于掌握，不受欢迎。2009年国家语委发布了《汉字部首表》（GF0011—2009）和《GB13000.1字符集汉字部首归部规范》（GB0012—2009），作为统一部首查字法的规范，但是实际效果尚待观察。四角号码法是一种不错的字形查字法，在民国时期一度甚为流行，后来转归沉寂，能够使用的人数不多，在市场上失去了竞争力。目前《汉语大词典》使用的《单字笔画索引》和《汉语大字典》使用的《笔画检字表》实际都是笔画笔形查字法。这种方法的要点是先按整字的笔画数排列，实际就是第一次分组。《汉语大词典》1～26画及26画以上共分为27组，《汉语大字典》1～37画及37画以上共分为38组。这两部辞书由于收字量很大，笔画数相同的字很多，尤其是8画至18画的字，所以笔画数相同的字必须第二次分组，也就是按照笔顺和笔形（横、竖、撇、点、折）来分组。使用时先数笔画数，在同一个笔画数下再根据笔顺笔形去查检。这种方法表面看比较笨拙，可是由于规则简单明确，因此便于掌握，查字的准确率（命中率）也较高。

第七，是一卷本，而不是多卷本。全书字数为300万字左右。定价要适中，最高不超过百元，以适应一般读者的购买能力。

（《辞书研究与辞书发展论集》，上海辞书出版社2012年8月版）

《现代汉语词典》第6版的修订是成功的*

《现代汉语词典》（以下简称《现汉》）是国内汉语辞书的知名品牌。从1978年12月第1版到2012年6月第6版已经印刷了443次，印数高达几千万册。不论是对个人、家庭，还是对机关、学校，它都是最常备的现代汉语工具书。半个世纪来，它对推动汉语规范化，促进我国文化教育事业的发展和繁荣起到了巨大的作用。可以毫不夸张地说，我们每个人都直接或间接受益于这本辞书。中国社会在不断发展，汉语也在不断发展。作为规范现代汉语的辞书也要与时俱进，不断修订完善，才能长盛不衰。《现汉》自问世以来，经过中国社会科学院语言所词典室几代辞书工作者的努力，已经出到第6版，一直保持它在现代汉语词典领域里的领先地位。

下面说一说第6版的修订。这次修订《现汉》并不是说发现了它有多少差错，不修订就不能继续使用。不是这个意思。主要的目的是要与时俱进，不断反映发展中的现代汉语的新面貌。这次修订的范围，在“第6版说明”里列举了9个方面，涉及汉语词典的方方面面。从中可以看出，这是一次全面的修订。修订的幅度有多大，不能抽象地谈论，要看有多少需要修订的内

---

* 本文是2012年7月15日作者在商务印书馆召开的《现汉》第6版出版座谈会上的发言。

容。因为《现汉》是一部成熟的辞书，真正称为错误的并不多，所以不能抽象地看待修订幅度。从我初步阅读第 6 版得到的印象说，这次修订很大程度上体现在细节的完善，也就是精益求精。有时改动的幅度似乎不大，甚至只是一两个字的增减。即使只是一两个字的增减，仔细琢磨琢磨，其中也有很多讲究。

这次修订我觉得有一个明显的特点就是工作十分细致，态度非常谨慎。这是很值得赞扬的优良作风。正因为《现汉》是知名品牌，有很高的质量，因此修订绝不能粗枝大叶。如果率性而为，不但做不好修订工作，而且很可能把《现汉》毁了。现在我读到了第 6 版，感到它继承了《现汉》的优良传统，而且使这种传统发扬光大，对此我感到十分欣慰。下面我从十个方面举例说明这次修订取得的成就。

一、调整字际关系

关于“繁”的异体字“緐”。《现汉》第 5 版在字头“繁”的后面括注异体字“緐”，第 6 版删去了。为什么？因为这个“緐”是错字。《说文·糸部》有“緐”。“緐，马髦饰也。从糸每声。”段注：“马髦谓马鬣也，饰亦妆饰之饰。盖集丝绦下垂为饰曰緐。引申为緐多，又俗改其字作繁。俗形行而本形废，引申之义行而本义废矣。”汉字里没有“緐”，“緐”是“緐”的错字。早在 1955 年发布的《第一批异体字整理表》里就把“緐”错成“緐”，而且当作“繁”的异体字。这个错字错了半个多世纪，这次《现汉》第 6 版才把它改了过来。

关于“作”和“做”的区分，《现汉》第 5 版已经注意去解决这个问题，到了第 6 版继续做了改进。吕叔湘先生在《现代汉语八百词》里说：“‘做’和‘作’二者在普通话的语音里已经没有区别。习惯上，具体东西的制造一般写成‘做’，如‘做桌子，做衣服，做文章’；抽象一点的、书面语色彩重一点的词语，特别是成语里，一般都写成‘作’，如‘作罢，作废，作对，作怪，作乱，作价，作曲，作文，作战，装模作样，认贼作父’。”《现汉》第 5 版“作”❷是“从事某种活动：作孽｜作报告｜自作自受。”到了第 6

版，在这个义项下只把“作报告”删去了，其余的没有改动。再看［软广告］这一条，第5版的释义是“通过广播、影视节目、报刊等，用间接的形式（如情节、对话、道具、新闻报道）对某种商品所作的宣传。”到了第6版只把释义里的“作”改为“做”。第6版的这两处改动，表明编者认为“作报告、作宣传”里的“作”应该改为“做”。这样的改动符合前面引用的吕叔湘先生的意见。

二、增收新词语

增收新词语是这次修订的一项主要内容，《现汉》第6版增收了许多新词语。例如：麻辣、马仔、买官、卖官、美白、贪腐、慢半拍、慢阻肺、人肉搜索、人体炸弹等。下面举出“云计算”一条：

［云计算］一种基于互联网的计算方式，通过互联网使大量的计算机形成一个计算能力极强的系统，统一管理和调度资源，将任务分布在各个计算机上，安全可靠地进行超大规模计算，根据用户的需求提供个性化服务。

云计算的英文说法是Cloud Computing，是继20世纪80年代大型计算机到客户端—服务器的大转变之后的又一巨变。这是信息网络时代产生的新词。《现汉》第6版及时收了这个新的科技词，并且做了比较通俗的解释，是十分必要的。

这几年互联网上产生了大批网络词语，对这些网络词语拒收或滥收都不一定妥当。《现汉》第6版从大量网络词语里选收了少数几个流传较广、已经进入普通话的，这种做法是可以接受的。例如：

［给力］❶给予力量；给予支持：只要政策给力，新能源汽车一定能够发展起来。❷出力；尽力：抢险救灾中，解放军最给力。❸带劲儿：这场球太给力了。

［粉丝^{2}］指迷恋、崇拜某个名人的人：这位歌星拥有大批粉丝。

三、增补新义项

这也是这次修订的重点。这些新增的义项有一些是新产生的，有些是原来就有但是被漏收的。例如：

[猫²] 调制解调器的俗称。

[灌水] 给田地浇水或向容器等里面注水，借指在互联网上发表没有实际内容的帖子。

[抹] ❸撤销（职务）：对不称职的干部，该抹就得抹。

[认] ❺承认价值而愿意接受：现在边境贸易都认人民币｜我就认这种牌子的酒。

四、调整同形同音条目的分合

同形同音条目的分立涉及许多问题，几句话说不清，但是总的来说就是不要分得太细，太细不利于使用。学术研究的成果和辞书的处理不一定完全一致。下面的合并都是较好的。例如：

第 5 版“若”分列三条。

若¹❶如；好像：安之若素｜欣喜若狂｜若隐若现｜旁若无人｜若无其事。❷姓。

若² 如果：人不犯我，我不犯人；人若犯我，我必犯人。

若³ 人称代词：你：若辈。

第 6 版“若”只分列两条。

若¹❶如；好像：安之若素｜欣喜若狂｜若隐若现｜旁若无人｜若无其事。❷如果：人不犯我，我不犯人；人若犯我，我必犯人。❸姓。

若² 人称代词：你：若辈。

第 5 版“入口”分列三条。

[入口]¹ 进入嘴中。

[入口]² 外国的货物运进来，有时也指外地的货物运进本地区。

[入口]³ 进入建筑物或场地所经过的门或门口：入口处｜车站入口。

第 6 版合并为一条：

[入口] ❶进入嘴中。❷进入建筑物或场地所经过的门或门口：入口处｜车站入口。❸外国的货物运进来，有时也指外地的货物运进本地区。

五、调整了异形词的主副条

［美圆］和［美元］是一组异形词，第5版以［美圆］为主条，第6版改为以［美元］为主条。

［子实］和［籽实］是一组异形词，第5版以［子实］为主条，第6版改为以［籽实］为主条。用例见［乳熟］条，第5版的“子实灌浆后”，第6版改为“籽实灌浆后”。

［雪里红］［雪里蕻］是一组异形词，5版以［雪里红］为主条，6版改为以［雪里蕻］为主条。

六、修改释义

这也是这次修订的重点。例如：

［予取予求］原指从我这里取，从我这里求（财物）（语出《左传·僖公七年》），后用来指任意索取。（第5版）

［予取予求］原指我只取我所要求的（语出《左传·僖公七年》），后用来指任意索取。（第6版）

《左传·僖公七年》的传文是：“初，申侯，申出也，有宠于楚文王。文王将死，与之璧，使行，曰：‘唯我知女。女专利而不厌，予取予求，不女疵瑕也。后之人将求多于女，女必不免。我死，女必速行，无适小国，将不女容焉。’既葬，出奔郑。”

对“予取予求”这个成语，多数辞书的解释与《现汉》第5版相同。这样的解释根据的是《左传》杜预注：“从我取从我求，我不以我为罪衅。”可是仔细体味《左传》的原文，“予取予求”与“后之人将求多于女”是相对而言的，正因为“后之人将求多于女”，所以楚文王才要申侯“女必速行”。可见第6版的改动是有道理的。再如：

［眉头］两眉附近的地方。（第5版）

［眉头］眉心附近的地方。（第6版）

用“两眉附近的地方”解释“眉心”似不确切。

［软着陆］❷比喻采取稳妥的措施使某些重大问题和缓地得到解决：扩大内需，实现经济的软着陆。（第 5 版）

［软着陆］❷比喻国民经济经过一段时间的过快增长后，平稳地回落到适度的区间，没有出现大规模通货紧缩和失业。泛指采取稳妥的措施使某些重大问题和缓地得到解决：扩大内需，实现经济的软着陆。（第 6 版）

“软着陆”第 6 版的释义优于第 5 版。

七、修改释义的提示词

这是这次修改的一个亮点。例如：

［眉睫］眉毛和眼睫毛，比喻近在眼前。（第 5 版）

［眉睫］眉毛和眼睫毛，借指眼前。（第 6 版）

［美梦］比喻美好的幻想（多指不切实际的）。（第 5 版）

［美梦］指美好的幻想（多指不切实际的）。（第 6 版）

八、修改例词例句

比较下列两个例子，修改后的优于修改前的，不必解释。例如：

［没头没脑］（说话、做事）头绪不清或缺乏条理：他听了这句没头没脑的话愣住了。（第 5 版）

［没头没脑］形容说话、做事头绪不清或缺乏条理：这件事他说得没头没脑的，谁也没听明白。（第 6 版）

［没样儿］没规矩：这孩子给大人宠得真没样儿了。（第 5 版）

［没样儿］没规矩：这孩子没大没小，给大人宠得真没样儿了。（第 6 版）

九、调整字音

作为辞书，提供准确的读音自然是十分重要的，而汉语文的读音又十分复杂。下面举出第6版修订读音的三个例子：

“瞤”第5版注rún，第6版改为rún又shùn。《广韵·谆韵》：“瞤，目动。如匀切。”折合为今音是rún《集韵·稕韵》：“瞤，《说文》：开阖目数摇也。输闰切。”折合为今音是shùn。

［高山景行］的“行”，第5版注为xíng，第6版加括注：“一说‘行’读háng，景行指大路。”现行辞书对这个“行”的注音并不一致，《汉语大词典》、《中华成语大辞典》注xíng，《诗经词典》《中国成语大辞典》注háng。读音不同源于对词义理解的不同。“高山景行”出自《诗经·小雅·车辖》的“高山仰止，景行行止。”高亨《诗经今注》说：“景行，大道。此二句言仰望高山，走着大路。”褚斌杰《诗经全注》说：“景行（háng杭）：大道。行：行走。二句指前去迎亲景况，兼有仰慕对方，快速前行的意思。”

十、改进检字表

辞书要有科学实用的检字表，让读者用最短的时间就能查到要查的条目，这一点极为重要。2009年1月2日教育部和国家语委发布了《汉字部首表》和《GB13000.1字符集汉字部首规部规范》，《现汉》第6版自当贯彻执行这两部规范，不过这两部规范并不成熟，使用并不方便。《现汉》第6版“为方便读者查检，《检字表》中有些字采取‘多开门’的方式分别收在所属规定部首和传统习用部首之下，收在后者的字右上角加有‘。’的标志。”这样处理既贯彻了主管部门的规定，又符合实际，方便了读者。例如，“骞”字既在宀部又在马部，“夙”既在几部又在歹部。

总之，根据以上粗略的分析，可以认为《现代汉语词典》第6版的修订是成功的。

（《中国语言资源动态》2012年第4期）

谈义类词典的编写

——刘效武主编《中学生读写词语类辑》序言

刘效武先生主编的《中学生读写词语类辑》就要出版了，这让人高兴。蒙效武先生厚爱，向我介绍了编纂缘起，让我阅读了书稿的《例言》《分类目录》和一部分定稿，并且要我在书的前面写几句话，谈谈对书稿的看法。我十分感谢效武先生的好意，也愿意就有关问题谈几点浅见，敬请各位编者和广大读者指正。下面谈三点看法：

第一点：中学生学语文需要义类辞书。作为语素文字的汉字，它是形音义的统一体。基于这个特点，中国古代的字书有三大类型，就是以字形为主的《说文解字》，以字音为主的《广韵》，以字义为主的《尔雅》。经过了千百年的发展，这三大类字书都有了很大的变化。单就以字义为主的《尔雅》这一类说，它演变为各种各样的义类辞书。“文革”结束后，出版的义类辞书有较大影响的是梅家驹等编纂的《同义词词林》和林杏光编纂的《简明义类词词典》。效武先生主编的这部《中学生读写词语类辑》，也属于这种类型。

中学生学语文离不开语文工具书，《新华字典》和《现代汉语词典》就是其中的优秀代表。但是严格地说只有这两种辞书还不够，还需要有优秀的义类辞书。为什么这样说呢？照我的看法，中学语文课的教学目的就是给学生打下比较坚实的语文基础，使学生具有较强的听说读写能力，同时还要教给学生文学的基本知识，培养学生具有初步的文学鉴赏能力。这些知识和能力是一个合格的未来建设者所不可或缺的东西。如果语文课不能让学生获得这些知识和能力，打不好语文这个基础，学生的知识结构就会出现重大的缺失。离开中学后，不论是升学还是就业，都会遇到很大的困难。语文课脱离了这些内容，就不是语文课，也就失去了自身的存在价值。

听说读写能力里面最主要的是读写能力。要切实提高学生的读写能力，除了抓好阅读教学外，还要十分重视词语的教学。做好词语教学是提高学生读写能力的关键，只要抓住了这个牛鼻子，其他语文问题的解决就比较容易了。词语是造句的材料。从阅读说，不懂得词义就很难理解句义；从写作说，不掌握丰富的词语就无法准确、生动地表情达意。词语教学不是只讲几条规律就可以完成了任务，而是要引导学生学会积累，逐步扩大词语量，在脑子里建设一个现代汉语词语库，这将使学生终身受益。语文教师不但要引导学生养成积累词语的习惯，而且还要帮助学生学会按意义和用法对词语分类，特别留心对同义词语和类义词语的辨析，让学生学会正确使用。对于词语的意义和用法，如果只有一个模模糊糊的印象而没有准确的认识，也不会使用，这不叫掌握。为了帮助学生逐步达到这个要求，一部比较好的义类辞书就是不可缺少的了。

效武先生从事语文教育多年，对于义类辞书的重要性有深刻的认识。早在 1964 年，他就结合教学编写了《近义词汇编》，油印发给学生参考，受到了学生的欢迎。“文革”结束后，他对《近义词汇编》做了大量的修改和补充，写成了《常用词语类编》，1987 年 3 月由山东教育出版社出版。一转眼二十多年过去了，效武先生对词语教学研究不断取得新的进展。近年来，他邀集了四位学有专长的一线语文教师，通力合作，创新编纂体例，编成这部《中学生读写词语类辑》，奉献给中学生，奉献给社会。我相信，这部著作的出版一定会受到在校的学生和热心学习语文的社会人士的欢迎。

第二点：如何才能编好科学、实用的义类辞书。要编好这样一部书，要处理好三个问题。第一是要明确读者定位。读者对象不同，书的内容和编法也会不同。《同义词词林》在《自序》里说：“这本词书，就是希望提供较多的词语，对创作和翻译工作能有所帮助。”它是以从事创作和翻译的人为对象的。效武先生是语文教师，他的工作对象是学生，他主编的这部书的对象是学习语文的中学生。包治百病的药是没有的，一部语文工具书不可能解决所有人的语文问题。明确了读者定位，选哪些词语，如何分类编排，如何方便检索，就有了明确的依据。这部书既然是以中学生为对象，就要从中学生的实际需要出发，要以满足中学生的实际需要为落脚点。这是首先要解决好的问题。第二是要广泛收集词语，精心选择词语。一部义类辞书包含的词语要十分丰富，但是不要驳杂。首先要区分文言词语和白话词语。自古至今，汉语书面语有两大类型，就是文言文和白话文。这两类不同的书面语，不但在语法上有差异，就是在词语上也有不同。中学生学习写作文，自然是写白话文，也就是写现代汉语的书面语，而不是文言文，词语学习的重点自然是现代汉语的词语。编纂为中学生使用的义类辞书，要重视现代汉语的基本词汇，要重视有较强表现力的辞藻。同时也要注意吸收有生命力的文言词语，但是绝不能搬用已经死去了的成语和典故。文白夹杂是中学生写作的大忌。明明该用“他”的地方，偏要用个“之”；明明该用“他的”的地方，偏偏要用个“其”。以为只有这样才显得有学问，其实这正是语文应用上幼稚病的表现。另外，近年来在一部分中学生里流行着“偶”“美眉”“菜鸟”等所谓网络词语，甚至还有将汉字、拉丁字母、阿拉伯数字混用在一起的新潮词语。这些词语对中学生的语文学习是干扰，其中很少有可能进入全民语言的。编纂义类词典不宜选用这些词语。汉语词语十分丰富，为我们选择词语提供了广阔的空间。编者要根据中学生的特点和需要，精心选择。第三，要给入选的词语做出科学的分类。根据词语的意义来分类，可以有无限的选择；不同的分类往往是各有利弊，这就要仔细权衡。《尔雅》分为 19 类，《释名》分为 27 类，《同义词词林》分为 12 个大类。一本义类词典对所选的词语分多少大类，设置几个层级，每组词语如何定名，这是件很不容易做好但又必须做好的事情，编者需要反复研究，斟酌去取，不断调整，才有可能逐步做好。杂乱无章的词语堆积，不但无用，反而有害。

第三点：《中学生读写词语类辑》是适合中学生使用的义类词典。首先，它的定位明确。它的用途是帮助中学生扩大视野，引导他们积累词汇，以提高写作能力。中小学教师等其他读者虽然也可以用作参考，但是读者的主体是中学生。其次，它收集的词语丰富而规范。改革开放以来，汉语的词语有了很大的发展，新词语增加得很多很快。2000 年，全国人大常委会通过了《中华人民共和国国家通用语言文字法》，把推广普通话，推行规范汉字，纳入了法制管理的轨道。中学语文课新课标的颁布，新的语文教材陆续出版进入课堂试用。为了适应这种变化，效武先生主编的这部词典吸收了社会流行的比较稳定的新词语，反映了汉语词汇的新发展；在词形、注音、举例、提示中认真贯彻汉语汉字的各项规范；同时注意吸收新课标教材里出现的词语，使本书与课堂教学密切配合。第三，它的编排科学合理，而且有创新。第一层分为五大类是比较合适的，大类下面再分中类和小类。对于同属一组的词语，按词义关系的亲疏分段排列，就很便于读者的使用。又如在每组词语后增加了“提示”，类似综合性的串讲，也符合中学生的使用习惯。

语文工具书的编纂是件很辛苦，而且不容易一下子就能做好的事情，常常是需要不断修改不断打磨最后才能成为精品。我相信，本书的作者会不懈努力，结合教学实际，使书稿精益求精，充分满足读者的需要，取得良好的社会效益和经济效益。

（刘效武主编《中学生读写词语类辑》，山东教育出版社 2010 年版）

以开放的心态看待《现汉》收录字母词

2012 年 8 月 29 日媒体报道，北京一些学者联名举报新版《现代汉语词典》（以下简称《现汉》）违法，他们认为《现汉》收录了 NBA 等 239 个西文字母开头的词语，违犯了《国家通用语言文字法》。笔者认为，这种说法值得商榷。

《国家通用语言文字法》是有关语言文字应用的大法，这部法律中并没有禁用字母词的规定。该法的第十四条规定：广播、电影、电视用语用字，应当以国家通用语言文字为基本的用语用字。请注意，这里说的是“基本的用语用字”，而不是“唯一的用语用字”。自清末以来，汉语书面语增加了三种异质成分，即阿拉伯数字、拉丁字母和新式标点符号。在今天的出版物中，除了使用规范汉字外，还普遍使用这三种成分。《语言文字法》说的“基本的用语用字”，就为阿拉伯数字、拉丁字母和新式标点符号在汉语书面语里的使用提供了法律空间。

《现汉》说的“西文字母开头的词语”也就是我们平常说的字母词。在信息化、全球化社会，信息、词汇都处在丰富、变化之中，我们对待新事物、新词汇，也要保持开放宽容的心态。我们不赞成禁用字母词，但反对滥用字母词。规范地使用字母词有两个要点：首先是肯定字母词出现的积极意义，其次是引导并规范字母词的使用。

从应用的角度说，字母词可以分为三种。第一种是只有字母词，没有相应的汉字词，当然只能使用字母词，例如卡拉 OK；第二种是字母词已经不用或很少使用，汉字词被普遍采用，当然只能用汉字词，例如：“厕所、卫生间”代替了 WC，“肺结核”代替了 TB；第三类是同义的字母词和汉字词都在使用，但是使用的领域逐渐分化。

上述第三类情况特别值得注意。一个发达的语言词汇系统储存有大量的同义词语，作为修辞手段在交际中供使用者选择，以取得不同的修辞效果。我们要用包容和开放的心态看待同义的字母词和汉字词，不一定要二者选一，非此即彼。适用 GDP 时用 GDP，适用“国内生产总值”时用“国内生产总值”，这比只准使用“国内生产总值”、不准使用 GDP 效果要好。

同时，要对字母词使用进行必要的引导和规范。字母词毕竟是外来的东西，要极为仔细地观察社会对字母词的取舍，吸收那些成熟的，摒弃那些不成熟的。对那些交际中有需要、表达意义明确、流通范围比较广的词应该吸收，对那些交际中并不需要、表达意义不明确、流通范围狭窄的词就不考虑吸收。笔者认为，《现汉》选收的字母词符合必要性、明确性、广泛性这三条语汇规范总原则。

（《光明日报》2012 年 8 月 30 日）

“细节是魔鬼”
——谈《汉语大字典》第二版的修订

20 世纪世界最伟大的建筑师之一密斯·凡·德·罗，在被要求用一句话来描述他成功的原因时，他只说了五个字：“细节是魔鬼。”这也可以说是《汉语大字典》（以下简称《大字典》）第二版修订成功的一个主要原因。

《大字典》是有重大影响的优秀辞书。同任何优秀的辞书一样，它也不能说已经做到十全十美、完美无缺。人们在使用它的时候，发现它有许多优点，但是同时也发现它有某些不足。例如，从“骨”的字，其中的“骨”有的用旧字形，有的用新字形。因此修订就显得很有必要。我有幸参与了一点修订工作，下面仅就管见所及，举出几个例子说一说第二版和第一版相比取得的进步。古人说：“贤者识其大者，不贤者识其小者。”我只能“识小”，举出的例子都很细小，有的简直近乎琐屑，但正是对这些细小魔鬼的修正提高了《汉语大字典》第二版的质量。每条例子 AB 对照，A 是第一版的释文，B 是修订后的第二版的释文，“按”后再略陈鄙见。

一、吸收了新的研究成果

例如：

①A　仓同“畼”。《龙龛手鉴·杂部》：“仓，音羊，同畼。”

①B　仓同“畼”。《龙龛手鉴·杂部》：“仓，同畼。”按：一本作“仓”。张涌泉《汉语俗字丛考》认为“仓”并非“畼”字，而是“卷”的讹俗字，“仓亦仓之变”。

按：《汉语俗字丛考》是有价值的著作，它的意见值得参考。

二、改进了释义

例如：

②A 凳　❶供人坐或登床的家具。《广韵·嶝韵》：“凳，床凳。出《字林》。”清钱大昕《恒言录·居处器用类》：“凳，本登字……盖以登床得名，后人稍高之，以为坐具耳。……凳，史皆作櫈。”张慎仪《蜀方言》卷下：“坐具无背曰凳。”

②B 凳　❶登床的家具；没有靠背的坐具。《广韵·嶝韵》：“凳，床凳。出《字林》。”清钱大昕《恒言录·居处器用类》：“凳，本登字……盖以登床得名，后人稍高之，以为坐具耳。……凳，史皆作櫈。”张慎仪《蜀方言》卷下：“坐具无背曰凳。”

按：“登床的家具”义要列在前面。只说“供人坐”没有讲清楚它的特点，改为“没有靠背的坐具”就准确了。

③A　𠱱同“君”。《说文·口部》：“𠱱，古文，象君坐形。”《字汇补·口部》：“𠱱，古文君字。”

③B　𠱱同“君”。《字汇补·口部》：“𠱱，《说文》古文君字。”按：《说文》古文君作“𠯗”。

按：《说文》“君”字下附古文“君”，作“”，从、口，不从艸、口。补出《说文》的古文可以纠正《字汇补》楷化字形的讹误。

④A 唐　❽朝代名。1. 传说中古帝尧政权的称号。

④B 唐　❽朝代名。1. 传说中上古帝尧政权的称号。

按：“传说中古帝尧政权的称号”应该读为“传说中，古帝尧政权的称号”，编者因为担心粗心的读者可能把“中古”连读，读为“传说，中古帝尧政权的称号”，于是改为“传说中上古帝尧政权的称号”，完全消除了误读的可能。

三、改换了例句

例如：

⑤A 哪　（三）nǎ❶代词。……2. 用于虚指，表示不确定的一个。如：指哪打哪。哪天得空哪天来。3. 用于任指，表示任何一个。老舍《骆驼祥子》四：“他不能坐车，从哪方面看也不能坐车。”

⑤B 哪　（三）nǎ❶代词。……2. 用于虚指，表示不确定的一个。如：哪天有空我还要找你谈谈。3. 用于任指，表示不确定的或任何一个。如：指哪打哪；哪天得空哪天来。老舍《骆驼祥子》四：“他不能坐车，从哪方面看也不能坐车。”

按：⑤A 里的“指哪打哪。哪天得空哪天来”的“哪”用于任指，应改为义 3 的例证。义 2 下新增“哪天有空我还要找你谈谈”，这个句子里的“哪”用于虚指。

四、增删了书证

例如：

⑥A 先　❶前进。《说文・先部》：“先，前进也。”段玉裁注：“凡言前者，缓词；凡言先者，急词也。”

⑥B 先　❶前进。《说文・先部》：“先，前进也。”段玉裁注：“凡言前者，缓词；凡言先者，急词也。”《楚辞・九歌・国殇》：“矢交坠兮士争先。”

按：⑥A 无书证。⑥B 补《楚辞・九歌・国殇》例。

⑦A 咬　❶上下牙相对用力压碎或夹住东西。《玉篇・口部》：“咬，俗为齩字。”清张泰来《江西诗社宗派图录・汪革》：“汪革尝谓：‘人能咬得菜根断，则百事可做。’”

⑦B 咬　❶上下牙相对用力压碎或夹住东西。《玉篇·口部》："咬，俗为齩字。"杜甫《桃竹杖引赠章留后》："风尘澒兮豺虎齩人。"清张泰来《江西诗社宗派图录·汪革》："汪革尝谓：'人能咬得菜根断，则百事可做。'"

按：⑦A 的书证是清人的，太晚；另外也不能和"咬，俗为齩字"呼应。⑦B 补杜甫诗，解决了⑦A 存在的问题。

⑧A 允　❸答应；许可。如：应允，允许。《正字通·儿部》："今俗许诺曰允。"《书·大禹谟》："祗载见瞽瞍，夔夔斋慄，瞽亦允若。"唐韩愈《上郑尚书相公启》："不蒙察允，遽以惭归。"

⑧B 允　❸答应；许可。如：应允，允许。《正字通·儿部》："今俗许诺曰允。"唐韩愈《上郑尚书相公启》："不蒙察允，遽以惭归。"

按：先秦时期，"允"还没有"答应"的意思。⑧B 删去了《书·大禹谟》这条书证，因为"瞽亦允若"里的"允"不是答应、许可的意思。伪孔传解释"瞽亦允若"为"父亦信顺之"。孔疏说"虽瞽瞍之顽愚，亦能信顺"。可见"允"是"信"的意思。何况《大禹谟》属于伪古文尚书，最好不用作书证。

五、调整了音项

例如：

⑨A 兑　（一）duì❶喜悦。《释名·释天》："兑，悦也。物得备足，皆喜悦也。"《易·序卦》："兑者，说（悦）也。"《庄子·德充符》："使之和豫，通而不失於兑。"陆德明释文引李颐曰："兑，悦也。"《荀子·不苟》："见由则兑而倨，见闭则怨而险。"杨倞注："兑，说（悦）也，言喜于徼幸而倨傲也。"

⑨B 兑　（二）yuè 通"说（悦）"。喜悦。《释名·释天》："兑，悦也。物得备足，皆喜悦也。"《易·序卦》："兑者，说（悦）也。"《庄子·德充符》："使之和豫，通而不失於兑。"陆德明释文引李颐曰："兑，悦也。"《荀子·不苟》："见由则兑而倨，见闭则怨而险。"杨倞注："兑，说（悦）也，

言喜于徼幸而倨傲也。”

按：《集韵·薛韵》：“悦说兑，欲雪切。喜也，乐也，服也。”⑨A 读 duì，似不妥，⑨B 改读为 yuè，解决了问题。

六、修改了标点

例如：

⑩A 呼　（四）hè 叹词。表示愤怒。《集韵·箇韵》：“呼，发声也。”《左传·文公元年》：“江芈怒曰：‘呼，役夫！’宜君王之欲杀女而立职也。”

⑩B 呼　（四）hè 叹词。表示愤怒。《集韵·箇韵》：“呼，发声也。”《左传·文公元年》：“江芈怒曰：‘呼，役夫！宜君王之欲杀女而立职也。’”

按：⑩A 引《左传·文公元年》的话标点有误。“呼，役夫！宜君王之欲杀女而立职也。”都是江芈说的话，要把“役夫！”后面的后引号移到“立职也。”的后面。

⑪A 匕　变化。后作“化”。《说文·匕部》：“匕，变也。”段玉裁注：“凡变匕，当作匕，教化当作化，许氏之字指也。今变匕字尽作化，化行而匕废矣。”

⑪B 匕　变化。后作“化”。《说文·匕部》：“匕，变也。”段玉裁注：“凡变匕，当作匕，教化当作化，许氏之字指也。今变匕字尽作化，化行而匕废矣。”

按：“变匕，当作匕”和“教化当作化”句式相同，标点不应有异，“变匕”后之逗号应去掉。

七、改正了错字

例如：

⑫A 哇　（一）wā❹嚎哭或叫喊。宋王安石《和董伯懿咏裴晋公平淮西将佐题名》：“空城坚守已可缚，中使尚作号儿哇。”

⑫B 哇　（一）wā❹嚎哭或叫喊。宋王安石《和董伯懿咏裴晋公平淮西

将佐题名》："空城竖子已可缚，中使尚作唬儿哇。"

按："坚守"改为"竖子"，"号"改为"唬"，"唬"现在是"啼"的异体字。

（《辞书研究》2011 年第 5 期）

读《现代汉语规范词典》

李行健先生主编的《现代汉语规范词典》（以下称《规范》）出版以来，有些媒体大加炒作。有的说《规范》“是我国第一部‘规范词典’，从而填补了词典领域的一项空白”；有的说“《现代汉语规范词典》严格遵守《国家通用语言文字法》，是国家法典的具体化，是帮助人们特别是中小学生正确使用祖国语言文字的重要工具，是面向广大汉语学习者的标准语文范本”；有的说“11年，百位大师雕成文字大树”。这些炒作向社会送出一个强烈的信息：《规范》是一本完全符合国家规范的最优秀的辞书，是具有里程碑式的辞书。这些说法是不是符合事实呢？我们注意到《规范》确有胜过同类辞书的地方。例如“夸父逐日”的“夸”在繁体文本里是用“夸”还是用“誇”？有的辞书认为要用“誇”，《规范》认为仍旧用“夸”，显然《规范》是对的。不过这种情况很少，我们翻开《规范》看到的是许多疏漏与差错，其中包括多处硬伤。下面我们分13类，共举出38个例子做些分析。【今按】后面是我的点评。

一、立目缺少系统性

1. 辞书的立目要有系统性，《规范》在这方面存在许多问题。例如：一年分四季，在古代每季又分为孟、仲、季三个月。《规范》收了“孟春、孟夏、孟秋、孟冬、仲春、仲夏、仲秋、仲冬”，却没有收“季春、季夏、季秋、季冬”，缺乏系统性。

2. 古代中央政府设有吏部、户部、礼部、兵部、刑部、工部。作为中型的现代汉语词典，六部本来不必收，但是如果要收，六部就都得收，可是《规范》只收吏部和工部，没有其他四部。

二、注音错误

3. 期：“期年”“期月”的“期”，旧读 jī，现统读 qī。（1016 页）【今按】“期年”“期月”是文言词，其中的“期”指“一周年”“一整月”，应该读 jī，不读 qī。把文言的“期”jī 误读成 qī，是硬伤。《普通话异读词审音表》规定：期统读 qī，指的是普通话读音，不包括古音和方音。

4. 一把手：yībǎshǒu❶一个成员。❷在某个方面有能力的人。❸单位或组织的第一负责人（1529 页）【今按】❶❷里的“一”读 yì，❸里的“一”指“第一”，要读 yī。

5. 一级：yījí。❶某一个级别：省一级｜乡一级。❷第一等级：一级产品。（1533 页）【今按】❶里的“一级”读 yìjí，❷里的“一级”读 yījí，读音不同，意义不同。

6. 大轴子：dàzhòuzi。提示：“轴”这里不读 zhóu。（253 页）压轴戏：yāzhóuxì。（1491 页）【今按】253 页的注音是对的，1491 页的注音是错的。

三、释义错误

7. 统：❶［动］〈文〉整理丝的头绪。（1309 页）【今按】《说文·糸部》：“统，纪也。”《汉语大字典》：“统，丝的头绪。”《王力古汉语字典》：“统，丝头。”“统”指丝的头绪，而《规范》却凭空加上了“整理”，把名词误标为动词。

8. 纪：❶〈文〉丝的头绪或条理。（617 页）【今按】《汉语大字典》纪：

❶丝缕的头绪。❷要领；纲领。❸量词。❹治理。❺法度；准则。❻规律。❼纪律。……共有 21 个义项，可就是没有“丝的条理”这个义项。不知《规范》根据什么语料说“纪”表示“丝的条理”。

9. 文：❷花纹；纹理：文车（古代刻或画着花纹的车子）。（1363 页）【今按】《战国策·齐策四》：“遣太傅赍黄金千斤，文车二驷……”鲍彪注：“文，彩绘也。”“文”指彩绘，不是花纹；是画着，不是刻着。“车”指马车，不是泛泛的车子。“文车”的正确释义是：有彩绘的马车。

10. 猇：［猇亭］古地名，在今湖北宜都。（1429 页）【今按】现在湖北宜昌有猇亭区。

11. 瓮城：围绕在城门外修筑的小城，对城门起屏蔽作用。（1368 页）【今按】《现代汉语词典》的释义是“围绕在城门外的小城”，《规范》为了避《现汉》，特意加上了“修筑”这条蛇足。

12. 蜗居：像蜗牛壳那样的居室。谦称自己窄小的住所。（1370 页）【今按】“像蜗牛壳那样”表意不清。正确的释义是“像蜗牛壳那样窄小，谦称自己的住所”。

四、字形分析错误

13. “西”的提示：“西”在字的上边时，要写成“覀”，如“要”“栗”“贾”“覆”；在其他位置时仍作“西”，如“茜”“牺”。（1387 页）【今按】《规范》，是把“西”和“覀”看作相同的偏旁，其实两者是不同的。“西”读 xī，指方向。“覀”读 yà，指覆盖。《汉字统一部首表（草案）》把“西”作为“覀”的附列部首，根据的是形近原则，并不是说两者是相同的偏旁。

14. “丰”的提示：由“丰”构成的字有“峰”“锋”“蜂”“缝”“害”“割”“蚌”等。（389 页）【今按】《规范》对字形的分析没有层次观念，这样就给读者许多错误的认识。由“丰”构成的字分为三层：第一层如“沣”“蚌”“夆”；第二层是由“夆”构成的字，如“峰”“锋”“蜂”“烽”“逢”；第三层是由“逢”构成的字，如“缝”“蓬”“篷”。至于“害”“割”，是另一组。

15. “翊”的提示：跟“翌”形、义都不同。“翊”不是“翌”的异体字。（1555 页）【今按】《王力古汉语字典》：“翌，翊。二字同为喻四缉部，字音相同，仅为字形结构方式小异。为异体字。后分化为两个字，翌多用指明，明日；翊多用指辅助。”（966 页）《王力古汉语字典》的分析是正确的，“翊”“翌”本来是异体字，后来分化为两个字。

五、义项收录不当

16. 毕：❶古代打猎用的一种长柄网。（67 页）

17. 班：❶〈文〉用刀把玉分开；分开。（30 页）

18. 为：❶［动］〈文〉帮助。（1359 页）

【今按】例 16—18 这三个义项都是现代根本不用的古义。现代汉语词典是共时的词典，为什么要收这样的古义，而且还把它们列为第一个义项呢？

六、义项划分不当

19. 闻：❶听见；听到：听而不闻。❸知道：闻一而知十。（1366 页）【今按】这两个义项本来就是一个意思，应该合并。“闻一而知十”出自《论语·公冶长》，意思是听到一件事，可以推知十件事。

七、词义的引申没有根据

20. 洼：❶［形］四周高，中间低：这一带地势太洼。→❷［名］四周高，中间底的地方：山洼｜水洼。→❸［动］地面下陷：地洼下去一块。（1334 页）【今按】《规范》把“按词义的发展脉络排列义项”作为一大特点，可是这方面错误很多，许多引申缺乏根据。《说文·水部》：“洼，深池也。”《王力古汉语字典》：“洼：深池。引申为低陷貌。”（581 页）《王力古汉语字典》是对的，应该是由❷引申出❶。义项❸应该并入义项❶。

21. 尤：❶［形］〈文〉特殊的；突出的：尤物｜无耻之尤。→❷［名］

过失；过错：效尤。（1582页）【今按】《说文通训定声》认为：尤“当即犹之古文，犬子也”。假借为“异”，即《规范》的“尤”❶；又假借为“訧”，訧就是过失。异和訧之间没有引申关系。

22. 雅[1]：❹美好：雅观｜雅致。❺〈文〉表示程度深，相当于“很”“极”：雅以为善。（1494页）【今按】义项❹和义项❺是什么关系？《规范》的《凡例》说：“由第一层引申义引申出的第二层引申义，只有一个义项时序号前不加符号”。按照这个说法，是义项❹引申出义项❺，可是我们无法理解这种引申关系。

八、词性标注有误

23. 万：❶［数］数目，十个一千。❷［形］形容数量极大：行千里路，读万卷书｜日理万机｜瞬息万变｜万物。（1343页）【今按】万❷也是数词，不是形容词。

24. 一：❶［数］数目；❷［形］相同；一样：咱们坐一趟车。❸［形］满；整个；完全：坐了满满一车人。❹［形］专；纯：一心一意。❺［代］每；各：全班分六个组，一组八个人。❻［代］某：一天晚上。❼［代］另一种；又一个：乌贼一名墨斗鱼。（1529页）【今按】以上这七个义项里的“一”都是数词。

九、用法的说明有疏漏

25. 万：❸［副］表示程度极高，相当于“非常”“绝对”：万没想到｜万不得已。（1343页）【今按】“万”后要跟否定形式，表示坚决否定。

十、繁简转换失当

26. 台（臺檯❺）：❻敬辞，用于称对方或跟对方有关的事物、动作：见台｜台启。（1258页）【今按】按照，《规范》，用作敬辞的“台”在繁体文本里要改为“臺”，而实际上繁体文本仍作“台”。

27. 与“钟”对应的繁体字是“锺”和“鐘”。作为姓氏，“锺”很常见，而“鐘”极其罕见。而在《规范》的按降频排列的《中国500常用姓氏》里，“鐘”为第42位，“锺”却屈居第485位。《规范》把“钟”的繁简对应关系弄错了。

28. “药”的提示：“藥”简化为“药”。但“樂”和其他从“樂”的字都不能类推简化为“约”。（1521页）【今按】这个提示不符合《简化字总表》的规定。“藥”简化为“药”，在《总表》的第一表，是“不作简化偏旁用的简化字”；“樂”简化为“乐”，在《总表》的第二表，是“可作简化偏旁用的简化字”。“药”的提示应该改为：“藥”简化为“药”，不能简化为“艹”下加“乐”。“乐”下增加提示：“樂”简化为“乐”，可以类推简化，但是“藥”要简化为“药”。

十一、例证差错

29. “押宝”条的例证是：不能把出线的希望押宝在抽签上。（1491页）【今按】“把”字句的动词应该是及物的，要能够支配“把”后的名词，而“押宝”是不及物动词，不能用在把字句内。下面的两个例子里的“押宝”用的正确：别把子女成长的宝押在“家教”上。（《工人日报》2004年4月14日）｜老谋深算的苏哈托把“政治光复”的宝押在女儿身上。（《环球时报》2004年4月12日）

30. 岩：❶巨石凸起形成的山峰。❷岩石。❸岩洞（多用作岩洞的名称）：七星岩（一在广西桂林，一在广东肇庆）。（1500页）【今按】《辞海》（1999年版）：［七星岩］❶在广东省肇庆市北星湖滨。孤峰峻拔者凡七，排列如北斗七星，故名。❷在广西壮族自治区桂林市东普陀山西北侧。原为古地下河道，全长约一公里，岩洞雄伟深邃，钟乳石、石笋、石幔等构成各种景物，蔚为奇观。（缩印本14页）肇庆的七星岩是山峰，应该作为义项❶的例证，《规范》却错为义项❸的例证。

十二、没有遵守正词法

31. 隗：wěi 姓。(1358 页)

32. 老挝：lǎowō。(1369 页)【今按】《汉语拼音正词法基本规则》规定：专有名词的第一个字母大写，可是《规范》没有执行这项规定。《规范》多次批评别的辞书没有严格贯彻国家标准，并且标榜自己完全执行国家标准，但是事实并不如此。

十三、异形词取舍不当

33. 踒：wǎi 脚部扭伤：不小心踒了脚。(1336 页) 崴：❷同“踒”。现在一般写作“踒”。(1336 页)【今按】表示脚部扭伤义，《汉语大字典》《汉语大词典》《现代汉语词典》《新华字典》都作“崴”，而《规范》却标新立异，写作“踒”。它所持的理由是“现在一般写作‘踒’”，我们不知道编者这么说有什么根据。如果根据是字频统计资料的话，“踒”在 GB2312—80 字符集和 GBK 字符集里都是没有的，《规范》用什么办法得到的字频资料？

十四、误拆联绵词

34. 汪：❶水深广：汪洋。(1345 页)【今按】“汪洋”是联绵词，指深广的样子。联绵词不能拆开解释。编者不明此理，居然把“汪”解释为“水深广”。

十五、其他疏漏

35. 附录《汉语拼音方案》的《声母表》，在表的左侧《规范》增加了“字母”和“名称”。(附录 1 页)【今按】《声母表》里的第一行是字母，第二行是该字母代表的音素（音位），哪里是什么“名称”！这是绝不该出现的差错。(这一条是戴金旺先生提供的。)

36. 适：kuò 古同“檃”(771 页)【今按】“檃”读 yǐn，与“适”完全无关，如何能“同”?

37. “忽然”的提示：参见“突然”的提示。(549 页)【今按】“突然”条没有提示。

38. 缺少“甚”(shén)字头。【今按】“什么”过去也写作“甚么”。为了查考的方便，词典要为“甚”(shén)立字头。

把《规范》和《现汉》稍加比较就不难看出：《规范》增加了箭头、小手和词性标注，而在作为辞书核心的立目、注音、释义、举例等方面，《规范》具有明显的《现代汉语词典》的影子。《规范》的编者为了有别于《现汉》特意做了许多改动，而改动带来了不少差错。至于《规范》特别强调的“真正严格按照国家有关规范标准编写”，宣传的意味大于实际的贯彻。从结果看，最多只能说是得失参半。一部规范型语文辞书的优劣，关键是要看它的立目、注音、释义、举例等是否正确；而有不少差错的辞书，不能提供给读者准确的知识，侈谈规范没有什么意义。

在商品经济时代，辞书要竞争。这既是编写质量的竞争，也是市场营销的竞争。竞争要宣传，但是宣传不等于炒作。宣传和炒作的分界就在于是不是实事求是。竞争的目的是要实现优胜劣汰，而不是相反。辞书编纂家要在提高辞书质量上下功夫，要在求真上下功夫，不要去炒作。炒作可以得意于一时，但无法改变辞书本身的疏漏和差错。社会厌恶炒作，炒作不会带来辞书市场的繁荣，不但害人而且害己。

(《中国语文》2004 年第 4 期。刊出时略有改动，这里发表的是原稿。)

说“噁”

一、关于“噁”这个字

《说文》里没有“噁”字。

《广韵·暮韵》：“噁，喑噁，怒皃。”乌路切。“喑噁”读 yìnwù。

《集韵·铎韵》：“噁，噁噁，鸟声。”屋郭切。“噁”读 wò。

“喑噁”和“噁噁”都是文言词，白话文里不用。

二、关于“噁心”这个词

《现代汉语词典》对“恶心”这个词的解释是：❶有要呕吐的感觉：胃里不舒服，一阵一阵地恶心。❷厌恶；令人厌恶：这种丑事，让人恶心｜你别在这儿恶心我了。

对“恶心”的释义人们的认识没有分歧，不必讨论。要讨论的是写法。

（一）**古代白话文里有“噁心”这个词，但是写作“恶心”**。

《汉语大字典》“恶心”条下有下列书证，都写作“恶心”。例如：

隋·巢元方《诸病源候论·呕哕诸病》：“则心里澹澹然，欲吐，名为恶心也。”

《古今小说·闲云庵阮三偿冤债》："常常恶心气闷，心内思酸。"

《红楼梦》第六回："这话没的叫人恶心。"

（二）现代白话文著作，在用繁体字排印的版本里，有的用"恶心"，有的用"噁心"。

例如：

老舍《骆驼祥子》（文化生活出版社1949年版）第四章："要了碗餛飩，他仍然坐在地上，呷了口湯，覺得惡心，在口中含了半天，勉强的嚥下去；不想再喝。"第五章："屋裏院裏整個的像個大垃圾堆，祥子看着院子真犯惡心，所以只顧了去打掃，而忘了車夫并不兼管打雜兒。"——可见，"噁心"本来也可以写作"恶心"，把"噁心"简化为"恶心"是有道理的。

《曹禺选集》（人民文学出版社1961年版）："我就进了这間屋子，……我就覺得噁心，我就倒在床上。"——这里用的是"噁心"。

用简化字排印的这两本书，"噁心""惡心"都改为简化字"恶心"。

三、噁心的"噁"简化为"恶"

1956年国务院公布的《汉字简化方案》的第二表规定"惡噁"简化为"恶"。1958年5月15日《第三批推行的70个简化字字表》里包括"惡噁"简化为"恶"。1964年发布的《简化字总表》及以后各版都规定"惡噁"简化为"恶"，一直没有改动。陈光垚著《简化汉字字体说明》（中华书局1956年版）："恶（惡噁）——草书楷化字，和'亚''壶'等字同例。'噁心'本来可作'惡心'，再简化作'恶心'，另加'口'旁是不必要的。"

把"噁心"的"噁"简化为"恶"，没有什么不妥，不存在恢复为繁体字的问题。

四、由"二噁英"引发的用字纠葛

化学用字里早就有"噁"字。例如《中国大百科全书·化学》里有"噁唑"（oxazole）指"含有一个氧和一个氮杂原子的五元杂环化合物，分子式

C_3H_3NO。”简化为“噁唑”。可是在化学、化工以外的领域里，人们并不熟悉这个字。

20 世纪末，欧洲有的国家查出在畜禽和乳制品中含有致癌物质“二噁英”，在世界引起了强烈的反响。我国卫生部在 1999 年 6 月 9 日发出通知，禁止经销从比利时等国进口受到二噁英污染的畜禽类和乳制品，随之“二噁英”这个名字几乎家喻户晓。“二噁英”是由英文 dioxin 翻译过来的。其中的“二”与 di 对应，是意译；“噁”代表杂环化合物中的氧原子，与 ox 对应，也是意译；“英”是 in 的音译。“二噁”表示两个氧原子杂在环内。根据《有机化学命名原则》，杂环类化合物的中文译名用字要带口字旁，所以“二噁英”里的“噁”一定要有口字旁。这不是习惯用法，而是命名原则。用繁体字来书写，二噁英的“噁”和噁心的“噁”字形一样，其实是音义不同的两个字，文字学上叫同形字。二噁英的“噁”读 è，代表杂环化合物里的氧原子；噁心的“噁”读 ě，只用在“噁心”这个词里。《汉字简化方案》《简化字总表》规定“噁心”的“噁”简化为“恶”，并没有规定、也不可能规定“二噁英”里的“噁”简化为“恶”。可是语文界里有人误以为噁心的“噁”和二噁英里的“噁”是同一个字，都应该简化为“恶”，并进而作出了错误的解析。这个问题有必要说清楚，以免以讹传讹。

1.《现代汉语规范词典》的“二恶英”条（第 351 页），特别提示“不要写作‘二噁英’”。这完全弄错了。正确的写法是以“二噁英”立目，提示改为：“不要写作‘二恶英’。”

2. 2009 年 8 月 13 日《通用规范汉字表（征求意见稿）》提出要恢复 6 个繁体字，其中就包括“二噁英”的“噁”。字表的注释说：“噁，仅用于科学技术术语，如‘二噁英’。”这也弄错了。《简化字总表》只是把“噁心”的“噁”简化为“恶”，而“二噁英”的“噁”与“噁心”的“噁”没有关系。“二噁英”的“噁”是“噁”的简化字，怎么又变成了待恢复的繁体字？完全弄乱了。

在规范性词典和规范字表里出现这样差错，值得引起重视。

（《语言文字报》2010 年 7 月 7 日）

“0”“〇”“零”在用法上的分别

“0”、“〇”、“零”这三个符号都读 líng，都表示数的空位。它们在用法上有什么分别呢？

先说“0”。首先要明确，它是阿拉伯数字，不是汉字，所以它只能作为数字使用。例如：“2009 年，在上海电影制片厂 60 周年大庆的红地毯上，人们再度看到张瑞芳。”这个例子里的“0”不能换成“〇”，也不能换成“零”。有一本字典在讲解汉字“零”的用法时说：用于“数的空位，也作‘0’：二～～七年｜二～四室。”其实，“二～～七年｜二～四室”不能写作“二 00 七年｜二 0 四室”。

再说“零”。“零”是汉字，产生在先秦。《说文·雨部》：“零，徐雨也。”（据段注本）段注：“徐徐而下之雨。”即零星的雨。由零星的雨引申指畸零，即余下的意思。元·吴昌龄《东坡梦》第一折：“小和尚心笨，一本心经念了三年零六个月，还记不得。”到了明清时期，用来表示数的空位。《金瓶梅》第六十五回：“共一百零六两。”《红楼梦》第十三回：“这四十九日，单请一百零八众僧人在大厅上拜‘大悲忏’，超度前亡后死鬼魂。”

我说不清汉字“〇”是什么时候产生的。鲁迅写的《二心集·序言》第一句话就是“这里是一九三〇年与三一年两年间的杂文的结集”，这篇序写在“一九三二年四月三十日”。鲁迅作品里这个“〇”似乎只见于西历的年份，“四月三十日”并没有写为“四月三〇日”。1943年王力先生写《中国现代语法》时，在称数法部分讨论了“零”的用法，可是并没有说到“〇”该如何使用。据我看到的资料，数字“〇”的真正流传大约是在“文革”开始以后。1975年9月4日《人民日报》发表社论《开展对〈水浒〉的评论》，社论传达了毛泽东对《水浒》的看法，开头的几句是：“《水浒》只反贪官，不反皇帝，屏晁盖于一百〇八人之外。宋江投降，搞修正主义，把晁的聚义厅改为忠义堂，让人招安了。”这段语录的发表意味着“〇”的身份得到了肯定，再说“〇”也确实比“零”好写好认。在这之后，“〇”这个汉字里的异类逐渐得到社会承认。

从1975到现在30多年过去了，从用字规范化来说，“〇”和“零”有什么分别呢？我看到的有两种说法。一种是《现代汉语词典》（2012年第6版，简称《现汉》）它说：“〇，数的空位，同‘零’（多用于数字中）：三〇六号｜二〇〇五年。”“零，❹数的空位，在数码中多作‘〇’：三零一号｜二零零零年。”另一种是《现代汉语规范词典》（2010年第2版，简称《规范》）：“〇，同‘零’，在用汉字的小写数字书写数目时，表示数的空位：三〇一医院｜公元二〇〇〇年。”“零，❸c）在大写汉字数字中表示数的空位：叁千柒佰零伍圆整。”哪种意见可取呢？我们要看语文应用的实例。毛泽东论《水浒》里的那段话，在1975年《人民日报》发表时用的是“一百〇八人”。同一段话，在中央文献出版社1998年出版的《建国以来毛泽东文稿》第13册第547页里印作“一百零八人”。北京市海淀区有一所学校，它的校牌上写的是“北京一零一中”。“一零一中”也就是“一〇一中”。从这两个例子里，看不出《规范》所说的那种分别，还是《现汉》的概括比较符合语言的实际。不过《规范》也给我们启发，在票据中为了避免被人涂改，要使用汉字的大写数字，其中的“零”不宜改为“〇”，总之，我们要说的意思是表示数的空位时，用“〇”或“零”都可以，发展趋势是用“〇”；在票据中使用大写数字时，要用“零”。

（《语言文字报》2012年8月8日）

“高山景行”的“行”怎么读?

“高山景行”这个成语出自《诗经·小雅·车辖》篇的“高山仰止，景行行止”。其中的“行”在辞书里有三个不同的读音，就是 xíng，háng 和 xìng。

1.《现代汉语词典》(第 5 版)“高山景行”条：“gāo shān jǐng xíng《诗经·小雅·车辖》：‘高山仰止，景行行止’(高山：比喻道德高尚；景行：比喻行为光明正大；止：语助词)，后来用‘高山景行’指崇高的德行。”

2.《汉语大词典》(汉语大词典出版社 1993 年版)“高山景行”条：“(行 xíng) 语出《诗·小雅·车辖》：‘高山仰止，景行行止。’高山，喻高尚的德行。景行，大路，比喻行为光明正大。后以‘高山景行’比喻崇高的德行。”

3. 向熹编著《诗经词典》(修订本，四川人民出版社 1997 年版)：“行”字条的第二个读音是 háng。释义是：“路；道路。《小雅·车辖》五章：‘高山仰止，景行行止。’朱熹《集传》：‘景行，大道也。’”

4.《中国成语大辞典》(上海辞书出版社 1996 年版)“高山景行”条：“gāo shān jǐng háng 高山：比喻高尚的道德。景行：大路，比喻行为光明正大。一说，景行 (xìng) 指高尚的德行。”

5. 刘洁修编著《汉语成语考释词典》（商务印书馆 1989 年版）“高山仰止，景行行止”条：“gāo shān yǎng zhǐ，jǐng xìng xíng zhǐ 语出《诗经·小雅·车辖》。意思是品德像大山一样崇高的人，就会有人敬仰他；行为光明正大的人，就会有人效法他。一说，景行（—háng），指大道。见宋·朱熹《诗集传》一四。止：语末助词，表示决定。”

王力先生为向熹编著的《诗经词典》写的序里指出：“关于《诗经》的词义，当以毛传、郑笺为主；毛郑不同者，当以朱熹《诗集传》为断。”我们就按照这个思路来讨论“行”的意义和读音问题。《毛传》：“景，大也。”《郑笺》：“景，明也。……古人有高德者则慕仰之，有明行者则而行之。”《孔疏》：“《传》云‘景，大’，《释诂》文。《笺》必易之为明者，以行须行之，故以为明。”毛郑不同，看朱熹《集传》：“仰，瞻望也。景行，大道也。……高山则可仰，景行则可行。”可见，“景行”的“景”训大，与《尔雅·释诂》同。“景行”就是“大道”。这里我们要连带讨论“景行行止”里的第二个“行”。褚斌杰著《诗经全注》（人民文学出版社 1999 年版）：“仰止：仰望。止：语助词。景行（háng）：大道。行：行走。二句指前去迎亲境况，兼有仰慕对方，快速前行的意思。”这第二个“行”表示的是行走的意思。

古音学家告诉我们，在上古“行”属阳部、匣母。“高山仰止”的“仰”和“景行行止”的第二个“行”押韵。“行”指道路时，属开口一等，指行走时，属开口二等。王力先生在《诗经韵读》里对前者的拟音是［hang］，对后者的拟音是［heang］。到了中古，读音发生了变化。《广韵·唐韵》：“行，伍也，列也。胡郎切。”《广韵·庚韵》：“行，行步也，适也，往也，去也。户庚切。”演变到现代，胡郎切的“行”读 háng，指道路；户庚切的行读 xíng，指行走。可见“高山景行”的“行”要读 háng，“景行行止”里第二个“行”要读 xíng。

至于“品行”“德行”的“行”，指的是行为。来自《广韵·映韵》：“行，景迹，又事也，言也。下更切。”旧读 xìng，现在读 xíng。它和“高山景行”的“行”没有直接关系，这里也就不去讨论它了。

（《语言文字》2010 年第 2 期）

附录

苏培成著作单行本目录

1.《怎样使用标点符号》，北京人民出版社 1974 年 1 月版，北京出版社 1980 年 2 月修订版

2.《标点符号的应用》，中国物资出版社 1986 年 6 月版

3.《现代汉语语法基本知识》，北京教育出版社 1986 年 9 月版

4.《文字工作者实用语文手册》，与费锦昌合著，中国国际广播出版社 1988 年 12 月版

5.《汉字简化字与繁体字对照字典》，中信出版社 1992 年 6 月版，新加坡智力出版社 1994 年版，香港海峰出版社、中信出版社 1994 版，台湾珠海出版有限公司 1994 年 10 月版

6.《标点符号实用手册》，社会科学出版社 1994 年 4 月版，语文出版社 1999 年修订本，外语教学与研究出版社 2010 年 3 月增订本

7.《现代汉字学纲要》，北京大学出版社 1994 年 10 月版，2001 年 12 月增订本，韩国学古房 2007 年 2 月韩文版（李圭甲译）

8.《汉字形义分析字典》，与曹先擢共同主编，北京大学出版社 1999 年 1 月版

9.《错别字辨析字典》，苏培成主编，中信出版社 2000 年 1 月版

10.《一门新学科：现代汉字学》（语文小丛书），语文出版社 2000 年 7 月版

11.《二十世纪的现代汉字研究》，书海出版社 2001 年 8 月版

12.《关注社会语文生活》，上海辞书出版社 2003 年 2 月版

13.《语言文字应用探索》，商务印书馆 2004 年 10 月版

14.《现代汉语辨析字典》，苏培成主编，上海辞书出版社 2005 年 1 月版

15.《新华多功能字典》，与曹先擢共同主编，商务印书馆 2005 年 12 月版

16.《中国语文现代化的回顾与展望》（语文小丛书），语文出版社 2007 年 3 月版

17.《繁简字对照字典》，语文出版社 2007 年 7 月版

18.《语言文字应用丛稿》，语文出版社 2010 年 6 月版

19.《台湾与大陆常用汉字对照字典》，商务印书馆 2010 年 12 月版

20.《当代中国的语文改革和语文规范》，苏培成主编，商务印书馆 2010 年 12 月版

苏培成编选的论文集目录

1.《语言病例分析》，苏培成主编，南开大学出版社 1985 年 12 月版

2.《科学地评价汉语汉字》，与尹斌庸合编，华语教学出版社 1994 年版

3.《现代汉字规范化问题》，与尹斌庸合编，语文出版社 1995 年 4 月版，1999 年 12 月日本大修馆书店出版日译本（阿迁哲次等译）

4.《语文现代化论丛》第二辑，语文出版社 1996 年 9 月版

5.《语文现代化论丛》第四辑，北京大学出版社 2000 年 6 月版

6.《现代汉字学参考资料》，北京大学出版社 2001 年 12 月版

7.《周有光语文论集》（1—4 卷），上海文化出版社 2002 年 1 月版

8.《语文现代化论文集》，与颜逸明、尹斌庸合编，商务印书馆 2002 年 10 月版

9.《语文现代化论丛》第五辑，语文出版社 2003 年 10 月版

10.《信息网络时代的汉语拼音》，语文出版社 2003 年 10 月版

11.《语文现代化和汉语拼音方案》，与陆俭明合编，语文出版社 2004 年 2 月版

12.《周有光语言学论文集》，商务印书馆 2004 年 12 月版

13.《报刊逻辑与语言病例评析 1100 例》，首都师范大学出版社 2010 年 12 月版